JN106035

はじめに

エシカル基準から学ぶ　未来社会の描き方

　20世紀をブラウン・エコノミー（化石資源の上に富を構築してきた経済）の世紀とし、21世紀はグリーン・エコノミー（自然資源に配慮した経済活動）の世紀であると私たちは認識し、グリーントランスフォメーション（GX）が政府の政策になっています。

　GXとは、温室効果ガス削減に向けて取り組む活動・変革のことですが、こうした政策を掲げているにもかかわらず、現在の地球は重篤な症状を抱えています。1000年に一度と言われる異常気象が日常化し、産業革命以前より気温が1.5度以上も上昇するという危機は目前に迫り、国連事務総長のアントニオ・グテーレスが「global boiling（地球沸騰化）」という言葉を発し、世界を震撼させたことは記憶に新しいでしょう。

　気候変動による悪影響をいちはやく受ける生物や人々を意味する新造語である「危機のカナリア」という言葉があります。そのさえずりは、半世紀以上前から始まっていました。1960年代『沈黙の春』を上梓して地球環境の悪化を憂いた生物学者レイチェル・カーソン、1980年代オーガニックコットンの栽培を始めた昆虫学者サリー・フォックス、「三つのエコロジー」で心のエコロジーを提唱したフランスの哲学者フェリックス・ガタリなど。1990年代に入ると、リオの地球サミットで12歳の環境活動家セヴァン・カリス＝スズキが、2015年にはスウェーデンの環境活動家、15歳のグレタ・トゥーンベリが、気候変動の危機を世界に広めました。少女たちの危機を叫ぶ声は、多くの人々の心に届いたのですが、産業界や社会のパラダイムシフトには至っていません。

　私自身は、ファッション雑誌を手がけてきた編集者であり、『マリ・クレール』編集長時代の2008年、「エシカル・ファッションが未来の扉を開く！」と予感し、ファッションにおけるエシカルの必要性を感じて研究・追跡。現在は、日本エシカル推進協議会の会長として運営に携わっています。

　当協議会の成り立ちは、2014年、東京大学名誉教授山本良一氏の呼びかけで参集した組織をベースに、2015年から2年間にわたり開催された消費者庁での『「倫理的消費」調査研究会』にあります。その会議に出席した「危機のカナリア」である有志が引き続き協議会に参加しました。理事・アドバイザー

で総勢40名ほどの専門家集団が、2年間かけて「JEIエシカル基準（以下、エシカル基準）」を策定しました。自然環境、消費者、人権、トレーサビリティ、動物福祉、地域、経営、関係者との協働など、配慮・貢献すべき八つの項目を立て、企業が経営方針や事業活動をエシカルかどうか自己診断できる基準です。

　日本の歴史を振り返ると、江戸時代には、エコでエシカルな知恵が定着していました。思いやり（利他）、もったいない（3R）、和を尊ぶ（協働・共生）、ありがとう（感謝・足るを知る）といった言葉は、日本人のエシカル精神を証明するものです。戦後の高度経済成長のなかでこれらの知恵が眠ってしまいました。利益最優先を掲げてひた走ってきた半世紀を経て、今こそDNAを呼び覚まし、次世代にバトンを渡していければと願うばかりです。

　古代中国の老子は「足るを知るものは富む」と述べて、人間が満足を得ずに度を過ぎてしまう存在である懸念を示唆しました。建築家バックミンスター・フラーは1960年代、「宇宙船地球号」という言葉を発して、地球の資源が有限であり、私たちはそこに乗船する運命共同体であることを強く訴えました。

　今こそ私たちの心に倫理的アラームを常備させる「心のエシカル」を考えるときです。老子やフラーが唱えたように、「足るを知る」「やれることでも、やってはいけないことがある」という倫理的原則は人類の永遠の命題です。欲望に任せて進化していく社会は、欲望に引きづられ暴走します。俯瞰して客観的に長期的に地球を見るメタの視点、成長神話から成熟神話へ、ときに立ち止まり、スローダウンしたペースで、他への思いを忘れずに、という哲学的で倫理的な思考、マナーへの回帰が必要なのではないでしょうか。大手IT企業がこぞって哲学者を管理職として雇っていますが、無秩序なデジタルの世界に哲学的思考は欠かせないという危機意識の表れだと考えられます。

　協議会では、企業への働きかけと並行して、地方からのエシカル発進をつなぐ活動を、デジタルや文化の力を活用して展開していきます。今後の日本社会の課題を解決する鍵を握るのは、地方の地域社会であり、より多くの事業がデジタルや文化と連携して地方から起こることが、この国全体に活力をもたらすのです。エシカル県宣言、フェアトレードタウン宣言など全国各地ですでに生まれている新たな価値観やライフスタイルを提案する「エシカルの波」はまさにその予兆であり、この波をつないで、より大きなエシカル国民運動につなげていければと考えています。

日本エシカル推進協議会会長　生駒芳子

本書の活用法

エシカル基準が生まれた背景とその狙い

　本題に入る前に、今回なぜ私たちがエシカルのバイブル書を執筆しようと考えたのか、そして、みなさんに本書をどのように読み、どのように活用していただきたいのかについてお話したいと思います。

　本書は、日本エシカル推進協議会が2021年11月に発表した「JEIエシカル基準」（以下、エシカル基準）を解説するとともに、その背景となる考え方を正しく理解し、この基準の利用が広がることで、エシカル消費、エシカル調達、エシカル経営が日本で普及することを目的に作成されました。この分野は進歩発展が速いことから、エシカル基準が策定された後に進展した最新の状況をカバーするという役割もあります。

エシカルが社会課題になるまで

　2014年4月、ちょうど「東京オリンピック2020」の調達基準が策定されつつあり、サステナビリティに関わるNGOなど、さまざまな団体が集まって協議会を結成しようというのがそもそものきっかけでした。その目的は、東京都と日本オリンピック委員会へ要望書を提出することでした。2012年のロンドン大会から、オリンピックは環境などに配慮したサステナブル調達基準を策定することが義務化され、公共性の高い事業の調達活動で環境や社会への影響を十分に配慮することが国際的な流れとなっていたのです。

　もちろん、サステナブルな調達を求められたのは公共機関に限りません。より良い社会を作るために、人に対してだけでなく、社会・環境に配慮した調達を企業が行うことが、特に海外では求められるようになってきていましたし、そのようにして調達された持続可能な、そしてエシカルな原材料やプロセスで作られた商品やサービスを優先的に消費する行動（倫理的消費、エシカル消費）をとる個人、いわゆるエシカルな消費者も増えていました。

　日本では消費者庁が、こうした消費者の行動変化が消費者市民社会を形成し、経済をより高品質なものにする力になるものと注目し、2年にわたり、『「倫理的消費」調査研究会』[1]を開催しました。

日本国内では、こうした動きは始まったばかりだったこともあり、行政も含めて社会的にそれを支える仕組みもありませんでした。この動きを加速するためには、倫理的消費の内容やその必要性などについて検討し、日常生活のなかで浸透させるために、どのような取り組みが必要なのかを調査して整理しようという考えがあったのです。

　そもそも消費者庁は、消費者の視点から政策全般を監視する組織が必要とのことから、特に消費生活に関連する商品などの品質表示に関する事務を行うことを目的として、2009年9月に設置された組織です。

　消費者問題とは、かつては消費者が購入した商品やサービス、あるいはその取引をめぐって消費者が被害や不利益を受けることでした。そうした問題から消費者を守ることが社会的に重要な課題であり、国もそれを防ぐためにさまざまな法律を整備してきました。

　しかし近年、消費にまつわる問題は、圧倒的に拡大しています。その一つが、商品やサービスを購入する消費者本人でなく、その商品やサービスが消費者に届けられるまでの過程や消費した後の過程、いわゆるサプライチェーンやバリューチェーンにおいて、消費者以外のステークホルダー（関係者）に、さまざまな不利益や被害がもたらされるという点です。

　消費者以外のステークホルダーには、人以外に地域社会や環境、あるいは動物などを含めることもあります。こうしたステークホルダーに害をなすことは倫理的に問題であると同時に、消費者もそうした行為に間接的に加担してしまう、つまり、意図しないうちに消費者が「加害者」になってしまう点においても問題があります。

　2015年に国連で「持続可能な開発目標」、いわゆるSDGs（Sustainable Development Goals）が採択されましたが、その実現のためには企業などによる事業活動はもちろん、私たちの生活、特に消費活動を変える必要性があることが広く知られるようになりました。ちなみにSDGsの12番目の目標は「責任ある消費と調達」となっており、特にそのことを強調するものになっています。

　これは、消費活動を含めて私たちの日々の行動やライフスタイルが、地球や地域の持続可能性、そして公平で持続可能な社会を作るためにとても重要だということを意味します。なぜなら、企業の事業活動は顧客がいなくては成立しませんから「消費者がどのような商品やサービスを購入するか」が大きな影響

---

1 https://www.caa.go.jp/policies/policy/consumer_education/consumer_education/ethical_study_group
　2024.5.1閲覧

力を持っているのです。

　こうした変化が、社会で少しずつ理解されるようになるにつれ、「買いもの
は投票だ」（お金を払うのはその商品を支持するということで、それに1票を入れたの
と同じ）という意識が、日本でも少しずつ広がるようになりました。大変喜ば
しいことですが、同時に消費者が正しい選択を行うためには、企業は判断に必
要な情報をわかりやすく正しく表示する必要があります。

　そして、今後はエシカルやサステナブルということが、商品やサービスの差
別化の軸にもなってくると考えられますが、そのためにオーバーな宣伝文句が
並び、現実と乖離してしまうようなことがあっては困ります。

　そうしたこともあり、最近は国際的にはグリーンウォッシュが大きな問題に
なっています。たとえば、多くの企業が気候危機の重大性を認識し、また気候
危機の解決へ貢献することを求められるようになるにつれ、企業が競ってカー
ボンニュートラルを目指すと表明しています。しかし、なかにはそのスピード
があまりにゆっくりであったり、目標を掲げるだけで実際の行動が伴っていな
かったり、あるいは行動していてもそれが本質的なカーボンニュートラルには
つながらないなどの問題も指摘されています。そうした主張はグリーンウォッ
シュであると非難されるだけでなく、裁判に発展する場合すらあります。その
ため国連を始めとする多くの組織が、カーボンニュートラルであるための厳密
な基準を策定し、企業はこれに従うことや、正しい情報開示を行うことが求め
られるようになってきています。

エシカル基準が策定されるまで

　話を「倫理的消費」調査研究会に戻しましょう。

　世界的な流れも含め、研究会では関係団体からエシカルにまつわる状況が共
有されました。その成果が、2019年4月に「『倫理的消費』調査研究会取りま
とめ〜あなたの消費が世界の未来を変える〜」[2]として発表されました。ただし、
これは倫理的消費の現状についての事例をトピック的に紹介するものであり、
エシカル消費・調達についての体系的な手引きとはなってはおらず、残念なが
ら「これを読めばすぐに消費者や企業が行動できる」内容ではありませんでし
た。

2 https://www.caa.go.jp/policies/policy/consumer_education/consumer_education/ethical_study_group/
　pdf/region_index13_170419_0002.pdf 2024.5.1閲覧

それでも、このときに委員として学識研究者、NGOの代表、企業関係者、自治体の首長など、この分野に関わるさまざまなステークホルダーである31名が一堂に会したということは、大変に画期的で意味のあることでした。これがきっかけとなり、「エシカル消費・調達」という大きな範疇（はんちゅう）のなかで特定の課題にフォーカスをしていた専門家たちが、お互いの活動を知ることで、おぼろげながら大きなテーマの全体像が浮かび上がったのです。そして、多くの委員が研究会終了後も日本国内にエシカルな消費や調達、そして経営を広めるために協力していくことになりました。これが日本エシカル推進協議会の発足の経緯です。

　当協議会では、設立以来さまざまな活動を行っていますが、当初から一つ大きな課題もありました。「何がエシカルであるのか」「エシカルと名乗りを上げるためには何に配慮すべきか」ということが、具体的に定義されていなかったのです。そこで優先する活動の一つとして、エシカル基準を策定することとなりました。2019年夏から2021年秋までの2年間、50回以上にわたる議論を重ね、エシカルに関して配慮すべき事柄を全方位からまとめたのがこのエシカル基準です。

エシカル基準の特徴

　ここで、エシカル基準の特徴について簡単にまとめておきましょう。

　環境と社会の問題が顕在化するなか、「公平で持続可能な社会に移行するためには何が必要なのか」「どういうことに配慮することが"倫理的である"のか」を考え、必要なことを包括的かつ体系的に整理したことが最大のポイントです。

　これまでも特定の課題についての基準はありましたが、広い範囲でエシカルを実行していくうえで必要なこと全てをカバーするような基準は、ほとんど存在していませんでした。

　たしかに特定の分野に関する専門的な基準としては、各種の国際認証規格があります。それぞれの分野で非常に厳密に設計運用されていますが、あくまで特定の分野に関するものです。また、認証の取得や利用をするうえで相応の費用や手間がかかります。大企業や国際的な取引が必要な企業は活用するようになってきていますが、中小の組織や個人商店のような事業者にとってはコストや手間がかかりすぎて、必ずしも現実的ではありません。

　公共機関などにとっても、特定の認証規格を採用することは公平性の観点からむずかしいという場合もあります。もちろん厳密性や権威性、国際的な認知度などメリットも大きいのですが、これらだけでは全ての問題が解決できないのは明らかです。

　これに対してエシカル基準は、第三者による認証制度ではなく、「自己診断のためのガイドライン的な基準」です。そのため、運用のための労力や費用は最小限ですみ、中小企業や地域企業、行政などにも利用しやすいのです。

　もう一つ、この基準が中小企業などにとって使いやすい点は、最初から高い基準をすべて満たす必要はなく、配慮すべき行動を学びながら一歩ずつ準備を進められ、その取り組みの状況を段階的に示すことができるということです。入り口のハードルは低く簡単でありながら、段階を示すことである程度の客観性を担保し、外部にわかりやすく現状を示すことができるのです。そういう意味で、「日本初の、すべての企業（組織）向けの包括的なエシカル基準」と言っていいでしょう。

　なお、エシカル基準は、日々エシカルな消費を行いたいと考える消費者にとっても、企業や商品を選択するためのモノサシとして使うことが可能です。ぜひ活用していただきたいと思います。

　その場合も、企業などが自社の商品やサービスについて、「それがエシカルと呼ぶに値するかどうか」を自己診断するためのモノサシとして基準を利用し、その結果を公表すると、消費者など顧客が選択しやすくなります。そして、このことでエシカルに力を入れている企業の商品やサービスが消費者から選択されやすくなり、エシカルな企業が増えるという好循環が起きることを期待しています。自治体や公共機関などが、調達する際の条件として、すなわち調達基準として活用することも可能です。

　エシカルは、日々発展しています。そのためエシカル基準もこれで最終形というわけではなく、これはあくまで最初の基準です。それでも基本的に必要な内容はほぼ問題なく包含していると考えていますし、今後、社会のなかでエシカルについての理解や期待が深まるのと並行して、この基準もアップデートしていくことを考えています。

　まずは自社の製品やサービス、あるいは経営がエシカルであることを示したい企業が自主的に活用することを推奨いたします。今後、エシカルな取引は、ますます拡大していくでしょう。最終的にはそれがビジネスの常識になることを私たちは期待しています。すなわち商品やサービスの提供に関わる全ての過

程において、きちんとした配慮をしている「正直者」が得をする経済になっていくことを願っています。

　私たちは誰しも、自分が意図しない、あるいは気づかない形であっても、他の人や生きもの、社会、地球そして将来の世代を傷つけることを欲してはいないでしょう。そうではなく、全てにおいて公平で、持続可能で、そして豊かな社会が実現されることを希望しているはずです。

　日々の消費において支持する企業に一票を投じる投票権を持つ消費者にも、またGDPの約6分の1を占めるとも言われる公共調達においても、エシカル基準が活用され、エシカルな経済への移行が加速することを願っています。

エシカル基準の構造と使い方

　エシカル基準は、以下の8分野（大項目）からなります。それぞれに4〜7項目の課題があり、全体で43の項目（中項目）から構成されています。

1　自然環境を守っている
2　人権を尊重している
3　消費者を尊重している
4　動物の福祉・権利を守っている
5　製品・サービスの情報開示をしている
6　事業を行っている地域社会に配慮・貢献している
7　適正な経営を行っている
8　サプライヤーやステークホルダーと積極的に協働している

　中項目はそれぞれの分野における主要な課題や配慮項目となっており、S、A＋、A、B、C、Dの6レベルから構成されます。それぞれのレベルの内容は、項目の概要と共に第1章に詳しく記載されていますが、一般的には以下のような状態となります。

　　Sレベル：世界的に見て最先端の状態
　　A＋レベル：十分に成果を出している状態
　　Aレベル：組織的に行動し、成果を出している状態
　　Bレベル：部分的に行動している状態

Cレベル：準備を進めている状態

Dレベル：未着手の状態

※いずれのレベルも、それより下のレベルで求められていることは全てできていることが前提。

　エシカル基準では、あらゆる規模の企業（組織、以下同じ）に、まずAレベルを目指すことを推奨します。Aレベルに達していれば、その項目についてはエシカルな配慮ができていると考えられます。ただし、大企業の場合にはAレベルではなく、A+レベルを目指すことを推奨します。Sレベルは必ずしも全ての企業が目指す必要はありませんが、参考として示してあります。その項目に特に力を入れる場合には、これを目指すといいでしょう。

　業種などによっては、特定の項目がまったく関係しないという場合もあります。そのような場合には、N.A.（該当しない）を選択することができますが、必ずその理由を説明することが必要です。

　エシカルであること、あるいはその状態（エシカル度）を示すためには、8分野43項目の全てについて基準に照らし合わせて評価します。評価は自ら行いますが、対外的にその評価を示す場合には、レベルに達していることを客観的に示すエビデンスを用意し、求められた場合には開示する必要があります。

　取り組み状況を数字で示す場合には、Sを100点、A＋を80点、Aを60点、Bを40点、Cを20点、Dを0点とします。分野（大項目）の点数は、そこに含まれる中項目の平均値を用います（N.A.の項目は、平均の計算には含めません）。分野（大項目）の点数がいずれも60点以上であれば、おおむね「エシカルである」と言えると考えてよいでしょう。

　いかがでしょうか。これでエシカル基準の大枠がわかってきたと思いますので、そろそろ具体的な解説に入っていくことにしましょう。

　　　　　日本エシカル推進協議会「JEIエシカル基準」策定リーダー　足立直樹

第1章 「エシカル基準」を徹底解説する

第2章　エシカルのこれからを考える

第3章　座談会　「エシカルとビジネス」の現状と未来

本書内の企業名、個人名の表記は執筆者の希望に沿うものです。

第1章

「エシカル基準」を
徹底解説する

この章では

製品やサービス、企業やブランドがエシカルであることを示すためにはどうしたらいいのでしょうか。その方法を総合的に指し示すJEIエシカル基準について、エシカルであるために必要な8分野（大項目）とそれを構成する要素（中項目）、その背景と今、求められていることを詳しく解説します。

エシカル基準の8分野とは？

1 自然環境を守っている

2 人権を尊重している

3 消費者を尊重している

4 動物の福祉・権利を守っている

5 製品・サービスの情報開示をしている

6 事業を行っている地域社会に配慮・貢献している

7 適正な経営を行っている

8 サプライヤーやステークホルダーと積極的に協働している

1

自然環境を守っている

「地域と地球の環境保全」をするのが目標

　エシカルであるためには、人間や生きものに配慮することはもちろんですが、その生活を支えている地域と地球の環境を保全することが必須です。地球環境問題として重要な事項としては、地球温暖化、オゾン層被壊、酸性雨、生物多様性の減少、砂漠化、水環境（不足、汚染）、資源枯渇、廃棄物問題、海洋汚染、土壌汚染、有害化学物質など、多くがあげられます。

　これらによる影響として、地球温暖化による気候変動、生態系への影響、大気・水域・土壌の汚染による健康影響などが起きています。地球温暖化による気候変動は、あらためて説明するまでもなく世界各地で異常気象が発生しており、その影響として自然災害による保険金の支払いも大きく増加しているなど経済・社会問題にもなっています。

　人間がどれほど自然環境に依存しているかを表す指標として、エコロジカル・フットプリント（Ecological Footprint）[3]の考え方があり、環境収容力をどれくらい超えて経済活動をしているかも測ることができます。地球規模で見ると、人間の自然に対する需要を満たすためには、すでに地球1.7個分が必要であるとされています。それほど人々の暮らしや経済活動は地球の自然環境に過大に依存しており、これを抑制していく必要があります。

　毎日の生活に欠かせない電気・電子機器で使われているレアメタルは、採掘や加工の段階で、人権問題や強制労働・児童労働などがあることが問題視されています。廃棄物回収において、途上国での児童労働などの問題も起こっています。資源や廃棄物に限らず、環境問題は、地球環境や人・生物への影響だけでなく、社会課題にもつながっています。

　エシカルな社会を目指すなかでは、消費者がエシカルな行動（エシカル消費）をとることが必要です。しかし、消費を生み出し経済活動の大きな主体である企業が、事業活動のなかで環境問題を考え、事業活動そのものが環境負荷を抑制し環境保全に寄与したり、生み出す製品・サービスが、環境負荷の抑制につながると共に消費者の環境意識・エシカル消費意識を高めることにつながるよ

うな取り組みをすることが求められます。

　このような背景から、「1 自然環境を守っている」の基準では、特に企業が配慮・取り組むべき事項として、

　①気候変動の緩和と適応

　② バリューチェーンでの温室効果ガスの排出抑制

　③水の適正利用

　④資源の有効利用

　⑤廃棄物の発生抑制

　⑥化学物質の適正管理

　⑦生物多様性の保全

これらの項目について基準を設定しました。

　気候変動は、温暖化防止という観点では自社内だけでなくサプライチェーンも含めた排出抑制が必要です。同時に、気候変動はすでに進行しつつあるとの認識にたち、気候変動への適応策を考えることが求められます。

　資源循環は、天然資源の有効利用・使用料抑制と、廃棄物の排出抑制と循環資源としての有効利用という観点から中項目を分けての基準としています。事業活動では、製品の原料としての水だけでなく、主に生産段階の設備などで大量の水が使用されることから、水の利用を一つの項目として設定しました。

　廃棄物の発生抑制、化学物質の適正管理の必要性は説明するまでもないでしょう。最近は、企業活動をはじめとする人間活動の非常に多くの部分が生物多様性やそれが生み出す生態系サービスによって支えられていることが明らかになり、社会と経済を持続可能にするためにも生物多様性を保全する重要性が語られています。あわせて本基準でも、生物多様性の保全を中項目の一つとしています。

（白鳥和彦）

---

3 Global Footprint Network（https://www.footprintnetwork.org/）2024.4.20閲覧

1 ① 気候変動を緩和するとともに、適応も図っている（社内）

S	2030年までにScope3も含めてGHG排出量を50%以上の削減となるよう取り組みを進めている
A+	シナリオ分析に基づき適応策も着実に進めている
A	2050年カーボンニュートラルを目指すことを公表し、Scope1，2でGHG排出量を計画的に削減している
B	GHG排出量削減のための省エネの努力やエネルギーシフトを行っている
C	Scope1，2でGHG排出量を把握している
D	未着手である

　気候変動に対する国際的な枠組みである2015年のパリ協定では、地球温暖化を工業化以前の水準から2℃以下に抑え、可能な限り1.5℃以下に抑えることを目標にすると決めました。パリ協定では全ての国が気候変動に対する取り組みを求めています。気候変動に対しては、GHG⁴の排出削減を行う緩和策とともに、気候変動により受ける影響を軽減する適応策を行うことが社会や企業の持続可能性に求められます。

　国際エネルギー機関（IEA）は、2050年までに世界全体のGHGを実質的にゼロにすることを目指す「ネットゼロ」を掲げています。日本政府はパリ協定などに基づいて2030年までにGHGを46%削減する目標を立てています。しかし、日本のこの目標は、産業構造やエネルギー需給から考えると高いハードルです。

　GHGのほとんどはエネルギー由来のCO_2排出であり、省エネルギーやエネルギー転換などを始めとして、さまざまな取り組みが必要です。また全ての産業・企業が取り組みを進める必要があります。

　そのためには、自社の事業活動で直接的に使用されるエネルギー由来のGHGについて（Scope1，2）⁵把握をし、削減目標、計画を建て、省エネルギーやエネルギー転換（エネルギーシフト）⁶を行うことが求められます。そして、事業活動に直接的に使用されるエネルギーだけでなく、原材料調達や輸送、提供

した製品・サービスの使用段階など間接的なGHG排出（Scope3）を把握し、その削減に対する取り組みも求められます。サプライチェーンと協働して、それまでとは異なる製品・サービスの作り方、提供の仕方などを生み出すことで、ライフサイクル全体で排出削減策を行うこともできます。

　これまで企業の経営では短期〜中期の経営戦略が主でしたが、地球環境問題、持続可能な社会という視点では、上述した国際的もしくは日本政府の目標に沿った形で2030年、2050年といった中長期の目標が求められるようになりました。

　一方、温暖化が進むことにより企業活動にも影響を与えます。TCFD（気候関連財務情報開示タスクフォース）では、財務に影響のある気候関連情報の開示を推奨しており、シナリオ分析[7]を行って気候変動のリスク・機会を認識し、気候変動への適応について戦略を検討することも求められています。

　中長期の環境目標を立てたり、シナリオ分析により適応策の戦略を立てるといったことは、サステナビリティに先進的な企業で進んでいますが、多くの企業にとってはまだハードルが高い取り組みです。

　以上の状況を踏まえ、本項目においては、2050年までにカーボンニュートラルを目指しつつ、まずは自社の直接的なエネルギー由来のGHG排出量削減を図ることをAレベルとします。そして適応策の検討、2030年までのGHG半減をA＋、Sレベルとしています。自社の直接的なエネルギー由来のGHG排出の把握およびそのための削減の取り組みは、言を待たないこととしてB、Cレベルとしています。

（白鳥和彦）

---

4 GHG：温室効果ガス（Greenhouse Gas）

5 Scope 1, 2, 3：GHGを削減するにあたり、事業活動のどの段階でGHGが排出されているかを把握する必要がある。そのための区分のこと

6 エネルギー転換（エネルギーシフト）：事業活動、社会活動、生活などあらゆる場面で使用されている電気や熱源を、化石燃料からGHGのより少ない自然エネルギーに転換すること

7 シナリオ分析：地球温暖化や気候変動による影響、それらに対する政策動向による事業環境の変化等による影響を予想し、自社の事業や経営にどのような影響を及ぼしうるかを検討するための手法

1 ② バリューチェーンでGHGの排出を 減らしている（製品・サービス）

S	バリューチェーン全体でGHGの発生を実質ゼロにすることに向けて活動をしている
A+	サプライチェーン全体でGHGの発生を実質ゼロにすることに向けて活動をしている
A	すべての製品・サービスについてバリューチェーン全体でGHGの排出を少なくする方針があり、実現に向けて努力している
B	使用時にGHGの排出が少ない製品・サービスを提供している
C	使用時にGHGの排出が少ない製品・サービスの開発をしている
D	未着手である

　自社の事業活動だけでなく、社会に提供する製品・サービスが消費者の手にわたり、使用され廃棄される段階でもGHGは排出されます。

　また、製品・サービスを提供するまでの原材料やその調達においてもGHGが排出されます。それゆえ地球温暖化の防止に向けては、基準1-1で取り上げた自社内の対応だけでなく、関わるバリューチェーン全体でGHG排出削減に取り組む必要性があると言えるでしょう。

　なお、この基準におけるサプライチェーンとは、自社の事業活動に提供される製品・半製品、原材料、サービスなど上流側（サプライ側）を指します。バリューチェーンとは、「上流側および製品の使用や使用後の廃棄など下流側を含めた事業活動全体」を指します。

　電子・電機機器、車、住宅など、使用段階でエネルギーを消費する製品・サービスは多くあります。たとえば、冷蔵庫では使用段階におけるCO_2排出は、そのライフサイクル全体に対して8割もあります[8]。使用段階でエネルギーを消費する製品の多くは、提供する企業がどのような仕様の製品を作るのか、どの程度の供給・販売をするかに大きく影響します。

　すなわち、使用時にエネルギー消費の少ない製品を企画・設計し、できるだけ多くそのような製品（環境配慮製品などと呼ばれている）を社会に提供するこ

とは、その企業だけにしかできないことです。エネルギー消費、すなわち使用段階で環境負荷の少ない製品・サービスを作って提供することは、いまや企業には当然のこととして求められています。

一方で、ビンやボトルなどの容器をはじめとして、使用段階でそのものがエネルギーを消費しない製品や部材でも、部材の調達までにGHGが発生します。また、全ての製品において、それらが製造されるまでの段階でもGHG排出があります。これらは自社の努力だけではGHGを削減することはできず、サプライチェーン側での協力が必要になります。

たとえば、購入した包装材料で製品を梱包して販売している場合、その製品自体のGHG削減はその企業が設計・開発、生産方法などを工夫するなどで取り組むことができます。しかし、包装材料については、その企業は材料の使用量を減らすことしかできません。包装材料が作られるまでのGHG排出については、包装材料メーカーの努力によるものとなってしまうからです。もちろん、包装材料メーカーと協働して、包装材料に求められる仕様の見直しなどを行って、GHG排出に努めることはできます。

現状ではまだ高レベルながら、提供する製品・サービス、サプライチェーン側全体において、標準1−1で示したように、カーボンニュートラル（実質ゼロ）のレベルが求められます。

このような状況を背景に、バリューチェーン全体でGHG排出量の把握を行い、それに対して削減の方針や目標を立て取り組んでいることをAレベルとしています。実質ゼロとする活動はA＋、Sレベルです。一方、使用段階でのGHG排出の少ない製品、サービスの開発や提供は、いまや当たり前のことであり、Bレベル、Cレベルとしています。　　　　　　　　　　（白鳥和彦）

---

8 一般社団法人日本電機工業会（略称：JEMA）「冷蔵庫のライフサイクルについて考えよう」https://www.jema-net.or.jp/Japanese/ha/eco/s04.html 2024.4.20閲覧

1 ③ 水を持続可能な形で利用している

S	使用する以上の水を地中に戻している
A+	使用している水源の涵養を行っている
A	節水目標値（使用量）を定め、節水と循環利用をしている
B	節水を行うと同時に、排水の適切な処理を行っている
C	節水を継続的に行っている
D	未着手である

　水は人間だけでなく生物全体の生存に不可欠な資源であり、水環境の悪化が起こると、生態系への影響や農業への影響が起こるなど、水資源の保全は重要な地球環境問題の一つです。

　地球規模で見ると、地球上に存在する水のうち淡水は2.5%であり、そのうち人間が使いやすい水（河川、湖沼など）はわずか0.01%しかありません。世界的には、特に農業用水の増加による水需要が高まっています。また、降水の乏しい地域では絶えず水不足になり、衛生設備や上下水道が整備されていないために河川が汚染され、安全な水が手に入らない地域などもあります。

　日本の降水量は世界平均の約2倍ありますが、季節による変動が大きく、梅雨期と台風期に集中しています。また、主な水源となる河川は、長さが短く、上流から下流への勾配が急であるため、降った雨は一気に海に流れ出ることになります。季節変動が大きいため、ダムや貯水池などで水を貯めて需要に対応する必要があります。近年では、短時間での大雨が降る一方、年間の降水日数が減少しており、貯水ダムや河川からの取水制限されることが起こるなど、気候変動による水使用の影響が出ています[9]。

　日本での水は、生活用水、工業用水、農業用水などに分類され、工業用水としての使用量は毎年減っていますが、約1割が使われています（事業活動で使用

される水は、工業用水だけではなく生活用水に区分される水もあります）。

　事業活動では、製品の原料としての水使用だけでなく、特に生産段階においては洗浄、冷却、ボイラ水などとして大量の水が使用されます。こうした理由から、できるだけ水の使用を減らすことが求められます。では、水使用量を減らすためにはどうしたらいいのでしょうか。

　取水・投入される量を減らす節水と、繰り返し使用する使用後の水を再生利用するなどの循環利用があります。また、これらの水が使用されたあとは、ゴミや汚れが含まれていることが多く、そのまま河川や湖沼に排水されると、汚染や悪臭、周囲の自然環境や生態系に悪影響をおよぼすこととなります。

　水の汚染はその地域の水利用にも大きな影響を与えます。工場や事業所からの排水には、排水基準が定められています。下水道に排水する場合には、下水道法が適用されます。適正に処理を行い、化学物質の量など排水基準を満たしたのちに排水することが求められます。グローバルに事業活動を行う企業では、各国の水事情、環境状況にも考慮した水使用、排水が求められます。

　このような状況を背景に、本項目では節水の目標を定め、適正な節水と循環利用をAレベルとし、節水のみ、法規制である排水の処理についてはBレベル、Cレベルとしています。

　日本の降水、水利用の特徴から、適正な節水、排水をするだけでなく、雨水や湧出する水の貯蓄（供給）量の保全（増やす）のため、森林、河川、地下水帯の保全、貯水池、雨水マスの設置を行うなど、使用する水源の涵養や水環境保全にも貢献していくことが、今後は求められることになります。

　森林管理や水田の湛水など、地域の自治体などへの協力が、国レベルでも検討が進められています[10]。今後、期待される取り組みでもあり、A＋、Sレベルとしています。

（白鳥和彦）

9　国土交通省「令和4年版　日本の水資源の現況について」
　（https://www.mlit.go.jp/mizukokudo/mizsei/mizukokudo_mizsei_tk2_000039.html 2024.4.10閲覧
10　内閣官房水循環政策本部事務局「水循環における企業の取組促進」
　https://www.cas.go.jp/jp/seisaku/mizu_junkan/category/kigyou_renkei.html 2024.4.10閲覧

1 ④ 新たに投入する資源を最小にし、資源を保全している

S	他社と協働して、資源循環型の事業システムを作り出し、サーキュラーエコノミーを実践している
A+	全体的にバリューチェーンも含め資源循環型の事業活動、製品サービスの提供に取り組んでいる
A	全社的に再生資源や循環可能な資源を使用する方針があり、新規資源の投入を削減している
B	アップサイクルなどを含め、未利用資源や廃棄された資源からの価値創出を実践している（全社的でなくとも、少数の取り組みも可）
C	全社で資源投入量とその削減量を定期的に把握している
D	未着手である

　資源循環を実現する考え方の一つに「都市鉱山」があります。都市鉱山とは、使用ずみの小型家電製品（携帯電話、デジタルカメラ、パソコンなど）から金属材料を回収し、再利用することです。都市で廃棄された小型家電製品から鉄、アルミ、金、銀、銅やレアメタルなどの有用金属資源を得るため、これを鉱山での採掘にたとえて、このように呼んでいます。

　資源循環型の事業システムとも言える「都市鉱山」は、サプライチェーンの工夫と数多くの技術の組み合わせから成り立ちます。金属の特性によってリサイクル方法に違いがあり、廃製品の解体・選別、有用な金属の回収、同質の金属の集積、精錬、加工など、求められる技術も多彩です。

「都市鉱山」の代表的な事例としては、東京2020オリンピック・パラリンピックで採用された金・銀・銅のメダルがあげられます。「都市鉱山からつくる！みんなのメダルプロジェクト」として、多くの国民が参画し、メダル製作を目的に小型家電の回収を行いました。集まったものから抽出された金属でメダルを製造し、選手に「都市鉱山から作られた」メダルの授与がなされました。オリンピック・パラリンピック史上初の取り組みで、すばらしいサーキュラーエコノミーの実践だったこともあり、プロジェクトとしてはSレベルの取り組みです。

　全体的にバリューチェーンも含め資源循環型の事業活動、製品サービスの提供に取り組んでいる事例としては、ペットボトルの水平リサイクル（ボトルtoボトル）が挙げられます。水平リサイクルは、使用済み製品を原料として同じ製品を作るリサイクルのことで、資源を繰り返し循環利用できる仕組みです。

　ペットボトルの水平リサイクルを進めるには、本体（PET樹脂）、キャップ（PP、PE）、ラベル（PP、PE、PS）を分別回収することやペットボトル以外の異物が入らないようにすることが、大変重要になります。異物などが入ってしまうと、再生できる量が減ったり、品質に影響が出てしまうためです。

　この取り組みは、メーカーだけではできず、多くの消費者が自治体の資源ごみとして排出したり、店頭回収して参加することが大事で、まさに「エシカルである」と言えるでしょう。また、化石由来資源の削減とCO_2の削減に寄与することが可能となり、A＋レベルの取り組みと言えます。

　全社的に再生資源や循環可能な資源を使用する方針があり、新規資源の投入を削減している事例としては、国内大手アパレルメーカーが2030年度までに、全使用素材の約50％をリサイクル素材などに切り替えることを目標にしていることが挙げられます。具体的には、店舗で回収した服をリユースし、国連難民高等弁務官事務所（UNHCR）や世界中のNGO・NPOとともに、難民キャンプや被災地への緊急災害支援など、世界中の服を必要としている人たちに届けています。

　また、リユースできない服は、燃料や防音材として加工してリサイクルし、新たなダウン商品の再生利用など「服から服へのリサイクル」も推し進めている事例は、Aレベルと言えるでしょう。

　全社的、あるいは一部の取り組みとして、本来は捨てられるはずの製品に新たな価値を与えて再生するアップサイクルなどを含め、実践している事例としては、創業70年を超える生活用品の専門商社で『Sustainable（サステナブル）』、『Ethical（エシカル）』というキーワードに合致する製品を取り扱っている事例が挙げられます。子どもたちが使っていたプラスチックのおもちゃをリサイクルして生まれたカラフルな腕時計や、使われなくなったエアバッグやシートベルトという車の廃材を再利用して作られたドイツ・ケルン発のアップサイクルバッグブランドなど、ゴミを削減するだけでなく、新たな価値を生み出す製品を扱っている事例は、Bレベルと言えます。 （酒井剛）

1

⑤ 廃棄物の発生を抑制している

S	廃棄物を有効利活用（再資源化）し、サーキュラーエコノミーを実践している
A+	廃棄物の最終処分ゼロを達成している
A	廃棄物削減の意欲的な目標を設定し実行している
B	３Rを実践し、廃棄物の発生を減少させている
C	廃棄物の削減量を定量的に把握している
D	未着手である

　近年、世界的な人口増加や経済成長などを理由に、大量生産と大量消費が繰り返されてきました。そうしたなかで、資源の枯渇や廃棄物処分場が逼迫（ひっぱく）している現状があり、処理できなくなった廃棄物が自然環境を汚染し、生態系に甚大な被害を与えています。地球環境を守り、社会を持続させるためには、サーキュラーエコノミーへの移行は必須となっています。

　サーキュラーエコノミーとは、「経済活動において廃棄されていた原材料や製品などを資源とみなし、再利用するという資源の循環を目指す取り組み」のことですが、このように廃棄物や汚染などの発生を抑えた製品やサービスの設計を行うことで、循環型経済システムを実現させることが可能となります。

　では、具体的にどのような取り組みがあるのでしょうか。

　その一つに、国内プラントエンジニアリング企業の事例が挙げられます。廃プラスチックによる海洋汚染が世界的な課題となっている現在、資源循環の観点でも有効なリサイクル手法の確立が求められています。そのためこの企業は、ガス化ケミカルリサイクル用途で、世界で唯一の長期商業運転実績を有することで、プラスチックの完全循環を実現する設備のプラントの設計・建設を行っているのです。

　ガス化ケミカルリサイクルでは、廃プラスチックをガス化し、メタノールや

アンモニア、プロピレン、オレフィンなどの化学品や化学製品に利用可能な合成ガスへと転換することにより、汚れや不純物が混入した難リサイクル性プラスチックでも、石油由来のバージン品と同等の化学原料にリサイクルができると言われています。

また、同時に地産地消の水素製造も可能なため、廃プラスチックのリサイクル率の向上、高度循環型社会の構築だけでなく、水素社会の実現にも貢献しており、Sレベルの取り組みと言えます。

廃棄物の最終処分ゼロを達成している事例としては、国内のビールメーカーの取り組みが挙げられるでしょう。

2002年時点で、ビールメーカーは全工場における廃棄物のリサイクル率100%を達成しました。つまり、ビール生産工程で排出される廃棄物はすべて再利用され、最終処分場に埋め立てられる廃棄物は一切ないということです。

ビール製造工程で、重量当たり最も多く排出されるのは、モルトフィード（麦芽の殻皮）で、全体の8割を占めます。そのほかの廃棄物は、汚泥やガラス屑、アルミ屑などです。モルトフィードは主に家畜の飼料として、ほかの有機物は有機肥料やたい肥として、ガラス屑は瓶の材料として、アルミ屑はアルミ缶や電気製品の材料などに再利用されているのですが、まさにA＋レベルの取り組みと言えます。

廃棄物削減の意欲的な目標を設定し、実行している事例としては、多くの企業で取り組まれていますが、ここでは大手デベロッパーの事例を紹介しましょう。この企業は、グループで2030年までに、廃棄物再利用率90%と排出量20%削減（2019年度比／m²あたり）を目標に掲げています。目標の達成に向けて、革新的な技術の導入・廃棄物処理方法の見直しに加え、社員一人ひとりが意識的にごみの減量と分別に取り組み、適切なリサイクルルートを確保し、資源リサイクル率を向上させることが重要であると位置づけています。

環境省が2000年に公布した循環型社会形成推進基本法では、廃棄物を出す者が3R「Reduce（リデュース）、Reuse（リユース）、Recycle（リサイクル）」について責任を負う「排出者責任」という考え方が定められています。上記の大手デベロッパーの企業グループでは、ステークホルダーであるテナントの方々にも3Rの取り組みに協力してもらい、より良い社会を構築すべく努めており、Aレベルの取り組みと言えるでしょう。

Bレベルとしては、3Rを実施し、廃棄物の発生を減少させる取り組みとなります。

（酒井剛）

化学物質を適正に管理し、有害物質は排出していない

1
6

S	使用するすべての化学物質の使用量、排出量を開示し、自然界への排出を計画的に削減している
A+	製品に含まれる化学物質は国際的に、もっとも厳しいルールを守っている
A	関係法令に留まらず、使用するあらゆる化学物質の取り扱い記録を保持している
B	法規制値を上回る化学物質の削減に努めている
C	法規制対象以外の化学物質についても把握している
D	法規制レベル以上の化学物質管理には未着手である

科学的には、元素や元素が結びついたものを化学物質と呼び、自然のもの、人工的に作られたもの、すべてが化学物質です。化学物質には、工業的に有用なもの、生活を便利にするものなど社会の役に立つ一方、有害性、毒性を持つものがあります。

人の健康や環境に悪影響をおよぼす物質は、有害化学物質と呼ばれます。有害化学物質の例としては、水俣病の原因となった有機水銀、イタイイタイ病の原因となったカドミウムなどの重金属、難分解性、高蓄積性、長距離移動性、人の健康や生態系に対する有害性にはPCB[11]、ダイオキシンなどのPOPs[12]などです。

人への健康影響においては、体内に入るとすぐに影響が出る急性毒性を持つものと、長期間にわたって体内に蓄積されてから影響が出てくる慢性毒性を持つものとがあります。

たとえば、PCBは1881年にドイツで合成され、アメリカでは1929年に、日本では1954年に生産が開始されました。電気絶縁性や耐熱性に優れ、水に溶けにくいことなどから、電力変圧器や安定器などの絶縁油、加熱や冷却の熱媒などに広く用いられてきました。

1968年のカネミ油症事件では、その毒性が社会問題となり、その後にできた

化審法[13]により製造・輸入・使用が禁止されましたが、それまでは使われ続けてきました。

　また、有害化学物質が水域や土壌などへ漏洩（ろうえい）すると、その周辺が汚染され、土に直接触れる、気化したものを吸い込むといった直接的な吸収や、その土地や水により育った作物を食べることで間接的に摂取することで健康への被害が生じます。土壌汚染では、その土地に降った雨水が地下水へ溶出し、地下水系に汚染が広がり、その地下水を使用する人へ影響が広がることが懸念されます。

　このように人や生態系に影響をおよぼす化学物質は法規制の対象となり、監視・管理が行われています。日本では、人の健康を損なう恐れや動植物の生息・生育に支障をおよぼす恐れがある化学物質による環境の汚染を防止することを目的とした化審法、事業者による化学物質の自主的管理の改善を促進し、環境の保全上の支障を未然に防止することを目的とした化管法[14]があります。化学物質を取り扱う企業は、これらの法に基づいて化学物質を適正に取り扱い、必要な登録や届出をすることが求められます。

　すでに触れましたが、すぐには人や環境に影響が出ない化学物質もあります。また、新たに人工的に作り出される化学物質も多くあり、企業としては法規制の対象によらず取り扱う全ての化学物質に対して注意を払うべきであり、適正な取り扱い、登録、監視が求められます。このような状況を背景に、法令に留まらず使用するすべての化学物質の取り扱いを記録することをAレベルとしています。法規制がレベルを守ることは当然で、それ以上の把握、削減をBレベル、Cレベルとしています。

（白鳥和彦）

---

11 PCB：ポリ塩化ビフェニル
12 POPs（Persistent Organic Pollutants）：残留性有機汚染物質
13 化審法：化学物質の審査及び製造等の規制に関する法律
　（1）新たに製造・輸入される化学物質の事前審査
　（2）製造・輸入数量の把握（事後届出）、有害性情報の報告などに基づくリスク評価
　（3）化学物質の性状等（分解性、蓄積性、毒性、環境中での残留状況）に応じた規制
14 化管法：化学物質排出把握管理促進法
　（1）PRTR制度（Pollutant Release and Transfer Register）：化学物質排出移動量届出制度 (2) SDS (Safety Data Sheet)：安全データシート制度を柱としている

1

7 生物多様性を保全している

S	生態系と生物多様性に対する影響をネット・ポジティブにすることを目指して活動している
A+	事業活動や提供する製品・サービスの生態系・絶滅危惧種への影響を定量的に評価し、その影響を減らす取り組みをしている
A	サプライチェーンを含めて、生態系や生物多様性に与える負の影響を最小化することを宣言し、使用する原材料を含めて実践している
B	脆弱・貴重な生態系の地域での事業活動を行わない、原材料に絶滅危惧種は使用しない
C	事業活動の生態系や生物多様性への影響を認識している
D	未着手である

　生物多様性とは多様な生物種が存在することですが[15]、そのこと自体が生態系を安定的にし、正常に機能させるために必要な要件となっています。そして、ふだんはあまり意識することはなくても、ほとんど全ての企業が何らかの形で生物多様性と関係があります。

　食品産業や建設業、アパレルのように生物資源を直接使用している事業はもちろんですが、電気・電子産業や金融業のように一見生きものとは関係がなさそうな企業であっても、生物資源や生態系サービス[16]に依存したり、あるいは事業活動が生物多様性に直接・間接の影響を与えているのです。

　特に、企業活動が生物多様性を含めた自然に与える負の影響は急速に拡大しており、生物多様性の健全性はこの50年間で69%も喪失しています[17]。その結果、地球上に存在する生物種の4分の1が絶滅の危機に瀕し、このままでは今後、約100万種が絶滅する[18]との警告もあります。これは、企業活動が依存する基盤を自ら破壊していることにほかならず、自殺行為と言わざるを得ません。

　今のままの状態を続けると、2030年には世界は毎年2.7兆米ドルのGDPを失うだろうというレポート[19]を世界経済フォーラムが2020年に出し、生物多様性を守ることは企業活動を持続可能にするためにも必要であるとの認識が、急速に広まっています。

　2022年に開催された生物多様性条約の第15回締約国会議（COP15）では、生物多様性が失われる現在の流れを逆転すべく2030年までに緊急の行動を起こし、2050年までには生物多様性や生態系を再生して、人類が必要とするレベルまで戻すという目標を含む生物多様性世界枠組（GBF）[20]が採択されました。

　この目標を一般に「ネイチャーポジティブ」（自然再興）と呼びますが、GHGの排出量を実質ゼロにするカーボンニュートラルと並んで、環境に関する今後の2大目標と認識されています。また、企業が自社の活動と生物多様性の関係性を分析して開示するための枠組みであるTNFD ver1.0[21]も2023年9月に発表されました。企業に対して生物多様性への配慮を求め、その状況や進捗の開示を求める動きも急速に進んでいるのです。

　国や地域によっては、生物多様性や生態系に有害な原材料を使って事業を行うことを実質的に禁止する規制や、新たに土地開発を行う際には開発する以上の自然を回復させる政策を実施しているところもあります。このような状況を背景に本項目では、GBFの目標達成に企業として貢献するために必要なことを行い、それにコミットすることを意味する「サプライチェーンを含めて生態系や生物多様性に与える負の影響を最小にすることを宣言し、使用する原材料を含めて実践する」ことをAレベルとしています。A＋レベルは、事業が生物多様性などに与える影響を定量的に評価し、負の影響を減らす取り組みをしているということで、より厳密な管理を行うことを求めています。これはTNFDなどが企業に期待するあり方です。

　さらに、自社が生物多様性に与える負の影響よりも正の影響を大きくする「ネットポジティブ」は、ネイチャーポジティブを実現するために必要ですが、容易ではありません。ここまでできている企業はSレベルと言っていいでしょう。一方、Bレベルは法律で求められていたり、一般的な倫理感として、当然行うべきことです。　　　　　　　　　　　　　　　　　　　　　　　（足立直樹）

---

15 より厳密には、生物種、遺伝子、生態系の三つのレベルの多様性をまとめて生物多様性と言う
16 生態系が人間の福利を支えるために提供しているサービス（機能）のこと。供給サービス、調整サービス、文化的サービス、基盤サービスの四つに大別できる
17「生きている地球レポート」（WWFジャパン）https://www.wwf.or.jp/activities/lib/5153.html 2024.4.30閲覧
18「IPBES生物多様性と生態系サービスに関する地球規模評価報告書レポート」 https://www.iges.or.jp/jp/pub/ipbes-global-assessment-spm-j/ja 2024.4.30閲覧
19「自然関連リスクの増大：自然を取り巻く危機がビジネスや経済にとって重要である理由」https://www3.weforum.org/docs/WEF_New_Nature_Economy_Report_2020_JP.pdf 2024.4.30閲覧
20 Global Biodiversity Framework；23の行動目標も規定され、その中には企業に関わることも多く含まれています。https://www.cbd.int/gbf/ 2024.4.30閲覧
21 自然関連財務情報開示タスクフォース https://tnfd.global 2024.4.30閲覧

パーパスとして環境への
影響最小化を目指す花王

花王株式会社ESG部門ESG活動推進部シニアマネージャー **笠井孝夫**

家庭向け日用品を扱う事業と、産業用化学品を扱う事業を展開する花王では、『よきモノづくり』を通して環境への影響最小化に努めてきました。

グローバルで環境課題や社会課題が顕在化するなか、2021年に企業理念（花王ウェイ）が改訂され『豊かな共生世界の実現』が花王のパーパスとなりました。これは正しく自然との共生を示したものであり、2022年に改定した「生物多様性の基本方針」において、生物多様性の保全だけではなく、再生への取り組みを通して「ネイチャーポジティブの実現」を目指す決意を表明しています。

TNFD（自然関連財務情報開示タスクフォース）のLEAPプロセスに則り、花王のバリューチェーン全体を生物多様性の視点で評価した結果、花王製品の主原料であるパーム油・パーム核油がマテリアリティの一つであると確認されました。

森林破壊ゼロに向けたパーム油・パーム核油の持続可能な調達と利用

花王はパーム油・パーム核油の持続可能な調達において、森林破壊ゼロを目指して、農園までのトレーサビリティの100％確保とRSPO認証油の100％購入を目標としています。森林破壊の本質的な解決には小規模農園の生活レベル向上が必要と考え、インドネシアの小規模パーム農園を支援する「SMILEプログラム」を進めてきました。生産性向上とRSPO認証取得に向けた教育のほか、花王独自技術を使って農薬の使用量を削減することで、農家の健康維持、環境負荷の最小化に貢献しています。

そして、限られた資源であるパーム油・パーム核油を大切に使うために、今までは用途が限定されていたパーム油・パーム核油の固体状の油脂部分から、新洗浄剤バイオIOSを開発しました。バイオIOSは、少量での高い洗浄力やすすぎ水量の削減などの特徴を有し、花王の衣料用洗剤に使用されています。貴重な資源である油脂と水の有効活用に貢献できる技術と考えています。

一方で、国内外の各製造拠点では、敷地内の緑地の保全活動を進めており、そこに生息・利用している生物の実態調査、観察などから、そのエリア特性に適した緑地管理手法を取り入れています。

そのほか、洗剤の濃縮、小型化、つめかえ商品の開発によるプラスチックの削減や他社と共同で使用後のプラスチック容器のリサイクルを行っています。このように花王はバリューチェーン全体で、生物多用性への取り組みを進めています。

「地球温暖化地獄」を迎えた今、取り組むべき対策

東京大学名誉教授　山本良一

　2023年の世界の気象は異常中の異常です。6月、7月、8月、9月、10月の各月の月間の世界平均気温は、それぞれ観測史上最高を記録しました。2023年の世界の年間平均気温も過去最高になることが確実視され、産業化前と比較して1.4℃ほど上昇する可能性もあると予想されています。

　これはパリ協定の目標である1.5℃に迫る勢いです。国連事務総長のグテーレス氏は7月27日に「地球温暖化の時代」は終わり、「地球沸騰化の時代」が到来したと述べ、"モンスーンの雨に流される子どもたち、炎から逃げる家族、そして灼熱のなかで倒れる労働者"と地球沸騰化の時代を形容し、「人類は地獄の門を開いた」とまで述べています。

　このような気候非常事態に直面しても、脱炭素への動きは遅々としています。温暖化ガスの各国の削減目標をあわせても2030年に、世界の排出量は2010年比で8.8%増えると予想されていて、パリ協定目標達成のために必要な45%減からほど遠いのです。

　私は2007年にすでに『温暖化地獄』（ダイヤモンド社）と題する本を出版し、現在のような気候非常事態になることを社会に警告してきました。

　いまや毎日世界から排出される二酸化炭素は1億トンにもなり、人間起源の温室効果ガスによる地球温暖化は加速し、その結果、平均すると毎日グリーンランド氷床は10億トン、西南極大陸氷床は4億トンの氷を失っており、融解水は海面水位を上昇させています。

「温室効果ガスの排出量を実質ゼロ」への早急なアクションを

　このままでは2030年までにパリ協定の1.5℃目標は突破され、グリーンランド氷床崩壊、西南極大陸氷床崩壊、熱帯サンゴ礁枯死、北方永久凍土の突発的融解の気候転換点が確実に超えられてしまうでしょう。

　この気候非常事態を突破するためには、カーボンニュートラル（炭素中立）を急ぎ、ネイチャーポジティブ、サーキュラーエコノミーを達成する以外にありません。カーボンネガティブなビール（BrewDog）、酒（福寿、東光）、卵（Morrisons）、グリーンスチールなども販売されています。

　製品を作る側は、炭素クレジットや生物多様性クレジットを活用しながらカーボンニュートラルな製品・サービスを提供し、エシカル消費者の期待に応えてもらいたいと思います。消費者はカーボンニュートラルな製品・サービスを優先的に購入するなど、エシカル消費に全力を尽くすべきだと考えます。

2 人権を尊重している

人権への配慮を怠ることが大きなリスクへ

　人権の歴史は、中世の絶対的な権力者から自由や参政権などの政治的・市民的な権利を獲得する闘いとして始まりました。その後、産業革命で劣悪な条件下（長時間、低賃金、危険、不衛生など）で働かされる問題が深刻化したことで労働者が人間らしい生活を営む権利があることを主張し、獲得してきました。

　究極の人権侵害とも言える二つの世界大戦を経験した国際社会は、全ての人と国が達成すべき基本的人権を定めた世界人権宣言を採択し、次いで宣言を条約化した国際人権規約（自由権規約と社会権規約）も採択しました。その後も「平和への権利」「環境権」「知る権利」といった新しい人権の概念が生まれ、子どもや女性、障害者、少数民族など弱い立場に置かれた人々の権利が重視されるなど、人権の幅は広がってきています。

　人権は国家（政府）が尊重し、保護し、充足する第一義的な義務を負ってきましたが、1980年代から政府による規制や介入を極力排し、企業の自由な活動や自由競争を促す新自由主義政策がグローバリゼーションの波に乗って世界を席巻するに従って変化が生じています。

　M&A（吸収と合併）を繰り返して巨大化し、多国籍化した企業が国家を超越するほどの力を持ち始めたことで、企業の立ち居振る舞いに焦点が当たり始めたからです。少しでも低コストの国や地域に生産地や調達先を求める企業の動きは「底辺への競争」を生み、児童労働や強制労働を使った搾取工場問題や、森林破壊を始めとする環境問題、紛争鉱物問題などを世界各地で引き起こしました。優勝劣敗の自由競争の激化は貧富の差を拡大させてもいます。

　基本的人権をないがしろにしてでも利益を追求しようとする企業の姿勢は、強い批判や抗議活動にさらされるようになりました。それを受けて国際社会も動き始め、2000年にはアナン国連事務総長の提唱のもと、「人権」「労働」「環境」「腐敗防止」の4分野で企業が守るべき10の原則を掲げた国連グローバル・コンパクトが策定されました。次いで2011年に国連人権理事会で承認されたのが、「ビジネスと人権に関する指導原則」です。

　この画期的な指導原則は、国家の人権保護義務と並んで企業にも人権尊重の責任があることを明確にしました。そして企業に対しては、その規模、業種、所在地、所有者、組織構造に関係なく、適用される法を全て遵守し、国際的に認められた人権を尊重するように求め、具体的な実施策として「人権デュー・ディリジェンス（人権DD）」を打ち出しました。

　人権DDは、「常時、怠ることなく当然のこととして人権に関して注意を払う義務」を意味しています。企業はこの人権DDを通して自らの活動が直接的、間接的に関わっている、ないし関わる恐れがある人権への負の影響を特定し、それを防止、軽減するとともに、適切に対処、是正し、情報を公開し、継続的に改善していくことが求められます。その射程はサプライチェーン全体にわたり、究極的には原材料の生産・産出現場にまでおよびます。

　企業が遵守すべき代表的な人権基準がILO（国際労働機関）の中核的労働基準です。指導原則の策定時以降に1分野2条件が加わったことで、現在では5分野10条約になっています。詳しくは基準2－3で説明します。

　ILOは近年「ディーセントワーク（働きがいのある人間らしい仕事）」の推進に力を入れています。それは「権利、社会保障、社会対話が確保され、自由と平等が保障され、働く人々の生活が安定するような、人間としての尊厳を保てる生産的な仕事」のことで、それと合わせて企業には、人間らしい生活ができるだけの「生活賃金」を支払うことも求められています。

　身体的、精神的、性的、経済的な害悪をもたらすハラスメントは深刻な問題として認識され、「仕事の世界における暴力及びハラスメントの撤廃」に関するILO条約も採択されています。企業はハラスメントを人権侵害の問題として捉え、断固とした対応をとることが不可欠となっています。

　企業が人種、性、宗教、出身などに基づく全ての差別をなくすのは当然のこととして、さらに多様な属性を積極的に活かすダイバーシティの推進も近年求められています。その場合、"平等"に加え、差別の蓄積によって同じ土俵に立つことが困難な人々については、クォーター制のような「積極的是正措置」を取ることも"公正"の観点から重要と言えます。

　このように人権の範囲や実践は拡大と深化を続け、人権への配慮を怠ることはいまや大きなリスクとなっています。企業にとって「リスクの回避」は欠かせませんが、そうした受動的、消極的な対応にとどまらず、能動的、積極的に人権問題に対応することによって社会的責任を果たし、持続可能な社会の構築に貢献していくことが求められています。　　　　　　　　　　　　　　（渡辺龍也）

2 ① 人権を尊重している

S	人権を遵守するための仕組みを業界やステークホルダーなどとともに構築している
A+	国際的に認められた人権を超える基準を自ら定め、特別な配慮を必要とする人々の人権を保障している
A	人権を遵守する方針を表明し、遵守している
B	人権を遵守する必要について社内の意識の啓発を行っている
C	人権が何かを把握している
D	未着手である

　日本は人権について意識が希薄だとしばしば言われます。2023年にアメリカの大学が世界195カ国の人権状況について包括的に分析した調査報告書では、日本の人権スコアはDランクで、世界51位でした[22]。

　企業の人権への意識や対応については国連財団、投資機関、NGOなどが設立した国際組織が企業人権ベンチマーク（CHRB）を計測して発表しています。127社を調査した2022年のCHRB報告書によると、日本企業（22社）は最も人権スコアが高い企業でも30位で、7割近い企業が平均点以下でした[23]。

　企業が人権を尊重する責任を果たしCレベルを実現するには、まず尊重すべき人権とは何かを把握する必要があります。「ビジネスと人権に関する指導原則」は、国際的に認められた人権すべてを尊重する責任があるとしつつ、少なくとも世界人権宣言、二つの国際人権規約（自由権規約と社会権規約）、それにILOの中核的労働基準に掲げられた人権を尊重する必要があるとしています。

　そのうえで企業が尊重すべき人権とは何か、なぜ尊重する責任があるのか、などについて、社内の意識を啓発することがBレベルでは求められます。そうすることで人権侵害を引き起こしたり、助長したり、間接的にせよ侵害に関わったりするリスクを軽減、除去することが可能になります。社内の人権意識を高めるには啓発用の冊子や動画を製作したり、研修を行ったり、話し合う場を

設けたりすることが有効です。「社内」には正社員だけでなく、ともに事業を担う契約社員、派遣社員、アルバイトなど、全従業員が含まれます。

　人権の尊重には企業としてのコミットメントが欠かせません。「ビジネスと人権に関する指導原則」は、運用原則の一番目に「方針によるコミットメント」を掲げています。その人権方針は、社の内外から専門的な助言を得て、企業のトップレベルで承認され、広く公開して内外の関係者に伝達され、定着のために事業実施の方針や手続きに反映されるべきであるとしています。

　先のCHRB調査報告書によると、人権デュー・ディリジェンスのスコアを最も改善した企業の大半（75%）は、上層部が人権問題への責任を負い、人権尊重に必要な資源や専門性を用意しています。つまり、トップレベルで人権を戦略的な関心事にすることが重要なわけですが、日本企業は「方針によるコミットメント」とトップレベルの関与が目立って貧弱であると同報告書は指摘しています。専門的な助言を得た人権方針を策定して内外に表明し、トップレベルが人権問題に責任を持って対応してこそ、初めてAレベルを達成したと言えるでしょう。

　指導原則は、自社の活動が特定の人々（先住民族、女性、民族的・種族的・宗教的・言語的少数者、子ども、障害者、移住労働者など）に負の影響を与える可能性がある場合は、最低限度の人権尊重にとどまらず、それを超えた人権基準を考慮する必要があると述べ、そうした人々への特別な配慮と彼らの人権の尊重を促しています。これらがA＋レベルで求められる対応です。

　企業は自社の枠を超えた行動をとることも推奨されています。サプライチェーン内の事業体は同業他社にもモノやサービスを供給していることが少なくありません。いくつもの同業者が同一サプライヤーに異なった人権対応を求めればサプライヤーを混乱させ、疲弊させることになります。サプライヤーの人権対応能力を高め（エンパワーし）、業界全体の人権尊重レベルを向上させるためにも同業他社と協働すること、また業界内で知恵を絞るだけでなく、影響を受ける（恐れのある）脆弱な人々や地域社会、草の根組織、労働組合、人権団体など多くのステークホルダーの関与を得て人権を尊重する包括的な仕組みを構築していくことができればSレベルに到達したと言えるでしょう。　（渡辺龍也）

---

22 Global RIghts Project 2023 Annual Report: Trends in human rights practices worldwide, Center for Nonviolence and Peace Studies, University of Rhode Island, 2023. DランクはAからFまでの10ランクのうち下から2番目。日本のスコアは100満点中の68点。主要先進国で日本よりスコアが低いのは韓国（66位）とアメリカ（64位）のみ

23 Corporate Human Rights Benchmark 2022 Insights Report, World Benchmarking Alliance, 2022.

2 ② 人権デュー・ディリジェンスを 実践している

S	業界やさまざまなステークホルダーと協働して人権デュー・ディリジェンス向上の仕組みを構築している
A+	市民社会組織などと協働し、バリューチェーン全体で人権デュー・ディリジェンスを実践している
A	人権デュー・ディリジェンスを実践する方針を表明し、サプライチェーンを含めて実践している
B	人権への負の影響を把握し、人権デュー・ディリジェンスに関する意識の啓発を行っている
C	自らの活動にともなう人権への負の影響の把握を始めている
D	未着手である

「ビジネスと人権」に関連する考え方を示し、国の法制化や企業の取組に大きな影響を与えているのが、2011年の「国連ビジネスと人権に関する指導原則」（指導原則）です。

　この指導原則が示した枠組みは、

① 国家の人権保護の義務

② 企業の人権尊重の責任

③ 救済へのアクセス

これらの3本の柱からなり、考え方と具体的行動が記されています。

　①はこれまでの世界人権宣言や、女性、障がい者、子どもなど、さまざまな国際人権条約や国際労働条約に則った国の人権保護の義務を果たすよう促すものです。また、企業がビジネスと人権の分野でその責任を果たせるように、法律を作ることも国家ができることの一つです。こうした義務を課す方法と、自律的・自発的に取り組みを行うことを促す方法をうまく混ぜる「スマートミックス」を促しています。

　②の企業の人権尊重の責任のなかで、指導原則は「人権への負の影響を特定し、防止し、軽減し、そしてどのように対処するかということに責任を持つために、企業は人権デュー・ディリジェンスを実行すべきである」と、企業に人

権デュー・ディリジェンスを促しています。

　つまり、企業の事業がどのように人権への影響をおよぼしているか特定し、その負の影響を最小化するため具体的措置をとることが、企業の責任範囲であるとの解釈が示されたのです。

　これを受けて、先進国中心に人権デュー・ディリジェンスの義務化やそれを促進する法律が成立しました。また、「OECD 責任ある企業行動に関する多国籍企業行動指針」や、分野別に人権デュー・ディリジェンスの実践を促すガイドラインが発表されています。

　日本でも経済産業省が2022年、「責任あるサプライチェーン等における人権尊重のためのガイドライン」を発行し、企業に手順を示しています。欧州議会では、「人権及び環境のデュー・ディリジェンス」を義務化する指令が2023年12月に最終化されました。これから加盟国各国が義務化の法律を策定していくことになります。このような世界の「人権デュー・ディリジェンスの法制化による義務化」の潮流は日本企業も無関係ではなく、ますます対応が求められています。

　本項目では、人権方針を明確にし、サプライチェーンを含めた人権デュー・ディリジェンスを実践していることがAレベルです。そうした社内の取り組みを、社外の市民社会組織などと協働し、バリューチェーン[24]も含めて広く影響力を評価し、人権への影響を把握し、負の影響を最小化する措置をとっている状況がA＋レベルです。さらに、普段は競合の企業であってもサプライチェーンが共通していることも多く、業界ごとの課題は共通しているものがあることから、業界内やステークホルダーと協働して、人権デュー・ディリジェンスの質を高め、そのなかにある共通の人権課題に協働で取り組む状況をSレベルと位置づけています。

　一方、Bレベルは負の影響を確認し、その必要性について社内周知をしているけれども方針が策定されておらず、取り組みが限定的であることを指します。

（岩附由香）

---

24 バリューチェーンとはサプライチェーンよりも広く、企業が製品を出荷、販売したり、消費者がそれを使ったり、また企業がサービスを提供する部分を言う。また、修理やメインテナンスなどのアフターサービスなど、製品なら破棄される部分までを含む

2 ③ 労働者の権利を保障するとともに、ディーセントワークの実現を推進している

S	サプライヤーやさまざまなステークホルダーと協働してサプライチェーン全体でディーセントワークの実現を推進している
A+	日本が未批准のすべてのILO条約も遵守するとともに、生活賃金の保障などを通してディーセントワークの実現を推進している
A	ILO中核8条約および労働法を遵守するとともに、法の定めを超えて福利厚生を提供している
B	ILO中核8条約および労働法を遵守している
C	ILO中核8条約および労働基準法・労働組合法をはじめとする労働法の違反の是正に取り組んでいる
D	未着手である

　ディーセントワークとは、国際労働機関（ILO）が提唱した概念で、「働きがいのある人間らしい仕事」のことを指します。これを「自由、公平、安全と人間としての尊厳を条件とした、全ての人のための生産的な仕事」と位置づけ、その推進のために、1998年ILO総会で採択されたのが、「労働における基本的原則及び権利に関するILO宣言とそのフォローアップ」です。このILO宣言によって、世界共通の労働の中核となる基本的原則と権利が確認されました。ILO宣言で定められた①結社の自由及び団体交渉権の効果的な承認、②強制労働の廃止、③児童労働の撤廃、④雇用及び職業における差別の排除、の4分野に対応する8項目の基本条約について、ILO加盟国は条約が未批准であっても尊重、促進、実現する義務があり、その推進に関する報告が義務づけられています。2022年6月のILO総会で、この中核的労働基準に「安全で健康的な労働環境」が分野として追加されました。中核的労働基準はそれまでの4分野8条約から、5分野10条約となりました[25]。

　これらの条約の実現は締約国の義務であるものの、グローバルに操業する企業がサプライチェーンが未批准国にあるから強制労働を容認するようなことがあれば、「国連ビジネスと人権に関する指導原則」にある「企業の人権の尊重の責任」に背くことになります。国際労働規格SA8000なども、こうした国際

労働条約やディーセントワークの考え方をベースにしており、ILO中核的労働基準は労働分野における人権保障の最低限守るべきルールとなっています。なお日本は、差別の撤廃に関する2条約は2023年12月時点で未批准です。

図表1-1 〈中核的労働基準〉5分野・10条約

結社の自由・団体交渉権の承認	結社の自由及び団結権の保護に関する条約（87号）団結権及び団体交渉権についての原則の適用に関する条約（98号）
強制労働の禁止	強制労働に関する条約（29号）強制労働の廃止に関する条約（105号）
児童労働の禁止	就業の最低年齢に関する条約（138号）最悪の形態の児童労働の禁止及び廃絶のための即時行動に関する条約（182号）
差別の撤廃	同一価値の労働についての男女労働者に対する同一報酬に関する条約（100号）雇用及び職業についての差別待遇に関する条約（111号）
安全で健康な労働条件	職業上の安全及び健康に関する条約（155号）職業上の安全及び健康促進枠組条約（187号）

　世界の現状はどうでしょうか。労働組合への弾圧や労働紛争がたびたび問題になり、規定上は認められていても実際は労働組合の活動を行う従業員に不利益が生じているようなケースが報告されています。また、ILOは世界で5000万人が現代奴隷制の被害者である[26]とし、1億6000万人の児童労働者がいる[27]と報告し、いまだこうした人権侵害が大きな課題であることを示しています。日本では男女の賃金格差も大きく、法律で禁止されていても実態として起きています。こうした課題をどう実行的に改善、撤廃できるかが重要です。

　本項目では、中核的労働基準の8条約および労働法の遵守、それを超えた福利厚生の提供をAレベルとしています。加えて、生活賃金の保障など生活者への配慮を自発的に行い、ディーセントワークの実現を推進している状況がA＋レベルです。そうした取り組みが自社雇用の労働者のみならず、サプライチェーン全体に浸透させるような努力をしながら行っている場合はSレベルと言えるでしょう。一方、Bレベルは中核的労働基準の8条約の遵守を行っている状態を指します。

（岩附由香）

---

25 JEIエシカル基準は2021年策定のため、本基準では4分野8条約となっている

26 Global Estimates of Modern Slavery: Forced Labour and Forced Marriage, International Labour Organization (ILO), Walk Free, and International Organization for Migration (IOM), Geneva, 2022

27 International Labour Office and United Nations Children's Fund, Child Labour: Global estimates 2020, trends and the road forward, ILO and UNICEF, New York, 2021.

あらゆるハラスメントを防止し、適切に対応している

S	法がまだ対象としていないものも含むあらゆるハラスメントを防止し、適切に対応している
A+	関係法令が対象としていない人々へのハラスメントを防止し、適切に対応している
A	関係法令に則ってハラスメントを防止する方針と体制を整備し、適切に対応している
B	ハラスメントを防止する方針と体制を整備し始めている
C	ハラスメント防止のための啓発を行っている
D	未着手である

「ハラスメント」とは、「誰かを困らせたり、動揺させたり／怒らせたりする行動」という意味です。近年、職場でのさまざまなハラスメントが指摘されています。日本では、パワーハラスメント、セクシュアルハラスメント、妊娠・出産・育児休業などへのハラスメントについて、法律で事業主にハラスメント防止措置が義務化されています[28]。

　厚生労働省の調査[29]によると、職場のいじめ・いやがらせに関する相談は平成30年で8万件におよびます。「職場のハラスメントに関する実態調査」[30]によると、従業員向けの相談窓口で従業員から相談の多いテーマは、パワーハラスメント（32.4％）です。過去3年間に1件以上、パワーハラスメントに該当する相談を受けたと回答した企業は 36.3％、過去3年間にパワーハラスメントを受けたことがあると回答した従業員は、32.5％ に上りました。

　労働施策総合推進法では、パワーハラスメントを①優越的な関係を背景とした、②業務上必要かつ相当な範囲を超えた言動により、③就業環境を害すること（身体的若しくは精神的な苦痛を与えること）と定義しています。厚生労働省が展開するウェブサイト「あかるい職場応援団」[31]では、①身体的攻撃、②精神的攻撃、③人間関係からの切り離し、④過大な要求、⑤過小な要求、⑥個の侵害の6類型を示していますが、これに限らずパワーハラスメントはさまざまな

形で行われることを理解することが必要です。

　セクシュアルハラスメントは、「性的な言動」に対する労働者の対応により
その労働者が労働条件について不利益を受けたり、就業環境が害されることを
指し、同性に対するものも含まれます。性的な関心や欲求に基づくものだけで
なく、性別により役割を分担すべきとする意識に基づく言動や、性的指向や性
自認に関する偏見に基づく言動も含まれます。職場のセクシュアルハラスメン
トにおいて、被害者は内心不快感をいだきながらも、職場の人間関係の悪化な
どを懸念して、加害者に対する抗議や抵抗や会社への被害申告を差し控えたり、
躊躇することも多くあります。2017年、ハリウッドの映画プロデューサーのハ
ーヴェイ・ワインスタイン氏の長年のセクシュアルハラスメントが告発され、
Me too運動が起きました。日本でも旧ジャニーズ事務所の創業者による長年
に渡る性的搾取が明るみになりました。こうした圧倒的な権力構造のなかで自
身の立場を利用してセクシュアルハラスメントが続けられていたことが、この
問題の露見のしにくさを示しています。

　また、妊娠・出産したこと、育児休業などの利用に関する言動により、妊
娠・出産した「女性労働者」や育児休業などを申請・取得した「男女労働者」
などの就業環境が害されることをマタニティハラスメントと呼びます。男性の
育児休業の取得の妨げや渋りも含まれます。

　こうしたハラスメントについて、①事業主の方針などの明確化およびその周
知・啓発（規定の整備や社内啓発）し、②相談（苦情）に応じ、適切に対応す
るために必要な体制の整備（相談窓口の設置、運用）③職場におけるパワーハラス
メントに係る事後の迅速かつ適切な対応が求められています。

　関係法令に則ってハラスメントを防止する方針と体制を整備し、適切に対応
していることをAレベル、法令が対象としていない人々へのハラスメントを防
止し、適切に対応しているのがA＋レベルです。法律がまだ対象としていない
ようなハラスメントの防止と対応をSレベルとしています。一方、Bレベルは
ハラスメント防止のための方針と体制を整備し始めている、また、Cレベルは
防止のための啓発を行っている状態を指します。　　　　　　　（岩附由香）

---

28 労働施策総合推進法（パワハラ対策の義務化）、男女雇用機会均等法（セクハラ対策）、育児・介護休業法
　（マタハラ対策）
29「平成30年度個別労働紛争解決制度施行状況」（厚生労働省・令和元年6月）
30 厚生労働省が平成24年、平成28年に実施
31 https://www.no-harassment.mhlw.go.jp/foundation/pawahara-six-types/ 2024.3.10閲覧

2 ⑤ 人材の多様性（ダイバーシティ）を推進し、少数者や弱い立場にある人々を積極的に雇用・登用している

S	業界やさまざまなステークホルダーと協働して人材の多様性を推進している
A+	少数者や弱い立場の人々を優先的に雇用・登用するなどの、積極的是正措置を講じている
A	ダイバーシティを推進する方針を定め、少数者や弱い立場の人々が活躍できる体制を整備して雇用している
B	ダイバーシティ推進の啓発を行い、少数者や弱い立場の人々が働ける環境を整えている
C	ダイバーシティを推進するための啓発を行っている
D	未着手である

　日本企業にこれまであった労働にまつわる多くの慣習の前提は、男性が長時間働き、女性が主婦として家庭を支え、働く人の価値観として仕事を最優先することでした。働く女性が増え、家庭のあり方も多様化し、個人の自由がより尊重される社会の流れを受け、日本企業も「人材の多様性に配慮した組織運営」が求められるようになりました。

　人材の多様性は、企業にとっても創造性や革新性の源泉となり得ることから、注目が集まっています。

　性別、性的指向、障害、人種や肌の色、宗教、傷病などは人それぞれ違い、それによって差別されるべきではありません。働くなかで、誰もが少数者になり得ますが、多数者の視点からは少数者のニーズがわからず、そのことで力を発揮する機会を得られないなどもあります。

　たとえば、乳幼児を育てながら働く人が、保育園にお迎えに行く時間があり残業ができない、夜の飲み会に参加しづらいなどの事情がある場合、その理由で評価を下げられたり、昇進できないことは差別になります。日本のジェンダーギャップ指数は146カ国中125位（2023年）であり、経済・政治面での女性への差別がまだ根強くあるのが現状です。

　また、2023年にLGBT理解増進法が成立し、国としても性的指向・ジェンダ

ーアイデンティティ（性自認）の多様性に関する施策の推進に向けて、基本理念を定めました。日本では同性結婚が認められておらず、同姓のカップルを家族と認め、法的保障を与える制度がないため、結婚した異性カップルにある社会保障制度が適用されず、ウェルビーイングが保ちづらい状況です。

外国人についても、名古屋の入管施設に収容されていたウィシュマさんが亡くなった人権侵害の事件や、「外国人お断り」といった張り紙があるなど、外国人への差別や偏見が表出しています。そうしたなかで、企業がダイバーシティという観点から従業員への教育を行い、ダイバーシティを推進する施策を打つことで、社会の意識変革にも大きな貢献ができるはずです。

ダイバーシティ推進をする企業は、具体的な措置を講じています。経営トップのコミットメントや目標となる指標の設定、社員の意識啓発など、従業員全体が多様性を理解し、推進するための意識の醸成が必要です。

採用、人事・評価制度、多様な働き方の担保、生産性の向上など、社内の制度の改革も必要になってきます。これらの取り組みの結果、企業は多様な人材が活躍する環境を構築し、従業員のモチベーションや働きがいを向上させることが期待されます。また、多様な人材が交わることでイノベーションが起きやすくなることも期待されています。

このような状況を背景に、本項目では、ダイバーシティの推進を企業としてコミットし、少数者への配慮を具体的な施策として実行していることを意味する「ダイバーシティを推進する方針を定め、少数者や弱い立場の人々が活躍できる体制を整備して雇用している」がAレベルです。経済産業省のガイドラインで示されているような経営から従業員までの意識啓発・体制作りなどの実施状況も含め、具体的目標や措置、改善があることを意味しています。A＋レベルは、より積極的な措置を用いている状況、Sレベルは関係者や社会との対話も含めた企業としての推進を意味します。

一方、Bレベルは法律で求められていることの遵守です。たとえば、「障害者雇用促進法」の法定雇用率を満たすなど、一般的に求められていることを行っている状態です。

（岩附由香）

「誰もが働く幸せを感じられる会社」を実現

日本理化学工業株式会社広報

　1937年創業の日本理化学工業は、神奈川県川崎市の学校で使用するチョーク、黒板ふき、窓ガラスなどに描いて消去できる「キットパス」を製造・販売する「文具の製造会社」です。主力ブランド「ダストレスチョーク」は、国内シェア7割を占めます。

　日本理化学工業が他社と異なるのは、製造ラインを担当するほぼすべての社員が、仕事への理解度に個人差がある知的障がいがあるということです。チョークの製造は、簡単に習得できる技術ではありません。たとえば、乾燥させる前の柔らかいチョークをまっすぐに並べていく作業は集中力を要します。チョークをまっすぐトレイに置いていくことが、むずかしい状態にあるからです。

　それでもなぜ、障がい者雇用をし、戦力として雇用を継続することになったのか。

　社会や株主のため、法定雇用率を上げるためであれば、全社員の約7割（2023年時点）まで採用できなかったはずです。そのきっかけは1960年までさかのぼります。養護学校（当時）に勤務される先生から「卒業する女子学生の雇用をお願いできないか」との熱意ある依頼があり、「就職体験でよろしければ」と、応じたことが始まりでした。

　小さな工場ですから1人を新規採用した場合、戦力になるように教育し、定年まで勤めあげてもらうことで経営は成り立ちます。ですから、就職までの職場実習に重点を置き、ミスマッチがないように、その人の能力に合わせて仕事や工程の方を柔軟に変えていくことが基本でした。そのため障がいのある社員にも役職があり、周りをサポートしていける社員はリーダーとなり、周りをまとめる役も担うように体制を整えました。また、誕生会やカラオケ、年に一度の社員旅行など、年間行事も継続しており、障がいのある社員にも積極的に参加してもらっています。

　それは、「障がいがある人＝〇〇ができない人ではない」という考え方に基づきます。

もし、「〇〇ができない人」と思ってしまったとしたら、その時点で相手を理解して、情報や思いを伝えようとする努力が止まります。目の前の一人ひとりと向きあい、相手が何を得意とするのか、どんな声がけをすれば、相互理解が得られるのかをオーダーメイドで考えていくことを大切にしています。

　それは、障がいのあるなしだけではなく、誰もが会社で働くことが幸せに感じられれば、「社会はもっと心豊かになる」という考えが前提にあるためです。

ビジネスにおける人権尊重とは

株式会社オウルズコンサルティンググループマネジャー **石井麻梨**

　近年、経済誌やニュースで「ビジネスと人権」「人権デュー・ディリジェンス」といった言葉を目にする機会が増えました。

　エシカル基準でも、「人権を尊重している」が、重要な分野の一つとして独立した項目となっています。日本では2023年に表面化した大手芸能事務所での性加害問題をきっかけに企業の人権に対する姿勢に注目が集まりましたが、企業にビジネスにおける人権の尊重を求める議論はそれ以前から加速してきました。ここ数年で中国・新疆ウイグル自治区における強制労働疑惑[32]、ミャンマーでの軍事クーデターやロシアによるウクライナへの軍事侵攻、イスラエル・パレスチナ武装勢力間の衝突など、基本的人権や平和そのものに危機をおよぼすような事態が次々と発生[33]するなか、日本企業もこれまで以上に「人権」を念頭に置いた経営判断を迫られています。

　現状、2-1でも触れた企業人権ベンチマーク（CHRB）での評価にも表れているように、日本企業の人権対応は国際的に見て、おくれをとっていると言わざるを得ません。2023年発表のGlobal Slavery Index[34]によると、現代奴隷（強制労働や児童労働）によって生産された商品を日本は年間531億ドルも輸入していると推計され、これはG20中で第2位の金額にあたります。さらに、2023年時点のジェンダーギャップ指数（男女格差を数値化した指数）の世界ランキング[35]では、日本は第125位にとどまります。

　日本企業の多くは前述の国連指導原則に従い、基本的な人権対応のプロセス、すなわち「人権方針の策定」「人権デュー・ディリジェンス・プロセスの実施」「（生じてしまった負の影響に対する）是正・救済」を着実に推進していくべき段階にあります。人権リスクは「オフセット」（どうしても避けられない負の影響を、別の正の活動によって埋め合わせるという考え方）することができません。

　一度発生してしまった人権侵害は、取り返しがつかないものであるからこそ、企業は先手を打って対応していくことが強く求められているのです。

---

32 Vicky Xiuzhong Xu et al., (2020.3.1 更新) Uyghurs for sale 'Re-education', forced labour and surveillance beyond Xinjiang, 2023.11.20閲覧

33 World Benchmarking Alliance, (2022.11.21 更新) 2022 Corporate Human Rights Benchmark, 2023.11.20閲覧

34 Walk Free, (2023.5.23 更新) Global Slavery Index, 2023.11.20閲覧

35 World Economic Forum, (2023.6.20 更新) Global Gender Gap Report 2023, 2023.11.20閲覧

3

消費者を尊重している

企業は公平・誠実な倫理観に基づく経営を

「消費は一切の生産の唯一の目標であり、目的である」とは、『国富論』(1776年)の一節です[36]。「分業」や神の「見えざる手」といった概念の多くは、いまや常識として定着しています。アダム・スミスは激動の時代のなかで、幸福と繁栄を高める方法を思索していました。産業革命が到来を告げた新技術は、仕事の性質を激変させ、勝者と敗者を生み出し、社会を変革する可能性を秘めていましたが、その影響は不透明でした。『国富論』が出版された年には、ジェームズ・ワットが蒸気機関を発表しています。

産業革命による人間性の喪失に対して最初に警告したのがスウィフトの『ガリバー旅行記』でした。産業革命の新技術は消費の価値観を変え、ノーベル文学賞を受賞したメーテルリンクの『青い鳥』(1911年)は、1900年パリ万博に代表される夢の消費革命によって物質主義による豊かさの価値観変更に対する警告の書でもありました。

現在、私たちは、これに似た時代の転換点に立っており、新たな産業革命と言われる生成人工知能(AI)という新しい技術が生活を大幅に、そしておそらく人類の存続に関わる形で変える可能性があります。人間という存在さえ再定義しかねないかもしれません。

このような環境変化のなかで、国際消費者機構(CI)事務局長のヘレナ・ローランは、「消費者が生産者に求めていることは、消費者保護、消費者のエンパワーメント、消費者擁護の三つで、誰もが安全で持続可能な製品とサービスにアクセスできる世界に住むことを保証することです。持続可能なパターンを確保し、不平等を減らしなくすことが目標になります。そしてデジタルツールや技術が、これらの目標に貢献し、市場で働く私たちの役に立つようにしなければならない」と明言しています[37]。

企業は消費者の満足と信頼を得るために、製品・サービスの安全性と品質の確保、消費者・顧客への製品・サービスに関する適切な情報提供、消費者・顧客からの問い合わせへの誠実な対応など、自主的かつ積極的に取り組む必要が

あります。そして企業が社会に対して果たすべき、説明責任、社会に対して透明性を保つ責任があります。

　さらに企業活動は、公平・誠実などの倫理観に基づいて行うことが求められます。エシカル基準のなかで求めている消費者の尊重とは、狭義の意味において消費者基本法に明記されている「消費者の八つの権利」の尊重を指します。

　そして消費者の権利を尊重するための企業の責任は、「消費者の安全及び消費者との取引における公正を確保すること」「消費者に対し必要な情報を明確かつ平易に提供すること」「消費者との取引に際して、消費者の知識、経験及び財産の状況等に配慮すること」「消費者との間に生じた苦情を適切かつ迅速に処理するために必要な体制の整備などに努め、当該苦情を適切に処理すること」「そして国又は地方公共団体が実施する消費者政策に協力すること」が定められていて、消費者を尊重する最低限の企業の責任・遵守事項ということでエシカル基準のチェック対象にしています。

　経団連は「イノベーションを通じて社会に有用で安全な商品・サービスを開発、提供し、持続可能な経済成長と社会的課題の解決を図る」から始まる持続可能な社会の実現のために、企業行動憲章と実行の手引きを作成・改訂しています[38]。この行動憲章の第5章『消費者・顧客との信頼関係』で「消費者・顧客に対して、商品・サービスに関する適切な情報提供、誠実なコミュニケーションを行い、満足と信頼を獲得する」と明言しています。

　さらに序文には、「人権を尊重し、働き方の変革と人への投資を行いつつ、グリーントランスフォーメーションやデジタルトランスフォーメーションを通じて社会的課題の解決を目指し、社会や個人のウェルビーイングの向上に貢献する」ことを明記しています。

　AIは産業革命の新技術が時代にもたらした破壊的な影響と同様の結果を残す可能性を秘めています。消費と生産に携わる私たちは、注意深くこのイノベーションの支援と規制や監視のバランスを取っていく必要があります。CIは、AIの到来は企業、消費者そして各国政府による多国間協調が、いつにもまして重要であると指摘しています。エシカル基準において消費者の尊重を語るとき、この課題を解決するために私たちは閉鎖的な環境から抜け出し、幅広い人類の利益を考慮することが求められています。

（中原秀樹）

36 『消費社会の普遍性と「消費社会論」』阿部勘一、成城・経済研究第197号(2012年7月)、p138
37 「とくしま国際消費者フォーラム 2022」、中原秀樹、徳島県、2023
38 「企業行動憲章 実行の手引き」第9版、経団連、2022

3① 消費者に対して責任ある対応をしている

S	消費者保護ルールに関するガイドラインを推進するリーディングカンパニーである
A+	窓口に寄せられた意見・情報が経営層にも共有され、全社的に問題解決を図る仕組みになっている
A	消費者の意見・要望を受け付ける窓口を設置かつ公開し、誠実に対応している
B	消費者に対する責任ある対応について社内責任者を設置している
C	消費者に対する責任ある対応について社内教育を行っている
D	未着手である

　社会的に有用で安全な商品・サービスを開発・提供し、消費者の満足と信頼を獲得していかなければ、事業活動は継続できません。3－1はそのために、企業がどのような消費者対応をとればよいのかの評価基準です。

　日本だけでなく、世界の多くの国で、「消費者はお金の投票者である」と言われています。市場における企業や事業者にとって、これほど怖いフレーズはないでしょう。消費者からの1票1円を手に入れるために、市場のなかで事業者はさまざまな工夫をします。その工夫がなおざりになり、市場の有権者である消費者を裏切るような態度をとれば、即、国内外の市場からの退場を余儀なくされても仕方がありません。事業活動をサステナブルに行っていくには、顧客・消費者の注意を払い配慮することが求められ、その結果、消費者に対して責任ある対応をしていることになるのです。

　エシカル基準が求めている消費者を尊重し、責任ある対応をとっていると判断する基準において、消費者対策の最低限の行動は法律の順守です。わが国には、消費者を保護するための「消費者基本法」があります。事業者がこれを遵守する事業行動を実践しているかについて自己点検しているか、その基準を評価しています。具体的には、消費者の権利として、

　①　消費生活における基本的な需要が満たされる権利

② 健全な生活環境が確保される権利

③ 安全が確保される権利

④ 選択の機会が確保される権利

⑤ 必要な情報が提供される権利

⑥ 教育の機会が提供される権利

⑦ 意見が政策に反映される権利

⑧ 適切・迅速に救済される権利

の8項目が明記されています。

これらの権利を尊重するため企業の責任は、

・消費者の安全および消費者との取引における公正を確保すること

・消費者に対し、必要な情報を明確かつ平易に提供すること

・消費者との取引に際して、消費者の知識、経験および財産の状況などに配慮すること

・消費者との間に生じた苦情を適切かつ迅速に処理するために必要な体制の整備などに努め、当該苦情を適切に処理すること

・国または地方公共団体が実施する消費者政策に協力すること

が法律で定められています。

　このように消費者を尊重するために、最低限の企業の責任・遵守事項があります。これらがエシカル基準の「責任ある対応」の具体的な中身です。法治国家において、法の順守をすることは当然のことで、Dレベルは、大変厳しい段階にあると言えます。このチェック項目は消費者基本法を基に作成した項目であり、着手していなければ法の順守はもちろんのこと、顧客からの苦情は増え、市場における消費者からの信頼を失う可能性があるからです。

　Cレベルは、消費者基本法順守のため組織全員への学習とその徹底をすることです。Bレベルは、法律順守のためのPDCAによる実行策の作成と実行にかかる消費者相談窓口など関連部署を特定し、責任者を定めることです。Aレベルは、消費者相談窓口など関連部署を情報開示するとともに、消費者相談や苦情処理の記録に基づく対応の評価と見直しを実行し、改善に取り組んでいる段階にあることを表します。

　そして、A+レベルに到達していれば、企業組織として消費者の苦情が増すリスクは低減され、同時に消費者・顧客の信頼を得ることになります。Sレベルでは、報告書などで公開することで自組織の知見を共有することで産業界の消費者対応の向上・発展に寄与することになります。　　　　　　（中原秀樹）

3 ② 消費者の権利を守っている

S	もっとも厳しい法律や規準に従ってグローバルに同一基準で消費者の権利を守っている
A+	万一消費者の安全が損なわれた場合には、被害救済を確実に行っている
A	消費者の安全を重視する方針を持ち、その取り組み実績を毎年公開している
B	消費者の権利を守る方針を持っている
C	消費者の権利に関わる法律を守っている
D	未着手である

消費者の権利とは、消費者に確保されるべき基本的な権利や責任を表す概念で、1962年にケネディ米大統領が、消費者利益の保護に関する特別教書のなかで消費者の四つの権利「安全である権利」「知らされる権利」「自由選択の権利」「意見が反映される権利」を提示したことに始まります。

1975年、フォード米大統領が「消費者教育を受ける権利」を五つ目の権利として追加。これらの消費者の権利は、行政、事業者、消費者のそれぞれが、消費者の利益を守るためにとるべき行動の世界的な指針となりました。1960年に発足し、加盟国数120カ国、加盟消費者団体250以上にのぼる国際消費者機構(CI) が、1982年消費者の権利とは別に消費者が負うべき責任についても明示し、世界各国の消費者保護政策に広く取り入れられました。

提唱された8項目の消費者の権利は、

① 生活のニーズが保障される権利
② 安全への権利
③ 情報を与えられる権利
④ 選択をする権利
⑤ 意見が反映される権利
⑥ 補償を受ける権利

⑦　消費者教育を受ける権利

⑧　健全な環境を享受する権利

です。そして消費者の責任は、

①　批判的意識を持つ責任

②　改善を主張し行動する責任

③　社会的弱者に配慮する責任

④　環境に配慮する責任

⑤　連帯する責任

の5項目です。

日本では1968年に消費者保護基本法が制定され、商品テスト機関として国民生活センターが1970年に設立されました。1995年に製造物責任法（PL法）、2001年に消費者契約法が施行。消費者が安全で安心できる消費生活を実現するため、消費者保護基本法を抜本的に見直し、2004年消費者基本法が定められました。消費者保護基本法が消費者基本法に改正され、このときにようやくケネディの提唱した四つの権利に加え、消費者に必要な消費者教育が提供される権利や、被害の生じた消費者が適切に迅速な救済を受けられる権利などが明記されたのです。

2020年の消費者基本法の改正によって、消費者は商品やサービスを購入する際に、適切な情報を得る権利、安全である権利、選択する権利、意見を反映させる権利、被害を受けた場合には救済を受ける権利、消費者教育を受ける権利、健全な環境を求める権利、基本的な需要が満たされる権利の八つの権利を持つことになりました。

同時に、この消費者の権利を守るために、事業者は消費者の安全および消費者との取引における公正を確保すること、消費者に対し必要な情報を明確かつ平易に提供すること、消費者との取引に際して消費者の知識、経験および財産の状況などに配慮すること、消費者との間に生じた苦情を適切かつ迅速に処理するために必要な体制の整備等に努め当該苦情を適切に処理すること、国または地方公共団体が実施する消費者政策に協力することの5つが事業者の義務として明記されたのです。

消費者の権利と責任を理解することが、事業者の義務でもあり、3－2はより良き事業活動のための評価基準と言えます。CからSまでのレベルは、事業者が消費者の権利をどの程度守っているかをチェックするための段階評価になっています。

（中原秀樹）

3️⃣ 消費者の安全を重視している

S	もっとも厳しい法律や規準に従ってグローバルに同一基準で消費者の安全を確保している
A+	万一消費者の安全が損なわれた場合には、被害救済を確実に行っている
A	消費者の安全を重視する方針を持ち、その取り組み実績を毎年公開している
B	消費者の安全を重視する方針を持っている
C	消費者の安全に関わる法律を守っている
D	未着手である

商品やサービスの安全は、消費者の最も基本的な欲求の一つであり、消費者運動の初期から、価格や品質の問題と並んで取り上げられてきた重要なテーマです。こうした歴史を踏まえ、米国のケネディ大統領が提唱した消費者の四つの権利（1962年）にも、「安全への権利」が盛り込まれました。

その後、国際的な消費者団体の連絡組織である国際消費者機構（CI）による消費者の八つの権利と五つの責務（1982年）の提唱を経て、2004年、それまでの消費者保護基本法が消費者基本法に改正される際、消費者の安全確保は消費者の権利であることが法律に明記されたのは、3－2で述べたとおりです。

消費者意識調査でも、商品やサービスを選ぶときに意識する要素として、価格、機能に次いで安全性をあげる消費者が多く、8割以上の消費者が「常に」または「よく」意識すると答えています[39]。

商品の安全に関しては、製品安全に関するいわゆる製品安全4法や家庭用品品質表示法、食品安全に関する食品衛生法、食品表示法や食品安全基本法など、さまざまな法令があります。サービスの安全に関しても、業種ごとに業法に基づく規制があります。こうした法令の遵守は、事業者として当然の義務ですが、これをクリアすれば、Cレベルを満たしたことになります。

残念ながら現実に目を向けると、さまざまな製品・食品の事故や「偽装」な

ど法令違反の事件が繰り返されています。これは当該事業者のみならず、業界全体、さらには事業者全体への消費者の不信につながる問題であり、改めて法令遵守の重要性を確認する必要があります。

また、法令は最低基準なので、事業者としてはその遵守にとどまらず、Bレベルである消費者の安全確保のために積極的な方針を持ちましょう。そして、その方針を実践し、Aレベルとして、その実績を公表するなど透明性の確保に努めることが大切です。この透明性の確保には、安全に関する任意認証（たとえば、食品に関するGAP[40]、HACCP[41]など）の取得も含まれます。

また、どんなに安全確保に努めても、ときにトラブルが生じ、消費者の安全を損なうケースも生じます。そのような場合は、A＋レベルにあるような迅速かつ適切な情報開示、被害拡大の防止と被害の確実な救済が求められます。

製品安全については、WTOを中心とした自由貿易体制のなかで、安全規格の国際標準化が図られており、ISO（国際標準化機構）やIEC（国際電気標準会議）が定める国際標準と、国内の安全規格との調整が図られています。同様に、食品安全についても、国内で規制措置をとる際には、国際的なコーデックス規格[42]の考慮が求められています。その意味で、国内の安全規格とグローバルな安全規格との差異はかつてより小さくなっていますが、依然として存在します。

こうした状況において、事業者が海外ではより厳しい安全規格にしたがいながら、国内ではより緩やかな基準で商品の安全設計・管理を行うダブルスタンダードで商品の安全を考えるとすると、それは消費者の目から見てエシカルと言えるでしょうか。コストとの兼ね合いなどから悩ましい問題ですが、やはり、Sレベルにあるように同一の基準で消費者の安全が確保されることが望ましく、仮にダブルスタンダードを維持するなら、その合理的理由を消費者に説明できることが必要でしょう。

近年、安全に対する消費者の関心は、国内外でますます高まっています。また、安全上の問題のある商品がオンラインマーケットプレイスに出品されるなど、新たな問題も生じており、対策が進められています。こうした時代の変化にともなう新しい課題も含め、事業者には、消費者の安全確保のための積極的な取り組みが期待されています。 　　　　　　　　　　　　　　　（島田広）

---

39 消費者庁「「平成29年度消費者意識基本調査」の結果について」 https://www.caa.go.jp/policies/policy/
　 consumer_research/research_report/survey_002/pdf/survey_002_180627_0001.pdf 2024.4.28閲覧
40 Good Agricultural Practices: 農業生産工程管理
41 Hazard Analysis and Critical Control Point: 危害要因分析に基づく必須管理点
42 国際食品規格委員会による食品規格

3 ④ 個人情報を保護している

S	クッキー利用、トラッキングおよびターゲティング広告について、消費者の情報コントロール権を尊重する取り組みを実施している
A+	事故が発生しないように十分に配慮をすると同時に、万一、事故が起きた場合には被害救済を確実に行っている
A	個人情報の保護に関する法律とガイドライン（プライバシーマークの取得など）に従った方針を持ち、実践している
B	個人情報保護に関する方針を持ち、実践している
C	個人情報保護の重要性を社内で共有している
D	未着手である

　高度情報化社会の急速な発展によるオンラインでの情報発信、コミュニケーションや取引の普及により、消費者は多くの時間とお金をオンラインでの活動に費やすようになりました。膨大な情報を収集する検索エンジンをはじめ、情報サービスの多くが消費者に無料で便利なサービスを提供しています。

　一方、消費者は、お金の面では無料でも、自らの時間とさまざまな個人情報を、意識的または無意識的に事業者に提供しています。消費者が提供した情報が、目的外で消費者の利益を損なう形で利用される事例も生じており、こうした側面から消費者保護の必要性が高まっています。

　特に近年、事業者が、クッキー（ウェブサイトの閲覧情報などを記録するデータ）などを用いてオンラインでの消費者の行動に関する情報を収集し（トラッキング）、消費者の好みそうな情報を自動で選別して提供する手法（ターゲティング広告など）が急速に高度化しています。その結果、消費者が偏った情報だけに囲まれてしまうフィルターバブル現象が、社会的に問題とされています。

　個人情報の保護は、かつては事業者などの第三者が個人の私的な情報をみだりに取得したり利用したりしない、あるいは、個人情報を漏洩しない、という消極的側面から捉えられてきました。その後、1980年にOECDが採択した個人情報保護に関するガイドラインのなかで、事業者や行政が取得した個人情報の

目的外使用の制限や、個人の異議申立制度の必要性などが示されました。

そして、1995年、EUが個人情報保護措置のない第三国への個人データの移転を制限する指令を出したのをきっかけに、国内でも、1990年代後半に個人情報保護のための規格（JIS Q 15001）やプライバシーマークが導入されました。2003年には、個人情報保護法制が本格的に整えられ、そのなかで個人が、事業者に対して自分に関する個人情報の開示、訂正、削除などを求めることを可能とする、能動的、積極的な権利としての自己情報コントロール権が制度化されました。個人情報保護法は、当初は、小規模な事業者には適用されていませんでしたが、2015年の改正により、NPOも含め顧客などの情報をデータベース化する全ての事業者が適用対象となりました。

さらに、近年、高度情報化社会の発展にともなってデータ主体となる個人の保護の必要性が高まったことから、2016年にEUが採択した一般データ保護規則（GDPR）では、クッキーの利用に個人の同意を必要とするなど、オンラインでの自己情報コントロール権の尊重が求められています。

国内でも、2020年の個人情報保護法改正により、クッキーなどの情報の第三者への提供について、一定の場合に個人の同意が求められるようになりました。事業者には、消費者の自己情報コントロール権を守り、消費者の主体的な意思決定を尊重する態度が求められています。

エシカル基準では、個人情報保護の制度が急速な発展・拡大を遂げていることを考慮して、緩やかなステップを設けています。まずは、Cレベルとして、個人情報保護の重要性を社内で共有することから始め、次にBレベルのプライバシーポリシーを作成して実践することに取り組みましょう。そして、Aレベルとして個人情報保護法とそれに基づく業界団体などのガイドラインに適うかをチェックし、ブラッシュアップしたものを実践しましょう。その際、プライバシーマークの取得など、透明性を確保することが望ましいと言えます。

また、どんなに対策に努めても、ときに情報漏洩などのトラブルにより消費者の利益を損なう場合も生じます。そのような場合は迅速かつ適切な情報開示、被害拡大の防止と被害の確実な救済が求められます。これがA＋レベルです。

さらに、日本の法令のレベルを超えて、消費者の主体的な意思決定を尊重する立場に立ち、クッキーの利用、トラッキングやターゲティングについて、消費者が選択できるように事前同意やオプトアウト（拒否）の仕組みを取り入れることが、Sレベルのエシカルな事業者のあり方と言えます。　　　　（島田広）

中長期ESG目標と連動させた「消費者志向自主宣言」

ユニ・チャーム株式会社お客様相談センター長 田中裕之

　ユニ・チャームは、ウェルネスケア（大人用おむつやマスク）、ペットケア（犬や猫のフードやトイレ）、フェミニンケア（生理ケア）、ベビーケア（ベビー用品）などを発売しています。こうした取り組みのなかで、消費者を尊重し責任ある対応を実施するために消費者志向経営を推進し、2016年に「消費者志向自主宣言」を行いました。

　パーパス（存在意義）を「持続可能な開発目標（SDGs）の達成に貢献する」こととし、これを着実に実行できるように、ミッション、ビジョン、バリューへと具現化しています。ミッション（使命）は、「共生社会」の実現としています。

　私たちが目指す「共生社会」とは、ソーシャルインクルージョンを意味し、全ての人がどのような状況でも、お互いに尊重し合いながら支え合い、誰ひとり取り残されることなく、自分らしく暮らし続けられる社会です。私たちは「Love Youe Possibilities」をブランドエッセンスとして今後も自らの可能性を慈しみ、そして利他のこころを持って、共生社会の実現を目指していきます。

ユニ・チャームのあるべき姿を四つの分野と五つのテーマで設定

　2020年には、中長期ESG目標「Kyo-sei Life Vision 2030」を掲げました。これは、2030年の当社の"あるべき姿"を定め、ゴールに向けて進むべき道筋を明らかにしたものです。その中の重点取り組みテーマとして、「ユニ・チャーム　プリンシプル」[43]をベースに「私たちの健康を守る・支える」「社会の健康を守る・支える」「地球の健康を守る・支える」の四つの分野に五つのテーマを設定しました。

　「私たちの健康を守る・支える」では、マレーシア・シンガポールでデング熱の感染から赤ちゃんを守る「アンチモスカプセルを搭載した子ども用紙おむつ『マミーポコエクストラドライ』」を発売しました。

　「社会の健康を守る・支える」では、日本国内で2019年から「生理について気兼ねなく話せる社会」の実現を目指し、その一環として「ソフィみんなの生理研修」を実施しています。「地球の健康を守る・支える」では、鹿児島県の志布志市と大崎町で2015年から「使用済み紙おむつの水平リサイクル」の実証実験を進め、2024年よりリサイクルによって抽出、精製したパルプを原材料に使用した大人用紙パンツ、子ども用紙パンツ、ペットシートの製造・販売をスタートしています。

　このような中長期ESG目標を実践していくことを通して、ユニ・チャームは、消費者を尊重した取り組みを行っているのです。

---

43 ユニ・チャームプリンシプル：全てのステークホルダーから信頼を得られるような公正で透明性の高い企業運営を目指すこと

「人権尊重」を前提として
経営判断が求められる企業

日本女子大学教授 **細川幸一**

経済のグローバル化が進み、私たちの日常生活は地球全体の問題や遠い地球の裏側の国々の人々の暮らしとも、深く関係しています。温暖化や熱帯雨林の伐採などの地球環境に関わる諸問題や、発展途上国の貧困や地域住民の生活環境悪化などの社会問題がニュースになることも多くあります。こうした問題を発生させている原因は、人類の経済活動です。

その活動の中心は企業であり、企業がそうした問題を生じさせない形で営利活動を行うことが期待されています。もちろん、生産活動が行われている国の環境法や労働法が適用され、問題解決がされることが第一でしょうが、国によっては法整備の遅れや法律はあっても、実質的に機能しないという法のエンフォースメント（法や規則を執行すること）の欠如という問題もあります。

世界規模で条約などの国際法で対応することも試みられていますが、世界政府が存在しない今、実行力のある法的な仕組みを地球規模で整備することは困難です。

一人ひとりが「自分ごと」として考えるべきエシカル消費

では、どうすればいいのか。消費者が「地球市民」としての自覚を持ち、行動を促すことです。地球市民とは、誰もが同じ地球に住むひとりであることを自覚し、国境や人種を越えて「地球が抱える課題解決をしよう」とする意識を持つことで、自らの消費行動を見直すことが期待されています。

つまり、消費者が環境や人権に配慮した商品を購入する、それらを配慮しない商品を購入しない、という消費行動によって企業にインセンティブを与えようとする動きです。このような考えが社会のなかで浸透し始めており、消費者教育推進法では、消費者市民社会という考え方が明示されています。

これまでの消費者教育は、主に個々の消費者の自立を支援するために行われてきました。消費者個人が、適切な情報を基に、自分自身のために合理的な選択を実践し、安全で豊かな生活を送ることができることを基本にしてきました。

しかし、消費者教育推進法では、消費者教育の定義を「消費者の自立を支援するために行われる消費生活に関する教育」という消費者基本法の理念にのっとったものに加えて、「消費者が主体的に消費者市民社会の形成に参画することの重要性について、理解および関心を深めるための教育を含む」としています。

そうしたなかで近年、倫理的消費（最近は、エシカル消費と呼ぶ）概念が登場し、消費者の権利確保に加えて、消費者の責任が問われているのです。こうした背景があり、「3 消費者を尊重している」の1〜4の基準が求められてきたと考えられます。

4 動物の福祉・権利を守っている

対応の遅れはビジネスリスクへ

　動物はさまざまな製品やサービスで利用されていますが、これを当たり前と考えるべきではありません。

　動物の権利（アニマルライツ）とは、「種が異なったとしても、動物を人間の所有物として捉えず、その動物らしく生きる権利を守り、感受性を持つ生命主体である」と捉えることです。動物の権利を守ることは、「社会の差別や暴力をなくすこと」という考え方にも直結しているのです。

　とは言え、有史以来人間は、動物を利用し続けています。動物からの搾取の度合いは戦後、急に増え、800億頭以上の陸生動物と、数兆頭の水生動物が毎年、と畜され、動物実験や娯楽利用、動物の売買も拡大してきました。

　そんな動きのなかで生まれてきた動物福祉（アニマルウェルフェア）とは、「人間が動物を利用するうえで適切な飼育や殺処分のあり方を科学的に定義するもの」であり、人が動物を利用するうえでの最低限の「倫理的責任」でもあります。動物を守り、持続可能な社会を維持するためには、動物の「福祉」と「権利」はどちらも欠かすことができません。つまり、動物を差別せず、尊重する気持ちを育みつつ、利用する際にはその犠牲を最小限にし、より高い福祉を提供することが求められています。

　動物の課題は、畜産、水産、実験、衣類、娯楽、ペット、使役、伝統行事、野生動物殺処分、密輸など多岐にわたります。また、動物だけでなく人権、環境、生物多様性、人の健康、食の安全、食料問題、暴力の助長など別の問題に波及します。「動物―人―環境の健康と環境の健全性」は、密接な関係があるとするワンヘルスの考え方は、持続可能性に欠かせないものです。

「責任ある農業サプライチェーンのためのOECD-FAOガイダンス」[44]では、デュー・ディリジェンスの一つとして動物福祉は人権や環境と並んで明記されています。また、2022年3月、国連環境計画が主催する第5回国連環境総会で、「アニマルウェルフェア・環境・持続可能な開発のつながり」決議が採択され、2023年6月には、「OECD多国籍企業行動指針」に、アニマルウェルフェアが盛

り込まれました。

残念ながら、日本は法規制の整備も企業の取り組みも遅れをとっています。日本では「動物愛護管理法」が唯一の法律ですが、畜産動物、実験動物についての強制力のある規制がほぼありません。

これはビジネス上、国産の商品、素材を利用する企業にとって、法律が動物福祉を担保してくれないという点で不利な状況です。ESG情報のなかには畜産、水産動物の福祉や動物実験、そのほか動物性素材への対応について情報開示が求められています。

たとえば、サステナビリティ会計基準審議会が策定した基準[45]でも、動物福祉の情報開示が求められています。

幸いなことに国内企業も、大手を中心に動物福祉の調達方針を策定したり、重要課題に含めたりする企業が2018年頃から急増し、本基準のC、Bレベルに到達し始めています。今後は、実際に動物を扱う現場まで届くように、調達方針を具体化し、改善を繰り返していくことで、着実にレベルを上げることができるでしょう。

エシカル基準では、食料システムのなかで動物性素材である「良いもの＝動物福祉の高いもの）」を「①少量＝動物福祉を阻害しない」「②環境にとって適正な量に減らし、タンパク質は植物性などに代替する」ものへというように設定されています。さらにこの基準では、動物実験、野生動物の利用、ファッションにおける動物性素材の利用、動物の売買・展示利用についてそれぞれを整理し、解説しました。

人間のように言葉を話さない動物の問題は、後回しにされがちです。とは言え、動物をとりまく環境は想像以上に悲惨で、市民の心を強く揺さぶるという側面もあります。特に、若い世代を中心に動物への配慮が必要だとする世論は着実に高まっています。動物の福祉や権利を無視し、時代に合わない利用方法をし続けることで、世間から大きな批判にさらされるケースも発生しています。

日本企業は、法律的な動機や畜産物など動物性製品の輸出が少ないという理由で取り組みが遅れをとっていることを認識し、Aレベルを目指して欲しいと願うばかりです。

(岡田千尋)

---

44 https://www.fao.org/documents/card/en/c/I6074JA/ 2024.4.20閲覧
45 経済、環境、社会に与えるインパクトを報告し、持続可能な発展への貢献を説明するフレームワーク

4 ① 適正な生産過程を経た
畜産物・水産物を利用している

S	集約的畜産、集約的水産や苦痛を伴う慣行を使わない方針を持ち、実行している
A+	集約的畜産、集約的水産や苦痛を伴う慣行を減らす方針を持ち、移行期限を定め、進捗を公開している
A	拘束飼育を行わない方針を持ち、移行期限を決めて公開している
B	原材料についてアニマルウェルフェアの五つの自由を満たす方針を策定している
C	調達する畜産物・水産物の生産過程を把握し、適正化するための方針づくりに着手している
D	未着手である

　現代の集約的な畜産や養殖では、狭い空間に過密に閉じ込められ、自然な行動が制限されるなど、動物の福祉（アニマルウェルフェア）と健康が損なわれています。1965年に英国で提唱された動物福祉の「五つの自由」が基本原則です。

① 飢えと渇きからの自由

② 不快からの自由

③ 痛みや怪我、病気からの自由

④ 自然な行動をすることの自由

⑤ 恐怖や苦痛からの自由

　2023年、OECD多国籍企業行動指針にも動物福祉が含まれました。企業の動物福祉の取り組みを評価する機関投資家向けのベンチマーク（BBFAW）もあり、ESG投資のアジェンダの一つになっています。動物福祉を向上させることは、利用される動物に対する最低限の倫理的責任であるとともに、薬剤耐性菌や食中毒菌の発生を抑えます。さらに過密で動物福祉が低くなりがちな集約的な畜産・水産は、森林破壊などの重大な環境問題の引き金にもなり、パンデミックの原因となる新興ウイルスの発生源[46]になっています。

　水産動物も同様であり、養殖においても薬剤耐性菌が検出されています。人、動物、環境の健康はつながっているというワンヘルスの考え方は、食料システ

ムを持続可能にする上で必須のものです。たとえば、「鶏肉生産の動物福祉」の課題は、主に3点あります。

①品種改変が進みすぎたことにより先天性異常や歩行困難、心疾患、腹水症などさまざまな疾患に苦しむこと

②飼育密度が過密であり、疾患や障害が悪化していること

③と畜（殺処分）時の逆さ吊りや気絶処理が行われないことで福祉が著しく下がってること

世界ではこれらの課題を解決するために、ゆっくり成長する品種を切り替え、飼育密度をさらに低くし、ガスで気絶処理を行うという方法を取っています。これを「ベターチキン」と呼びます。しかし、国内では取り組みが進まず、飼育密度はタイやブラジルなどの他国と比較して1.7〜1.8倍と高く、気絶処理を行わない食鳥処理場が8割を超えます。国産鶏肉の薬剤耐性菌保有率も、サルモネラ菌の検出率も他国より優位に高いなど、安全性が低いという結果が出ています。

Bレベルでは、五つの自由の確保を目指すことを明確にし、世界動物保健機関（WOAH）の動物福祉規約を守ることが求められます。Aレベルでは、世界の企業が行うように鶏のケージ飼育や豚や牛の檻や鎖での拘束飼育、過密飼育のような動物の動きを制限する飼育からの脱却に、移行期限を決めて取り組むことが求められます。特に採卵鶏のケージ飼育された鶏の卵から平飼いたまごに切り替えるケージフリーの取り組みには、世界中の企業が取り組んでおり、欧米はもとより中南米、アフリカ、アジア諸国でもケージフリーへの移行が始まっています。

また、A＋レベルおよびSレベルでは、効率を求めた集約的な飼育を緩和し、その動物の本来のあり方に近づけ、屋外へのアクセスがある飼育や粗放養殖のような動物福祉の向上を図る取り組みが必要です。ただし、動物福祉は動物行動学、生理学、生態学などの科学的なエビデンスによって定義されており、単に自然であればいいという単純なものではなく、動物がその環境に適応している状態を目指さなくてはなりません。そのほか、フォアグラのようなガチョウやあひるなどに苦痛の強い慣行を通じて得られる畜産物をやめていく、去勢のような苦痛のある慣行から離れるなどの取り組みも、これからは必要になってくるでしょう。

（岡田千尋）

46 国連環境計画（UNEP）、国際家畜研究所（ILRI）Preventing the next pandemic - Zoonotic diseases and how to break the chain of transmission

4 ② 畜産物・水産物を持続可能な 資源量の範囲で利用している

S	主に植物性原材料を利用し、畜産物・水産物の利用は最小限にしている
A+	持続可能な資源量を超えて利用しない方針と植物性原材料への移行目標と期限を持ち、進捗を公開している
A	天然の生き物はもちろん、その飼料や土地利用を含め、持続可能な資源の範囲内で利用する方針を持ち、移行期限を公開している
B	植物性原材料への移行への取り組みを行っている
C	原材料およびそれに関わる飼料・土地利用などが持続可能であるかを調査している
D	未着手である

　世界人口の増加とともに、将来的にはタンパク質の需要が供給を上回ると予測されますが、今の食料システムではこの増加する需要を持続可能な方法で満たすことは困難です。企業は調達・生産する動物性タンパク質を少量にし、より効率的で影響が小さい植物性タンパク質などに代替していく必要があります。高密度での飼育など、動物福祉の低い飼育は畜産物・水産物の生産消費を助長します。

　植物性タンパク質や培養技術による畜産、水産物の開発は活況を呈し、シンガポールに続き米国でも、2023年に培養肉が販売開始されました。日本を含む世界中の企業が新たなタンパク質の開発に取り組んでいます。このような取り組みを行うことは、Bレベルの取り組みと言えるでしょう。Aレベルでは、環境や動物への影響を減少させるために、畜産物・水産物を持続可能な量まで削減する方針を持つことが求められます。そして、動物性タンパク質から植物性タンパク質への移行目標を持つことで、A+レベルを満たすことができます。

　畜産業はGHG排出、森林伐採、生物多様性の喪失に大きく影響を与えています。国連食糧農業機関（FAO）の統計では、鶏、豚、牛だけでも、世界で800億頭以上が毎年、と畜（殺処分）されており、これらの動物を繁殖および育成するために大量の飼料と水を消費し、土地利用の圧迫を引き起こしています。

牛肉の生産が注目されがちですが、鶏や豚の集約的な畜産のための飼料生産が重大な影響をおよぼしています。牛の放牧により破壊されたアマゾン熱帯雨林は劣化すると大豆を中心とする飼料栽培に利用されます。さらに、その周辺に広がる重要な生態系であるセラード（ブラジル高原のサバナ）やグランチャコ（アルゼンチンやパラグアイ、ボリビアのサバナ）などの地域での森林・草原の破壊の主要原因になっています。これにより気候変動が促進されるだけでなく、先住民族の人権侵害、農薬や化学肥料の過剰利用、それによる水源の汚染などの弊害が多数報告されています。日本でも濃厚飼料の輸入量は年々増加しており、その自給率は13％前後であるため、国産の肉といえど実際には原料のほとんどが輸入で賄われており、世界の資源に依存してしまっています。日本を含め、畜産動物の飼育頭数は年々増加しており、早急な対策が求められているのです。

　水産物については、世界の水産物需要は2050年までに2015年と比較し倍増すると言われていますが、過剰漁獲やIUU（違法、無報告、無規制）漁業、気候変動の影響などにより、水産資源は減少傾向にあります。FAOによると2019年、天然の水産資源の35.4％は過剰漁獲の状態にあります。まだ豊富とされる水産資源は7.2％であり、漁獲生産量は9000万トン前後で頭打ちの状態です。一方、養殖業の生産量は近年増大し、総生産量の過半数を超えるまでになっています。

　天然の水産物を取り扱う企業は、適切な量の漁獲を行うとともに、生態系への影響を最小限に抑えた持続可能な漁業からの調達が求められます。養殖の水産物を取り扱う企業は、海洋環境の悪化や餌の原料となる天然魚の大量消費などの課題があることから、環境への負荷を抑えた責任ある養殖業からの調達が重要となります。

　以上の状況を踏まえ、「持続可能な資源量の範囲内で利用する方針を持つこと」が、A＋レベルおよびAレベルでは求められます。持続可能な漁業、あるいは責任ある養殖業から調達することが持続可能な資源量の範囲内で利用することにつながります。そうした漁業、養殖業であるかどうかを企業自体が判断することがむずかしい場合は、国際的に認知されている第三者認証制度であるMSC認証やASC認証などを取得している漁業、養殖業を供給元とする水産物を取り扱うことも解決策の一つです。また、そうした認証水産物を取り扱うことは、Cレベルの「原材料およびそれに関わる飼料・土地利用などが持続可能であるかを調査している」を満たすことになります。　　　（石井幸造・岡田千尋）

4 ③ 動物実験を行わない（医薬分野を除く）

S	動物実験を行った原材料を利用しないことを社会全体に広めている
A+	動物実験を行った原材料を原則として利用しない方針を持ち、実行している
A	サプライチェーンと協働して、化粧品と食品の原材料について動物実験を行わない方針を適用している
B	化粧品と食品について動物実験は行わない方針を持ち、実行している
C	代替法がある実験は全て移行ずみであり、科学的なガイドラインに従い、動物実験を削減している
D	未着手である

　動物実験は、医学研究や新薬開発だけでなく、化学物質の毒性試験から、生理学、栄養学、心理学などの基礎研究、教育現場における解剖実習など、さまざまな分野で行われています。そのなかで消費者にとって身近なのが、化粧品や食品の分野における動物実験でしょう。

　その歴史は古く、生きた動物を実験に使った記録はギリシャ・ローマ時代にさかのぼりますが、化粧品の動物実験については、ウサギの目に化学物質を注入してその毒性を調べるドレイズテストが1944年に開発され[47]、それ以来、化粧品開発のために世界各地でウサギ、モルモット、マウスなどを用いた動物実験が行われてきました。

　それに対し、1970年代になるとヨーロッパで、消費者による反対運動が起き、英国やドイツを中心に化粧品の動物実験を禁止する法規制が各国で進められ、EUによる化粧品の動物実験規制へとつながりました[48]。

　米国では、1980年、ニューヨークタイムズ紙に当時の最大手企業を名指しした意見広告が掲載されたのを機に、動物実験実施企業の不買運動が起こり、大手企業が続々と動物実験の廃止を宣言。安全性の未知な新規性の高い成分を使わないことで動物実験を避けるという判断によるものです。こうして欧米をベースに化粧品の動物実験禁止、ないしは廃止の動きが広がっていきました。こ

の動向の根底にあるのは、「美しさという人間の虚栄のために動物を犠牲にするべきではない」という消費者の意識が働いたためと言えるでしょう。

ここで課題となったのがその表現でした。消費者運動を受け、"Not tested on animals" とラベルに表示する企業が増えましたが、「完成品では動物実験を行っていないが、原料の開発時に行っている」「自社では動物実験を行っていないが、他社に委託している」など、いわゆるウォッシュが横行したため、欧米の動物保護団体が中心となって独自の認証制度が広がってきたのです[49]。

それと並行して、EUから始まった化粧品の動物実験を法律で規制する動きが世界的に広がっています。その内容は国や地域によって異なりますが、「化粧品目的の動物実験の実施禁止」「動物実験が行われた化粧品の販売禁止」の二つの措置をとるところが多く、化粧品の完成品だけでなく成分原料も対象になっています。

しかし、日本を含め法規制のない国の存在が抜け穴となっているため、各国で引き続き法規制を進めていくと同時に、動物実験を行わないという方針を持ち、それをサプライヤーにも徹底し、消費者に正しく示す企業の取り組みが必要です。また、大手企業はその社会的責任として、動物実験に代わる代替法[50]の開発に人的かつ財政的に投資していくことも求められます。

食品のための動物実験は、特定保健用食品や機能性表示食品の分野で、その安全性や機能性確認のために行われることがあります。しかし、化粧品と同様で新規性のあるものを使わず、今まで多くの人に食べられてきたものやヒト試験でデータが得られているもので商品開発をすれば動物実験を行う必要はありません。食品の動物実験は化粧品のように法規制は進んでいないものの、動物保護団体の働きかけによって動物実験廃止を決断し、その方針をウェブサイトなどで公表する企業が増えてきています。

このように、消費者に身近な分野から動物実験をなくしていこうというエシカルなアプローチによって、業界による代替法開発が後押しされ、廃止がむずかしいとされる医薬品分野の動物実験も縮小されていくことが期待されます。

（亀倉弘美）

---

47 米国のFDAの毒性学者John H. Draizeにより開発された。氏の名前にちなんで "Draize test" と呼ぶ

48 1993年、欧州議会が「化粧品の動物実験を1998年までに段階的に廃止する」という化粧品指令第6次修正93/35/EEC公布。その後2度延期がなされた。2013年3月11日に完全禁止。同年7月に化粧品規則1223/2009として引き継がれた

49 代表的なものとして、リーピングバニーがある。https://www.leapingbunny.org/ 2024.4.20閲覧

50 ヒト表皮を用いた人工皮膚モデルや、化学物質の分子構造から物性、動態、毒性を定量的に予測する理論的モデルなどがある。日本動物実験代替法評価センター https://www.jacvam.jp/ 2024.4.20閲覧

4

④

取引が制限されている動物および身体の一部の売買や利用は行わない

S	野生生物保全の観点から、保全の必要な動物および身体の一部の取引管理を徹底している
A+	取引先と協働し、バリューチェーンにも同様の方針を適用している
A	ワシントン条約および国内法で制限されている動物およびその身体の一部は一切扱わない方針があり、常時確認している
B	条約や法律などに違反しない範囲で利用する場合にはトレーサビリティを確認している
C	動物およびその身体の一部の取引を規制しているワシントン条約および国内法について社内で啓発している
D	未着手である

　人類はその長い進化の歴史を通じて現在に至るまで、動物やその身体の一部をさまざまな目的で利用してきました。しかし、その利用が過剰となり、対象動物種の生存に大きな影響をおよぼしかねない場合は、国際条約や各国の法律で動物の捕獲・捕殺や取引が制限されています。

　日本の場合、種の保存法、国際取引では、ワシントン条約による規制があります。取引が規制される対象は動植物種の生体のほか、死体や剝製、獣肉・毛皮・骨・牙・角など生体の一部およびそれらの製品です。仮にそうした制約がなくとも生物多様性保全の観点から野生動物の取引・利用は最小化されるべきですが、いまだ違法行為は続いています。

　種の保存法（絶滅のおそれのある野生動植物の種の保存に関する法律）は、種の保存を図ることを目的とした法律で、1993年に施行されています。この法律は希少野生動植物種を定めていて、指定種の個体保護、生息地保護、保護増殖の三本柱です。

　一方、ワシントン条約（絶滅のおそれのある野生動植物の種の国際取引に関する条約=CITES：Convention Intermational Trade of Endangered Species of Wild Fauna and Flora）は、野生動植物の国際取引が乱獲を招き種の存続が脅かされることがないように取引の規制を図る条約です。経済生物として国際取引される野生

動植物を対象とし、輸出国と輸入国が協力して、絶滅が危ぶまれる種の国際的な取引を希少性に応じて3ランク（附属書I、IIおよびIII）に分類して制限します。

　Cレベルは、こうした規制が存在していることを事業者内で教育・啓発しており、最低限の対処を示しています。Bレベルは、違法取引に相当しないものを扱っている場合でも、トレーサビリティまで確認されることとしています。さらに取引の制限に関わる条約・法による規制を熟知していて、常に取引対象動物種を確認している場合が、Aレベルとなります。

　そして、取引先とも協働してバリューチェーン全体で違法取引がない方針を適用しているのが、A＋レベルです。取引規制の遵守はもちろん、規制の対象となっていない動物種についても野生物保全の観点から取引管理を徹底するのが、事業者として最上のSレベルとなります。

　日本の場合、取引規制対象となる動物種、あるいはその身体の一部の事例は少なくないのですが、その一例に象牙があります。1960年代以降、世界最大の象牙消費国となった日本は、アフリカゾウ全体の頭数の激減に関与しました。特に、マルミミゾウ（*Loxodonta cyclotis*）の象牙が、印章や三味線の撥や筝の爪など邦楽器の一部など、伝統文化を支えるものとして利用されてきたためです[51]。マルミミゾウの生息数は近年10年間で60％以上減少し、絶滅の危機に瀕しています[52]。ワシントン条約により象牙の国際商取引が全面的に禁止された1989年以降も、象牙の国際的な需要に応じるための密猟が絶えません。マルミミゾウは、糞を通じて種子散布という重要な生態学的役割を担っており、熱帯林生態系の維持のためにはその存在が必要不可欠です[53]。

　象牙の需要のある日本では、他国のような象牙在庫処分や象牙国内市場の閉鎖は実施されておらず、また種の保存法による現行の象牙管理システムでは、元の象牙から最終製品（印章や邦楽器の一部など）への透明性を検証できず、違法象牙の入る余地があります。

　また、ペット市場の動物や動物園・水族館の飼育動物も違法取引されているケースがあり、事業者は注意が必要です[54]。　　　　　　　　　　　　　（西原智昭）

---

51 Nishihara, T.（2012）" Demand for forest elephant ivory in Japan" Pachyderm, 52 July-December, pp.55-65.

52 Maisels, F. et al.（2013）" Devastating Decline of Forest Elephants in Central Africa" PLOS ONE March 2013, Volume 8, Issue 3, pp.1-13.

53 ステファン・ブレイク（西原智昭による翻訳および一章書き下ろし）（2012）『知られざる森のゾウ〜コンゴ盆地に棲息するマルミミゾウ』. 現代図書.

54 西原智昭（2020）『コンゴ共和国〜マルミミゾウとホタルの行き交う森から（増補改訂版）』. 現代書館.

4 ⑤ 動物性原材料の使用を避けている（ファッション）

S	動物性原材料を使わない方針を持ち、その方針を公開している
A+	動物性原材料を新規に調達しない方針を持ち、移行期限を定め取り組みを始めている
A	動物性原材料の削減目標を持ち、取り組みを始めている
B	毛皮や残酷な工程を経た素材は利用しないことを表明している
C	動物性原材料の生産工程を把握をしている
D	未着手である

　ファッション産業では、毛皮やダウン、ウール、レザーのような動物性原材料の利用により、動物の福祉、権利の問題が発生しています。動物性原材料は古代から衣類として利用されてきたものですが、現在は暖かさを保ちつつ、より持続可能でエシカルな選択肢が多数用意されています。

　また、80億人を超えた人口の衣類を賄うために、天然素材ではなく衣類原材料も集約的畜産で生産されるようになり、動物の飼育過程における低い福祉や高い環境負荷、染色やなめしによる健康被害と環境汚染など、さまざまな課題を発生させています。さらに、COVID-19など人獣共通感染症の拡大に寄与し、人間の健康を脅かすことも明らかになりました。

　動物性原材料のなかで最も批判が多いのは毛皮です。毛皮農場を禁止する国が増加しており、さらに毛皮の販売を禁止する国や地域も出てきました。国内でも毛皮を拒否する市民は増え、アニマルライツセンターの意識調査では、82.8％の人が今後、毛皮製品を購入しないと答えています[55]。2006年が毛皮付き衣類の輸入ピークでしたが、市民の声が大きくなるとともに、多くの企業が毛皮を扱わないことを発表し、輸入量も2006年比で98％以上減少してきました。

　一方、毛皮の毛の部分のみを利用したラクーンウール、フォックスウールといった素材も売り出されており、企業は問題に気がつかないまま利用する傾向

があります。新素材を利用する前に素材のトレーサビリティを行い、生産工程を把握する必要があります。

ほかの動物性原材料も同様に、さまざまな課題を抱えています。Bレベルを満たすためには、毛皮とともに、生きたまま毛を引き抜かれる手法で採取されたダウンやアンゴラ、フォアグラ生産に利用された水鳥のダウン、臀部の皮膚を切り取るミュールジングを経た羊のウールなどの残酷な過程を経た素材を避けることが求められます。

毛刈りを行うウールやモヘヤ、アルパカなどでも、毛刈りは丁寧には行われておらず、数々の動物虐待が報告されています。カシミヤのように毛を鉄櫛で引き抜くものも同様です。牛革、豚革、山羊革、羊革（はらこを含む）などの家畜種のレザーも、飼育や、と畜時点の福祉問題とともに、トレーサビリティのむずかしさや温室効果ガスや水利用量の多さから見直す必要があります。

シルクについても、研究[56]により、飼育過程において蚕が病気や寄生虫、飢餓や脱水症状などで10〜47％も死亡することがわかってきています。

当たり前に利用するのではなく、素材の流通の最も上流までさかのぼり、なにが起きているのかを知り、倫理的な観点で再検討をしてみてもよいのではないでしょうか。動物性原材料を避けることで、これらの倫理的な問題を容易に回避できます。ファッションのために動物を飼育し殺すことに反対だと答える人は85.8％[57]であり、残酷さをはらんだ動物性原材料を使用することは企業リスクの一つです。アパレル業界は今、変革を迫られています。

近年、動物性原材料のリサイクルが活発になっています。また、リサイクルの合成素材を利用した温かい素材も増えています。さらには、合成素材よりも環境負荷が低い、植物性やバイオ技術を利用した新素材も多く開発されており、機能性も動物性と変わらなくなってきました。そのようななかで、カシミヤ、パシュミナ、モヘヤ、シャトーシュなどのヤギの毛や、アルパカ、ラマ、ビクーニャなどのラクダの毛、エキゾチック動物の皮革などの動物性原材料の利用をやめるアパレル企業が、徐々に年々増加しています。この取り組みによって、全てではなくても、動物性原材料を徐々に制限し、その方針を持ち公開することで、A〜A＋レベルを満たすことができるようになります。　　　（岡田千尋）

55 NPO法人アニマルライツセンター意識調査 https://arcj.org/fur-awareness-survey/ 2024.4.25閲覧
56 https://rethinkpriorities.org/publications/silk-production 2024.4.25閲覧
57 同上

4 ⑥ 生きた動物の売買・展示などでの利用を避けている

S	業界と協働して、生きた動物の売買・展示などでの利用を行わないことを推進している
A+	サプライチェーンと協働して、生きた動物の売買・展示などでの利用に関わらないことを徹底している
A	会場提供や協賛を含め生きた動物の展示や、アニマルウェルフェアに配慮されていない広告・プロモーションを行わない方針を持ち、実行している
B	会場提供や協賛を含め、生きた動物の売買を行わない方針を持ち、実行している
C	生きた動物を利用する場合、アニマルウェルフェアの五つの自由を担保し、また担保されている飼育場からきていることを確認している
D	未着手である

　生きた動物の売買はもちろん、動物を展示したり、広告やプロモーションに利用したりする場合、多数の動物を営利で扱う事業者との関わりが生じることになります。そうした動物取扱業者のもとでは、無理な繁殖が行われたり、十分なスペースがないなどの不適切な飼育が行われることが往々にしてあります。また、ネグレクト（飼育怠慢）により動物の健康が害されていたり、飼育環境が不衛生であったりする場合があります。

　動物の死亡が隠されることも多く、不要になった動物の殺処分などの情報はほとんど表に出てきません。動物の利用に輸送を伴う場合、強いストレスを与えるだけではなく、死亡・衰弱などの問題が生じることもあります。

　日本は野生動物輸入大国であり、2020年、輸入されたワシントン条約対象種のうち脊椎動物の4分の3が野生で捕獲されていました。エキゾチックアニマルや熱帯魚などの販売・展示は、世界中の生態系に負荷をかけており、絶滅危惧種の密猟・密輸も引き起こします。

　さらに、広告のために撮影された動物の様子や不自然なコンセプト自体が動物への配慮に欠けるといった批判を引き起こすこともあります。ＣＭでのチンパンジーの扱いが種の保全に関するメッセージを歪めることを実証する研究もあり[58]、広告が発するメッセージがどのようなものかについて意識する必要が

あります。幼い動物は特に人目を引きますが、撮影自体がストレスであり、不適切です。極力、生きた動物の利用は行わないことが望まれます。

生きものを展示する動物園・水族館などの多くが公共事業として存在しているものの、野生種の動物の適切な飼育は困難であり、アニマルウェルフェアは低くなります。特に問題になるのは、本来は群れで生活するゾウなどの動物の単独飼育や、高いストレス下にあることを示す常同行動（同じところを行ったり来たりする、体をゆすり続けるなど）、自然の環境が与えられていないコンクリート床での飼育、ショーや調教、直接の触れ合い（魚類のタッチングを含む）、動物の赤ちゃんとの写真撮影などです。

イルカやシャチのショーは、広大な海を泳ぐ動物を狭いプールに幽閉していることから国際的に強い批判があり、法的に禁止する国もあります。日本はイルカ追い込み猟による野生捕獲を継続しており、そのことは特に問題視されています。サーカスでの野生動物の利用禁止も、世界50カ国以上に広がり、特に娯楽目的での動物利用に対する問題意識は年々高まる一方です。

また、アニマルカフェなどの形態についても、主に日本が国際的に批判されていることに留意が必要です[59]。アニマルウェルフェアの問題だけではなく、絶滅の恐れのある動物が使われていることや、感染症の懸念が指摘されています。

Aレベルでは、アニマルウェルフェアに配慮されていない広告・プロモーション─生きた動物を飼育または捕獲して撮影や人寄せ（アトラクション、展示、触れ合いなど）に利用することを避ける必要があります。ただし、動物性の素材・原料の紹介のために実際の飼育現場の写真や映像を使うこと、野生生物の生態を野生下で適切な配慮のもと撮影した写真や映像を使うなどは問題には当たりません。

プレゼント企画を含む生きた動物の売買は、有償であれ無償であれ、動物が譲り渡された先で適正に飼育される保証がなく、Bレベル以上では避ける必要があります。動物の飼育には知識やお金が必要であり、手間がかかります。不適切飼養や殺処分、遺棄、逸走、野外に外来種が定着する問題などを防ぐためにも、安易な飼育を誘発することは避けるべきです。　　　　（東さちこ）

58 Schroepfer, K. et al. (2011) "Use of "Entertainment" Chimpanzees in Commercials Distorts Public Perception Regarding Their Conservation Status" *PLoS ONE,* Vol. 6(10): e26048

59 たとえば、Sigaud, M. et al. (2023) "Exotic animal cafés in Japan: A new fashion with potential implications for biodiversity, global health, and animal welfare" *Conservation Science and Practice,* Vol.5 (2) : e12867

鶏の「ケージ飼い」から「平飼い」へ挑む

株式会社マザーズ

　株式会社マザーズは、以前から鶏の一部平飼い（エイビアリー）飼育を取り入れてきた北海道の会社です。世界的に平飼いへの流れがあるなかで、日本の業界がこれまでのケージ飼い中心からどのように移行していくのかに注視してきました。

　消費者の関心が高まり、エイビアリー設備の開発が進み、ようやく取り組む時期が来たと判断し、2024年から全面的にこの方式に切り替える方針を打ち出しました。地面での平飼い、放し飼いですと、まだまだ高価なものになり、日本人の食文化になじむのに時間がかかると思われますが、エイビアリー方式が日本型平飼い方式として消費者に認知されていけば、価格への転化も最小限にとどめられると考えます。

　生産者の立場から申し上げると、鶏を糞やホコリと隔離し、餌を確実に与えられる点でバタリーケージ（金網ケージでの飼育）にも利点がありますが、動物と暮らしている感覚が乏しいのと、鶏の生態に関しての知見が育ちにくい欠点があります。

　逆に平飼いは、糞のうえでの生活や鶏同士の争いなど心配が尽きません。また、産卵場所の問題や管理者の労務負担などの短所もある一方、鶏と直接触れ合うことで生態に関する知識も身につき、生き物とともに暮らしているというマインドが醸成されるのが長所です。

　鶏自体も動き回ることで足腰が丈夫になり毛ツヤも良くなると感じます。生産性は抑えられ、価格も上がりますが、求められているのは生産性だけではなく、多様な価値観と日本人の食文化に合わせて生産者の取り組み姿勢だと思われます。

「価格転嫁をどうするか」が課題

　価格転嫁の問題は重要で、飼養方法のみでの価格差は不明ですが、おそらく1個あたり少なくとも2〜3倍程度の価格にはなると思います。当社では飼料の国産自家配合化を進め、農業6次化推進も含め養鶏業全体を見渡し、消費者に求められる卵の供給を継続できる事業運営を目指します。情報を開示し、共に考え、共に進んでいく農業が、これからは当たり前になると思います。

　結果はこれからなので、エイビアリー方式の効能を語れる段階ではありませんが、今回の取り組みは大きな決断です。この決断に至ったのは、経営者のリーダーシップと、その覚悟があったことが全てです。私たち現場の人間は、ただそれを支え形にしていくだけです。鶏も人も幸せなありかたを想像して、それをモチベーションとして前進していこうと考えています。

ペットショップのフクロウに抱いた違和感

公益財団法人動物環境・福祉協会Eva代表理事 杉本 彩

　先日、ある地方都市にある、かなり広い大手ホームセンターにテナントとして入っているペットショップに出かけました。ここは全国に店舗があります。

　このペットショップには、仔犬や仔猫をはじめ、小動物や鳥、魚、昆虫など多種の動物がいますが、なかでもひときわ目を引いたのは、お客が行き来する通路側に置かれた大きなフクロウです。あのような大きなフクロウを、手を伸ばせば触れる空間で見たのは初めてでした。

　全長60〜70センチの大きなフクロウはユーラシアワシミミズクで、本来ならば夜行性で岩壁のある森林を滑空する森の飛行士です。そのフクロウが蛍光灯の下で人より低い目線の場所につながれているのです。しかも、木箱の上には、これまた大手ペット損害保険2社のポップが無造作に置かれていました。

　ものすごい違和感と不快感を私は覚え、しばらくこのできごとが頭から離れませんでした。

ウェブサイトの「サステナブルや環境方針」とのギャップ

　その大手ホームセンターとペット損害保険会社のウェブサイトを見ると、どこもサステナビリティや環境方針、また責任ある企業活動について丁寧に書かれています。

　けれども、社会的、倫理的な政策と同時に、まず取り扱う動物に対して福祉を実現しなければ、残念ながら責任あるビジネスとは言えません。ペットショップの責任も、もちろんですが、テナントの事業は関知しないという姿勢では、ホームセンターを経営している大企業が環境や動物に対して、社会的責任を果たしていると言えるのでしょうか。

　ホームセンターを訪れる家族や子どもたちに対し、その動物の種にとって適正な環境を与えていない状況であるならば、展示販売を見せるべきではないと考えます。むしろ企業としては、その展示販売のリスク要素を考慮し、グローバルな課題として解決する活動に取り組むべきでしょう。動物福祉が守られていない環境下での生体販売に、企業が加担するべきではありません。

　企業は利益だけでなく真の動物福祉、真の社会的責任について考慮せずしてサステナビリティや動物福祉を発する資格はないのではないか、と考えさせられる衝撃的なできごとでした。

5 製品・サービスの情報開示をしている

原材料はどのサプライチェーンを辿り製品化するのか

　企業をとりまく情報には、自社の経営におけるマネジメントのあり方やCSR（Corporate Social Responsibility：企業の社会的責任）はもとより、製品やサービスについてのさまざまな情報が潜在的に含まれています。たとえば、製品として消費者の手に渡るまでに、原材料がどこからどのように調達され、どこで誰がどのように製造・加工し、どのようなサプライチェーンを辿って製品化されているのか。その長い旅路のなかで、エシカルな配慮がなされているかが問われます。

　つまり、最終的な製品を構成する資源の原材料調達や製造・流通・廃棄まで、ライフサイクル全体で環境・人権などを含んだ社会的配慮についても、適時適正な情報開示が求められているのです。それは自社のみだけではなく、取引先のさらに上流にある川上から川下まで、デュー・ディリジェンスを実施したり、情報の把握や開示を行っていくことが重要です。その結果、サステナブル調達が実践されることで消費者のエシカル消費にもつなげることが可能となります。

　また、エシカルを主張する際にも明確な裏づけ情報となるエビデンス（主張を支持する「証拠」「裏づけ」「客観的な根拠」）が重要となります。自称エシカルというだけでは説得力に欠け、ときにはエシカルウォッシュにつながる懸念もあります。原材料の調達地における環境への配慮なのか、働く人々に対する人権配慮なのか、原産地のみならず、製造し、加工流通におけるどの過程においても、企業は責任を持ってサプライチェーン全体でのリスクやさまざまな影響を把握し、取り組むことが求められます。

　そのためにデュー・ディリジェンスが重要なのですが、企業担当者がサプライチェーンを辿り、実態を把握することは簡単なことではありません。そこで信頼できて、広く使われている認証制度を取得したり、活用することも推奨されます。認証はどの原材料や分野が対象なのかによって、多様な認証制度やラベルが存在します。そのなかでも透明性・信頼性の高い認証制度の活用は重要となるでしょう。

　加えて、エシカルと主張する際には、特に、トレーサビリティを確保しながらその情報を公開することが、サプライチェーンの透明化につながります。エシカルの裏づけ情報としての信頼性も増します。たとえサプライチェーンが複雑で細分化されていても、個々のサプライヤーの環境と社会への影響を把握することは重要であり、認証制度の活用と同時に、自社だけでなくサプライチェーン全体で持続可能な調達や経営であるかを把握することが望まれます。

　サステナビリティに関連する規制や強化の動きもあります[60]。EUにおける企業サステナビリティ報告指令（CSRD：Corporate Sustainability Reporting Directive）、EUDR（EU DEFORESTATION REGULATION：EU森林減少フリー製品に関する規則）、グリーンクレーム（Green Claim）指令の発表など、グローバル社会における対応は、より強化されてきました。

　今後、よりエシカル消費を推進するための前提として、企業のサステナビリティ対応と関連データにおける開示の義務化への対応が求められるでしょう[61]。このような情勢の背景には、人間社会が地球上のあらゆる資源を過剰に使用し、循環型ではない社会システムのなかでビジネスが発展してきた経緯があります。

　そこで、適切な資源管理の方法について基準を明文化し、第三者による認証を活用したサプライチェーンの把握と対策も進んできています。ほかにも、企業・NGO・労働組合などが参加し、会員企業の海外におよぶサプライチェーン上で労働規範が守られているかをNGOと労働組合がモニターするマルチステークホルダー方式のモニタリングシステムや、民間主導による対応も効果があると言えるでしょう。

　製品・サービスに関する情報は日々変化していくことから、その情報開示を適時・適正に行うことが望まれます。その情報開示も法律などで求められる説明責任だけでなく、自ら積極的に情報を公開し、誰でもアクセスが可能になること（オープンアクセス）で、さらに透明性が増し、より良いエシカル製品・サービスへとつながります。今、抱えている気候危機や環境、資源、人権など社会課題における情報を捉えながら、ビジネスにおいて迅速に対応していく姿勢が求められているのです。　　　　　　　　　　　　　　　　　　　　　（山口真奈美）

60 https://www.consilium.europa.eu/en/press/press-releases/2023/05/16/council-adopts-new-rules-to-cut-deforestation-worldwide/ 2024.4.15閲覧
61 https://www.consilium.europa.eu/en/press/press-releases/2024/02/20/consumer-rights-final-approval-for-the-directive-to-empower-consumers-for-the-green-transition/ 2024.4.15閲覧

5 ① エシカルであるなどの主張をする際には裏づけ情報（エビデンス）を示している

S	第三者がエビデンスを確認し、妥当性について評価・検討・改善などが定期的に実施されている
A+	第三者が確認したエビデンスを開示している
A	エビデンスを開示する方針を持ち、実際にwebなどで誰もが容易にエビデンスにアクセスできるよう公開している
B	主要な原材料のエビデンスを開示している
C	開示に向けてエビデンスの収集を始めている
D	未着手である

　サステナビリティ、エコ、エシカルなどを主張する際には国際的にも裏づけ情報（エビデンス）が求められる時代となっています。その背景には、エシカルという言葉が浸透しつつも、何を根拠にエシカルと主張するかが曖昧であるという状況があります。裏づけ情報を担保し、必要な情報開示などを通じて説明することは、エシカルウォッシュの防止になるだけでなく、企業の信頼性の向上にもつながり、非常に重要です。これは、オーガニックやフェアトレードなどを主張する場合も同様です。

　主要な原材料の調達やサプライチェーンにおいて、その原材料や事業活動に該当する分野の環境社会的リスクを把握するためには、サプライチェーンにおけるデュー・ディリジェンスが重要になります。しかし、企業担当者がサプライチェーンをたどってデュー・ディリジェンスを独力で実施することは容易ではありません。そのツールとして広く使われている信頼できる認証制度を取得したり、活用することも推奨されます。広くコンセンサスを得た基準に基づき、第三者による審査を含む認証制度は、透明性・信頼性が高いと考えられるからです。特にエシカル消費に関連する認証例として、国際認証（サステナブル・ラベル）があります。FSC® （Forest Stewardship Council® ：森林管理協議会）、MSC（Marine Stewardship 081 Council：海洋管理協議会）、ASC（Aquaculture Stewardship

Council：水産養殖管理協議会）や、オーガニックの有機JASや、繊維のGOTS（Global Organic Textile Standard）などです。

　第三者がエビデンスを確認し、妥当性について評価・検討・改善などが定期的に実施されているSレベルの場合は、既存の認証制度なども活用しつつ、公平な独立した立場からのエビデンスや評価により、エシカルについて定期的に確認できている状態になります。つまり、何を根拠に、どのような基準・モノサシで評価された結果がエシカルなのかが、明らかな状態です。

　一方、サステナビリティやエシカルに関係する調達方針や情報開示の体制が構築中の企業であっても、開示に向けてエビデンスの収集を始めるCレベルから開始すると一歩前進することでしょう。さらにBレベルにあるように、自社で主要な原材料を把握し、エビデンスを開示することで、より具体的な情報を入手し、現状を把握できます。そして、エビデンスを開示する方針を持ち、実際にwebなどで誰もが容易にエビデンスにアクセスできるよう公開し、自社のエシカルに関する取り組みについて積極的に公開することで透明性も増します。

　ここまで実施ができれば、多くの情報に自らアクセスでき、今後を見据えたサステナブル経営が可能になります。さらに、第三者が確認したエビデンスを開示しているA＋レベル、そしてSレベルの評価・検討・改善へとステップを上げていくことで、エシカルに関して、より客観的な評価につながります。

　主要な原材料は企業によって異なりますし、多くの原材料を使用し製造している場合、サプライチェーンも複雑になります。自社の主力商品や依存度合いの高い原材料が何かを把握し、環境や社会に与える影響を見直すことが重要となります。

　必ずしも主力ではない一部の製品のみをエシカル商品として売り出すことで満足するのではなく、経営の根幹をなす部分からエシカル化を図り、適切なエビデンスを収集することが望まれます。日々変化していく情報について、開示を適時・適正に行い、説明責任を果たすことが何より重要になります。こうした情報開示も法律などで求められる説明責任だけでなく、国際認証を活用したり、自ら積極的に情報を公開し、誰でもアクセスが可能にすること（オープンアクセス）で、さらに透明性が増し、より良いエシカル製品・サービスへとつながります。

（山口真奈美）

5 ② 可能な場合には認証を取得している

S	認証制度が広がるように、制度を作ったり、環境を整えている
A+	サプライヤーが認証取得することを支援している
A	主要な原料とプロセスについて利用可能な認証がある場合には取得している
B	利用可能な認証がある場合は、段階的に取得に努めている
C	利用可能な認証について調査している
D	未着手である

　自社のサプライチェーンを見直したとき、原材料調達地から最終製品に至るまで、その原材料とプロセスについてサステナブル調達を実践し、適切な対応がなされているかどうか、本来であれば全てを把握し、明らかにすることが理想ではあるものの、実際に取引先の重要な機密情報や、その先のサプライチェーンの上流までさかのぼりながら調査したり、エシカルだと確認していくことは容易ではありません。しかし、把握するために有効な手段の一つとして、認証があります。

　認証は一定の基準をもとに、利害関係のない第三者が定期的に審査を実施し、認証機関によって与えられる制度です。自社にとって、特に主要な原料に関する利用可能な認証がすでにある場合は、その認証を取得したり、活用することで自ら原産地まで赴き、確認しなくてもサプライチェーン上のあらゆる段階で、配慮すべき視点が組み込まれた基準を満たしていることを確認することが可能となります。では、何を裏づけとして持続可能と考えるのでしょうか。

　国際的に信頼性・透明性の高いと評価されている第三者認証制度には、資源の持続性や、環境配慮、人権などの社会面、つまり、「環境」「社会」「経済」「ガバナンス」など幅広い視点が基準に含まれています。また、原材料や原産地の地域によって配慮すべき点もさまざまです。そこでまずは、自社の原材料

や企業が目指す方向性に合う基準や認証制度を見出すことが必要です。しかし、すべての原材料などに対して認証制度が確立しているわけではありません。農林水産業や繊維、エネルギー、フェアトレードに至るまで、国際的に運用されている認証制度も、特定の分野に絞ったものから、マネジメントシステムや製品に対する認証まであります。

そのなかでも、どのような製品を選べばエシカル消費につながるのか、という視点でさまざまな認証があります。しかし、Rainforest Alliance や有機JAS、国際フェアトレード認証やWFTO、FSC®、MSC、ASC、GOTS、RSPOなど持続可能な農業やオーガニック、フェアトレード、森、漁業や養殖など原材料や配慮すべき視点によって異なります。これらは原材料や加工流通過程における配慮がおのおのの基準に合致しているかを判断するためにあります。

自らがサプライチェーンの上流まで辿らなくても、認証取得企業と取引をし、その企業が認証製品を売買しながらチェーンをつなぐことで、一定水準以上の認定基準を満たしているという評価となります。サステナブル調達を実践するうえで、見えないリスクを回避する一助になる側面もあるのです。

取り組み方法としては、Cレベルにあるように、自社の主力製品や重点的に使用している原材料について、利用可能な認証について調査してみることです。そして、主要な原料とプロセスについて利用可能な認証がある場合には、Bレベルにあるように段階的に認証を取得します。また、自社だけでなくサプライチェーン全体での取り組みが必要にもなるため、Aレベルにあるように、サプライヤーの認証取得に向けて支援することも大切です。その業界でまだサステナブル調達やエシカル推進などに向けての行動や、認証制度自体が広がっていない場合には、その課題を把握しながら多くの利害関係者との対話を通じて、課題解決に向けて環境を整えることも重要でしょう。

さらに、もし信頼性のある第三者認証制度が見つけられない場合には、Sレベルにあるように新たに制度化に向けて行動することで、業界全体へのサステナビリティやエシカル推進に向けた影響力も持つことでしょう。製品・サービスの情報開示の手段の一つとして認証制度の活用があります。しかし、認証制度自体はこの数十年で誕生し、発展してきた仕組みであるため、万能なものとして依存しすぎるのはよくありません。より有効に認証制度を活用していくための関わり方を考えることが大切となります。　　　　　　　（山口真奈美）

5 ③ サプライチェーンを透明化し、トレーサビリティを確保している

S	主要な原料について、最上流までトレーサビリティを確保し、公開している
A+	主要な原料について、最上流までトレーサビリティを確保している
A	主要な原料について、トレーサビリティを確保する方針を持ち、3年以内に確保する具体的な計画を立てている
B	一部の原料について、トレーサビリティを確保している
C	一部の原料について、トレーサビリティを確保する準備を始めている
D	未着手である

　ビジネスのサプライチェーン上で発生している児童労働・強制労働などの人権侵害や、森林減少・生物多様性の損失といった環境破壊は、原料生産とその取引のあり方に起因している場合が多くあります。

　皆さんは買取価格が不適正であるがために、生産者に負荷をかけてはいないでしょうか。その買取価格では生産コストをカバーできないどころか、子どもたちの教育、必要な住居、食事、医療、衣服など、人間らしい暮らしを妨げているかもしれません。それでは環境負荷を抑え、豊かな自然を守り育てながら持続可能な生産を実現することは困難になります。

　児童労働に従事する子どもの数は1億6000万人[62]に上り、世界の子どもの10人に1人にあたります。その70%が農林水産業で発生していますが、そのほかにも、建設や採掘、製造・加工の現場でも課題となっています。

　環境破壊としては、農業への転換のために世界で森林破壊が進行し続けています。東京都と同じくらいの大きさの森が、いまも1週間ごとに失われ続けていると言われています[63]。このまま森林破壊が進めば気候変動が助長され、水害や干ばつなど異常気象による被害を食い止めることが、ますますむずかしくなるでしょう。

　今、サプライチェーン上の人権・環境課題に対し、企業に責任ある行動を求

める動きが加速しています。その背景には2011年、国連人権理事会が全会一致で支持した「ビジネスと人権に関する指導原則」[64]、2018年に経済協力開発機構（OECD）が発表した「責任ある企業行動のためのOECDデュー・ディリジェンス・ガイダンス」[65]などがあります。それらを受けて世界各国では、人権・環境デュー・ディリジェンスの義務化も進んでいる状況です。

　課題解決に向けたアクションを起こすには、まずは自社のサプライチェーンを原料生産レベルまでたどり、人権・環境リスクを把握することが必要です。原産地からの原料調達を取引先に任せている場合であっても、自社の原料が具体的にどこで、どのように生産され、取引されているのか、人権・環境リスクが最も高い末端の生産者まで辿ることが重要です。サプライチェーンを透明化し、トレーサビリティを確保することは、自社の人権・環境リスクの把握につながり、問題が発生した場合にも、迅速な対応が可能になります。

　本項目では、まずは主要な原料のトレーサビリティ確保の方針を定めること、そして3年以内にトレーサビリティを確保する具体的な計画を立てることがAレベルです。A＋レベルは、主要な原料について、サプライチェーンの最上流までトレーサビリティを確保できている状態です。自社が直接取引に関与していない場合、トレーサビリティを取引先に一任しがちですが、末端の小規模生産者・労働者による生産現場までは把握できていないことも多々あります。取引先の協力も得ながら、主体的にサプライチェーンの末端まで把握していくことが重要です。自社だけではむずかしい場合、より客観的な第三者認証のしくみを活用する方法もあるでしょう。

　さらに一歩進んで、サプライチェーン情報を一般に公開することは、透明性があるビジネスとして社会から信頼されるだけでなく、外部の目も入ることにより、自社だけでは把握できない課題の発見につながる効果もあるでしょう。また、より透明性の高い企業の製品を選択したい消費者のためにも、Sレベルを目指す企業が増えることを期待します。

（中島佳織）

62 ILO and UNICEF(2021), "Child Labour: Global estimates 2020, trends and the road forward" 2024.1.9閲覧

63 WWF「今日、森林破壊を止めるためにできること」https://www.wwf.or.jp/campaign/forest/ 2024.1.9閲覧

64 United Nations (2011), "Guiding Principles on Business and Human Rights" 2024.1.9閲覧

65 OECD (2018), "OECD Due Diligence Guidance for Responsible Business Conduct" 2024.1.9閲覧

5 ④ 自社およびサプライチェーン全体の環境と社会への影響を把握している

S	自社およびサプライチェーン全体の環境と社会への影響を改善するために、モニタリング・システムなどをステークホルダーと協働して構築している
A+	自社およびサプライチェーン全体で環境と社会への影響の両方を第三者と共に把握している
A	自社およびサプライチェーン全体で環境と社会への影響の両方を把握している
B	自社およびサプライチェーン全体で環境と社会への影響の両方を把握するための仕組みづくりを始めている
C	自社およびサプライチェーン全体で環境と社会への影響の両方を把握する必要性を社内に啓発している
D	未着手である

　製品・サービスの情報開示をするときに、自社だけでなくサプライチェーン全体で環境と社会への影響を把握することは企業にとって極めて重要です。環境と社会への影響を継続的にモニタリングし、適切な戦略を策定・実施することは、顧客や投資家の期待に応え、ブランドの価値を向上させ、事業の長期的な持続性を確保することに貢献します。

　自社およびサプライチェーン全体の環境と社会への影響を改善するために、モニタリング・システムなどをステークホルダーと協働して構築することを実現させたのがSレベルです。ほかのステークホルダーとともにモニタリング・システムなどを構築し、実施しているイニシアチブに参加していることが求められます。

　マルチステークホルダー方式のモニタリング・システムに参加することで目標の設定、現状評価、リスクマッピング、データの収集と分析、評価結果の共有と報告、戦略の策定などの一連の活動を枠組みに沿って包括的に実施することができます。事例としては、イギリスなどで組織されているエシカル・トレーディング・イニシアチブ[66]があります。イギリスの場合、100以上の企業、20以上のNGOと労働組合が参加し、会員企業の海外におよぶサプライチェーン上で労働規範が守られているかをNGOと労働組合がモニターし、企業に対

して改善のための提言を行っています。

　自社およびサプライチェーン全体の環境と社会への影響の両方を第三者と共に把握しているのがA＋レベルです。ステークホルダーと協働したモニタリング・システムの導入はありませんが、サプライチェーンのサステナビリティを対象とする認証制度を取得するなど、第三者と共に、より厳格な把握ができている状態です。

　認証制度もさまざまなものがありますが、より厳格な基準と制度で運営されていること、また現場での変革をしっかりと確認する・インパクトをモニタリングしていることを担保するうえでISEAL（国際社会環境認定表示連合）[67]のメンバーである認証制度を選ぶことがより好ましいと考えます。ISEALメンバーの認証制度は、公開された透明な参加型プロセスによって基準を策定し、コンプライアンス違反のリスクを軽減するための厳格な保証機能が整備され、新しい情報を踏まえ、継続的な改善を促す方策があり、プログラムの影響を実証するための監視と評価が行われています。

　一方、Aレベルは、独自の取り組みにより自社およびサプライチェーン全体で環境と社会への影響の両方を把握している状態です。独自の取り組みとは言え、企業は国際的な枠組みに沿って取り組むことで、より確実な評価を実施できます。たとえば、国連と民間（企業・団体）が築く国連グローバル・コンパクト（UN Global Compact）[68]に参加することで、信頼と経験のあるパートナーと共に取り組みを進めることができます。

　また、「責任ある企業行動のためのOECDデュー・ディリジェンス・ガイダンス[69]」（OECD,2018）を活用することで企業がサプライチェーンにおける環境と社会への影響を把握する体制の構築や、企業が責任ある企業行動のためのデュー・ディリジェンスを実施することができます。Bレベル未満の状況であっても、これらの国際的に発表されている枠組みを活用することで、より効果的に自社およびサプライチェーンのパートナーと共に環境と社会への影響を把握することにつながります。 　　　　　　　　　　　　　　　　　　　　（山本光治）

---

66 エシカル・トレーディング・イニシアチブ：https://www.ethicaltrade.org/ 2024.4.15閲覧
67 ISEAL：https://www.isealalliance.org/ 2024.4.15閲覧
68 グローバル・コンパクト・ネットワーク・ジャパンhttps://www.ungcjn.org/index.html 2024.4.15閲覧
69 OECD (2018), OECD Due Diligence Guidance for Responsible Business Conduct

5

⑤ 製品・サービスに関して適時・適性に情報開示を行い、説明責任を果たしている

S	情報は公開し、年に1度は更新すると共に、個別の情報にもオープンなアクセスが可能である
A+	情報を年に1度は更新して公開すると共に、説明を求められた場合には説明責任を果たしている
A	情報を公開する方針を持ち、その情報をwebで公開し年に1度は更新している
B	説明を求められた場合には、法律で求められないものでも情報を開示している
C	情報の開示方針を策定中である
D	未着手である

　私たちは常に何らかの製品やサービスを使いながら暮らしています。地球上のあらゆる動植物が安心して暮らしていける持続可能な社会を築くためには、事業者と消費者が協働する必要があります。

　なかでも事業者の責任は重大です。消費者がエシカルな商品やサービスを選びたいと思っても、それを提供する事業者がいなければ目にすることもできません。また、エシカルな商品やサービスが目の前にあったとしても、エシカルであるという情報に気がつかなければ選ばれることもないのです。事業者は消費者に対して適時・適切な情報開示を行い、消費者が安心してエシカルな商品やサービスを選ぶことができるように、説明責任を果たす必要があるのです。

　たとえば、私たちがコーヒー豆（粉）を選ぶときは、豆の品種、原産地、値段を参考に、味や香りを想像して選ぶ人が多いようですが、コーヒー豆が店頭に並ぶまでには、豆の原産地での栽培・収穫、洗浄・乾燥、輸送、加工・焙煎、包装など長い道のりがあります。

　その工程にはさまざまな課題があります。栽培の現場では、農地拡大によるCO_2吸収量の減少、農地化による動植物たちの絶滅、農園で働く人々への公正な賃金、農園労働者の子どもたちの教育、飲んだ後のコーヒー粕や容器包装の廃棄やリサイクルなど。消費者は現場の課題にはなかなか気がつきません。

　コーヒーに限らず、どの商品にも原料調達、製造、輸送、販売・購入、使用・消費、廃棄・リサイクルのプロセスがあります。消費者は目の前の使用・消費の部分だけに関心を持ちがちですが、原料の調達や製造の過程で、社会や環境に大きな影響をおよぼしている場合も少なくないのです。

　たとえ事業者がエシカルな商品やサービスを市場に提供しても、消費者がそれに気づかない場合は、企業の努力は報われず、社会に広がりません。積極的に取り組んだ事業者から、いくら環境情報を発信しても、最終的には消費者は値段でしか選ばないのであきらめた、という声もたびたび聞きますが、消費者にも変化は見られます。

　地球温暖化や資源枯渇を実際に体験することで、環境に負荷を与えない商品を求める消費者の声が高まっています。加えてESG教育の成果もあり、エシカルやSDGｓに関心を持つ若者も増えています。事業者は「消費者が関心を持たないから説明がいらない」と考えるのではなく、「説明が足らないから関心を持てないのだ」と考えてください。まずは情報の開示方針を策定し始めることでＣレベルを目指してください。社会的責務として、説明を求められた場合には、法律で求められないものでも情報を開示することでＢレベルに、さらに、情報をWebで公開し年に1度は更新することでＡレベルとなります。

　そして、科学の進展、社会情勢の目まぐるしい変化のなか、原料そのもの、生産地や製造国での労働環境なども、日々変化しています。サプライチェーンに関して、事業者は常に関心を持ち情報を収集し続けること、また、その変化を適時・適正に公開すると共に、消費者などのステークホルダーの求めに応じて説明責任を果たすことでA＋レベルに至ります。

　特に、IT化が進んだ現代では、誰もが情報の公開やアクセスが容易となりました。個別の情報にもオープンなアクセスが可能となることで事業者の透明性も増し、より良いエシカル製品・サービスへの提供につながり、Ｓレベルに達することになります。

　消費者はアンテナを広げて事業者が発信する情報に敏感になり、エシカルな商品・サービスを選ぶことで事業者を応援します。行政は事業者の取り組みを高く評価するなど後押しし、エシカル教育を進め消費者がエシカルな消費ができるような環境を整える役割があります。事業者の適時・適正な情報提供をもとに、消費者、行政、事業者、それぞれが役割を果たすことで、初めてエシカルな社会につながるのです。

（大石美奈子）

常に「持続可能な調達」を目指す小売業「イオン」へ

イオン株式会社プロジェクトリーダー **鈴木隆博**

　総合スーパーからディベロッパー事業、ヘルスウエルネス事業までを運営するイオンでは、お客さまの生活を支える小売業として、その暮らしを今後も支えていくために、安定的に安心・安全な商品をお届けすることが不可欠だと考えています。そこでサステナブルな暮らしへの移行に向けて、多くのステークホルダーの皆さまと協働し、環境や社会に配慮した持続可能な裏づけのある商品の調達を推進しています。

　2014年、グローバル基準に基づく「持続可能な調達原則」を策定し、農産物、畜産物、水産物、紙・パルプ・木材、パーム油、カカオ・コーヒーについては、国際的な第三者認証の活用や、生産者支援プログラムなどを通じて、生物多様性の保全とトレーサビリティの確保を目指してきました。その甲斐もあり、MSC認証やASC認証、フェアトレード認証の商品の取り扱いは、国内小売業で最大規模まで成長しました。

フェアトレード認証カカオの調達量を10年間で10倍へ

　また、「買いものを通して、途上国に貢献したい」というお客さまの声にお応えするために、2004年より、フェアトレード認証商品も継続的に販売。国内のフェアトレード認知度は高まってはいるものの、一般に流通する商品の種類は少なく、生産地での貧困や不公正取引などを身近に感じにくい状況ですが、フェアトレード認証の旗振り役として、2014年にはアジアで初めて国際フェアトレードラベル機構のフェアトレード原料調達プログラム（カカオ）に参加。フェアトレード認証カカオの調達量を10倍（2012年比）にまで拡大しました。2030年までに自社ブランドで販売する全てのカカオ・コーヒーを持続可能性の裏づけのある原料へ転換することも目指しています。

　さらに、生産者や労働者の抱える社会課題を解決し、生産地の持続的発展を直接支

援するプログラムも開始しています。コーヒー市場は相場の変動が大きく、取引価格が下がったときに、現地の生産者が大きな負担を強いられると言われているためです。こうした背景を踏まえ、2021年に、「サステナブルコーヒープロジェクト」を開始し、①ベトナムの生産者へコミュニティの支援、②農業技術に関する支援、③持続可能なコーヒーの定着、④変動の激しいコーヒー相場への対応、の視点から支援しています。

　これらの取り組みは、生産者の識字率の向上、第三者認証に関する理解度向上、栽培管理に関する知識の醸成などにつながり、確実に成果があがってきています。

非財務情報開示の大切さ

サステナビリティ経営研究所代表 **冨田秀実**

　企業経営や金融の世界では、エシカルという言葉はあまり用いられることはありませんが、同様な意味合いを持つ取り組みとしては、企業におけるサステナビリティ経営（ESG経営）、金融の世界ではサステナブルファイナンス（ESG金融）などの言葉が一般に用いられます。

　この企業と金融の間をつなぐ役割として、極めて重要なのが情報開示です。従来から企業は財務関連情報を開示し、それを評価することで金融機関の行動が行われてきた長い歴史がありますが、近年、サステナビリティ情報開示の重要性が急速に高まってきています。

　この分野では、長年、非営利組織のGRI（Global Reporting Initiative）が、中心的な役割を果たしており、現在でもそのGRIスタンダードは世界で最も利用されている報告スタンダードとなっています。その後、IIRC（International Integrate Reporting Council）やSASB（Sustainable Accounting Standards Board）などのさまざまな組織が誕生し、それぞれが独自の開示などを提案してきました。

高まるサステナビリティ情報開示

　こうしたサステナビリティ情報開示は、これまで基本的に自主開示なものでした。しかし、近年、投資家にもサステナビリティ情報開示の重要性が強く意識され始めたことに伴い、開示の義務化が世界的に広がってきています。その主要な役割を果たすのが、IFRS（International Financial Reporting Standards）財団と欧州連合（EU）です。前者は、IIRCやSASBなどを吸収しつつ、その傘下に新たなISSB（International Sustainability Standards Board）を設置し、サステナビリティ情報開示基準の発行を開始しました。

　現時点では、IFRS-S1（サステナビリティ関連財務情報の開示に関する全般的要求事項）とIFRS-S2（気候関連開示）がすでに発行され、今後も自然資本や人的資本などの新たな開示基準が発行される見込みです。なお、わが国では、この基準に基づいた日本版に相当するSSBJ基準が策定されつつあります。

　一方、EUでは、一定規模以上の企業にサステナビリティ情報開示を義務づけるCSRD（Corporate Sustainability Reporting Directive）がすでに採択され、その開示基準であるESRS（European Sustainability Reporting Standards）が発行されました。ESRSは環境、社会、ガナバンスを含め包括的な一連の開示基準となっています。こうした国際的なサステナビリティ情報開示の義務化の動向に対し、日本企業も適切な対応が求められつつあるのは言うまでもないことでしょう。

6

事業を行っている地域社会に配慮・貢献している

人と自然、歴史、伝統、文化の循環を目指す

　企業が地域社会に配慮・貢献するには、時代の変化に応じて多様な方法が考えられます。企業が自社の経営状況だけを注視するのではなく、地域社会とのつながりに配慮・貢献することは、事業を行う地域社会に対して、ローカルなサーキュラーエコノミーを育むことにつながります。

　通常、サーキュラーエコノミー[70]は、資源の循環を推進する経済や事業を指しますが、"ローカルサーキュラーエコノミー"という考え方を提案するならば、それは事業を行っている地域社会において、資源に限らず、人や自然、歴史、伝統、文化をも循環させることを目指します。

　地域から孤立して自社の経営だけの推進をすると、地域に対して有益な存在とはなりません。地域社会に対して心を開き、配慮し、貢献する活動を進めることで、人、情報、経営、さらに地域社会自体も、有機的に、双方が潤う形で循環し始めます。その結果、企業に利益がもたらせられるだけでなく、「地域社会を支えるという存在意義＝パーパス」が芽生えてくるのです。

　地域社会が抱える問題には、さまざまあります。具体的には、少子高齢化、気候変動に伴う自然災害、経済の二極化、自然環境減少の問題、過疎化問題、1次・2次産業の停滞などですが、こうした状況を鑑みて、政府は、「地方創生」[71]という政策を打ち出しました。

　少子高齢化の進展に的確に対応し、人口の減少に歯止めをかけるとともに、東京圏への人口の過度の集中を是正し、それぞれの地域で住みよい環境を確保して、活力ある日本社会の維持を目指す施策を掲げました。2014年に始まったこの政策は、現在では内閣官房で取り扱われ「まち・ひと・しごと創生法」「デジタル田園都市国家構想」といった形で進化を続けています。

　また、文化庁では2015年より「日本遺産」[72]の認定が始まり、文化財や伝統文化を通じた地域の活性化を図るために、歴史的経緯や地域の風土に根ざした伝承、風習を踏まえた物語のもとに、文化財を地域の活力源とする計画が進んでいます。

　こうした国の働きかけと並行して私たちが期待したいのは、企業による「地方創生」アクションでしょう。その背景として、民主主義や金融資本主義の行き詰まり、経済の二極化の加速、地産地消・自給率の低迷、人口減少・高齢化・過疎化、労働力不足、ジェンダーやダイバーシティの問題、大企業病、イノベーション・スタートアップの育成などの課題があるためです。

　これらを解決の道に導く鍵、未来へとシフトさせる鍵は、「大都市」というより「地方」の「地域社会」こそが握っていると考えられます。たとえば、企業が事業を行う地域社会に配慮・貢献する具体的な例としては、過疎化や少子高齢化が進んでいる地域において、全国各地にチェーン店を持つスーパーマーケットが「認知症カフェ」「こども食堂」を運営したり、過疎地帯の消費者の近くまで出かける移動型の屋台スーパーの車を走らせるなどの例があります。海外の例で言えば、先住民族と交流し、彼らの知恵を尊重して商品開発をしたり、素材調達と製造に不便な地域だったとしても、あえてそこに本社を設け、社員を通わせて地域社会を活性化させるなどの活動があります。

　日本でも、本社を大都市以外に移動させる試みがすでに始まっていますが、理想を言えば、未来は企業の本社の多くが地方に拠点を置くというビジョンを掲げたいところです。ひいてはそれが、経済の二極化を緩和し、働き方改革や少子高齢化にも対応し、新しくイノベーティブな価値観を生み出す原動力となると思われるからです。また、スタートアップ事業も同様で、新たな事業は地方でこそ起こすべきであり、地方に根ざした発進は「地方創生」に大きなエネルギーをもたらす可能性があります。

　私たちが未来を考えるにあたり重要なのは、スローダウンした社会のあり方であり、小規模・中規模でも創造的な価値観を宿し、フレキシブルに活動が展開できる構造を持った企業を推進し、育てていくことではないでしょうか。

（生駒芳子）

70 サーキュラーエコノミー　https://www.env.go.jp/policy/hakusyo/r03/html/hj21010202.html 2024.4.20閲覧
71 環境省/第2節　循環経済への移行
　地方創生　https://www.env.go.jp/policy/hakusyo/r03/html/hj21010202.html（内閣官房/地方創生に関する取り組み）2024.4.20閲覧
72 日本遺産　https://japan-heritage.bunka.go.jp/ja/（文化庁/日本遺産　ポータルサイト）2024.4.20閲覧

6 ① 地域の文化と伝統を尊重している

S	事業を行う地域および主要な原材料を生産する地域の文化、伝統を尊重し、事業がさらにそれらを強化することに役立っている
A+	事業を行う地域だけでなく、主要な原材料を生産する地域の文化と伝統を理解し尊重している（特に、海外では先住民族とその土地）
A	事業を行う地域、主要な原材料を生産する地域において、文化と伝統に関して住民との対話を重んじている
B	事業を行う地域あるいは主要な原材料を生産する地域のいずれかにおいて、その文化と伝統を尊重した活動を行っている
C	事業を行う地域あるいは主要な原材料を生産する地域のいずれかにおいて、その文化と伝統を学んでいる
D	未着手である

　企業が事業を行う地域には、その地に根ざしたさまざまな文化や伝統が宿っています。たとえ事業の内容がそうした文化や伝統と直接的に関係があるものでなくとも、企業の経営活動が地域の文化や伝統を支援し、活性化の手助けをし、未来へとつながる状況を生み出す努力を行えば、地域からの企業への信頼、評価にもつながります。また、地域の文化や伝統をサステナブルに発展させる原動力となり、良い循環を生みます。

　目指すべきAレベルは、事業を行う地域、主要な原材料を生産する地域において、文化と伝統に関して住民との対話を重んじている、とあります。この住民との対話とは、地域で文化や伝統に関して活動を行っている団体や組織の活動に働きかけ、社員がそれらの活動に参加し、積極的に学び、意見交換をする。さらにはその文化や伝統が抱えている課題についてヒアリングし、それを社内にフィードバックし、解決する手立てを検討するなどの活動を意味します。

　事業を行う地域に加えて、主要な原材料を生産する地域に根ざしている文化や伝統に関しても理解を深め、尊重するという姿勢に至ると、A＋レベルに達します。その地域が海外の場合、たとえば先住民族の居住地である場合などは、とりわけ企業側が、積極的に理解し尊重する努力を必要とします。地域の文化や伝統は長い時間をかけて培われてきたものであり、企業経営の価値観とは異

なる世界観であることも少なくありません。

しかし、それを敬い、尊重する姿勢を始め、コミュニケーションを取り続けることが大切です。いずれその地域の宿している知恵や精神性から、企業経営に生かせる創造力や新しい発想、イノベーションのきっかけが生まれることも期待できるからです。

事業を行う地域および主要な原材料を生産する地域において、文化や伝統を尊重するだけでなく企業の事業がそれらを強化し、未来につなげていくことができると、グローバルな基準で高く評価されるSレベルに達します。

伝統文化や地場産業の場合、経営の困難さや後継者不足など、世界中で問題は山積しています。フランスやイタリアでは、21世紀に入ってから衰退しかけた伝統産業が、ラグジュアリーブランドの支援を受けて、再生の兆しを見せています。こうしたラグジュアリーブランドは、資金的な支援のみならず、それぞれの国を代表する文化や伝統に対して深い理解や尊重の姿勢を表す事業展開をしている点が優れています。また文化や伝統の要素を自らの事業コンテンツに応用して、ビジネスとして成長させている点も見逃せません。

地域の文化や伝統を尊重する姿勢を示すことは大切なことです。しかし、それだけであれば、Bレベルという評価になります。また、社員に対して、地域の文化や伝統を学ぶよう働きかけている段階は、Cレベルです。いっさい文化と伝統に配慮がないということであれば、Dレベルと評価されます。しかし、これらのレベルは少しずつでも改善されていくことで、長期的に見れば、必ずや企業の存在価値の質を上げることにつながるでしょう。

地域の文化や伝統を尊重することは、時間をかけて取り組めば、結果として企業の経営、社員の教養、人々のモチベーションアップなどにつながるインスピレーションを得られます。事業のイノベーションに欠かせない新しい価値観やビジョンの創出には、文化や伝統に触れることから得るインスピレーションや刺激が大いに役立つものです。

地域の伝統や文化と交流を図った結果、文化や伝統からのエッセンスを取り込んだ新たな事業が実現すれば、「地域に根ざした経営」ならではの豊かな成果を得られると思われます。 　　　　　　　　　　　　　　　　　　　　（生駒芳子）

6 ② 事業を行っている地域からの雇用を推進している

S	さまざまなステークホルダーと協働して地域の人材の育成・能力強化を推進している
A+	地域の人材の育成・能力強化に力を入れている
A	優先枠を設けて地域の人々を幹部に登用している
B	優先枠を設けて地域の人々を採用している
C	地域の人々の雇用を増やしている
D	未着手である

　事業活動を行うためには、雇用の確保が必須です。その場合、従業員の生活基盤を大切にし、地域の活性化を考えて、事業所の所在地域から人材を雇用するという視点が重要です。事業を行う地域からの雇用を考えるとき、中小企業は、その地域で従業員を雇用して企業活動を行っている場合が一般的です。そこでここでは、主に大企業が抱える課題に焦点を合わせて見ていきましょう。

　昨今、人的資本経営の考え方が企業に広がってきました。これは人材を「資本」として捉え、その価値を最大限に引き出すことで、「中長期的な企業価値向上につなげる経営のあり方」のことを指します[73]。従業員が仕事だけでなく、地域での暮らしを通じてウェルビーイングを高められる支援を行うことにより、ワークエンゲージメントが向上するとする考え方が一層、重要になるでしょう。さらに、生活の基盤である地域を従業員やあらゆるステークホルダーと共創していく視点も、持続可能な地域社会を形成するうえで不可欠です。

　コロナ禍を経て地方移住が一定程度は広がりましたが、実際には企業の東京一極集中が再び広がっていると指摘されています[74]。2050年までの「地域別将来推計人口」では、地方の人口減少と高齢化が同時並行で加速度的に進行する一方で、東京への一極集中が一層深刻化すると予想されています[75]。

　このような一極集中に対して、自然災害やテロなどからのリスク分散として

事業継続計画（Business Continuity Plan：BCP）の策定が各企業で進み[76]、地方に本社を含めた機能移転の動きが広がっています。

　このように企業が地方に機能移転する場合にも地域社会の一員として、地域からの雇用を推進し地域活性化に貢献する必要があります。その対象は、現在居住している人々をはじめ、地域の出身者やUターン組、Iターン組と呼ばれる移住者も含めて、地域にゆかりのある人々を積極的に雇用することが期待されます。優先枠を設けるのみならず、幹部や経営者にも、地域の人々を登用し、そうした流れが恒常化するように地域の人々に対して働きかけ、能力を高める機会も設けることが求められているわけです。

　このような状況から大企業に対しては、地域の人材の育成・能力強化に力を入れて目指すことをA＋レベルに設定しました。従業員の人材育成や能力強化のためにリスキリングの機会を設定したり、あるいは、地域でのボランティアを推奨して地域とのつながりを創ったりすることも、企業市民として重要な役割です。

　また、従業員以外の地域人材に対しては、イベントの開催や公開講座などの学びの場を提供することも有益です。さらにSレベルには、さまざまなステークホルダーと協働して地域の人材育成・能力強化の推進を掲げています。

　地方では特に、人口減少による人材不足など固有の課題もありますが、企業が持つ技術を生かして地域のステークホルダーと共創し、DXやGXを推進し雇用のミスマッチをなくすことや、女性や障害者、高齢者が働きやすい環境を整えること、そして、地域の教育機関とつながりながら、学びの場を提供する積極的な役割も期待されています。Sレベルを視野に入れながら、企業が持つ資源を地域社会に還元できるように一つずつ取り組んでいきましょう。

（柿野成美）

---

73 経済産業省、人的資本経営〈https://www.meti.go.jp/policy/economy/jinteki_shihon/index.html〉2024.2.29閲覧

74 日本経済新聞（2023年1月30日更新）、人口の東京一極集中が再加速　22道県は流出拡大〈https://www.nikkei.com/article/DGXZQOUA300JW0Q3A130C2000000/〉2024.2.29参照

75 国立社会保障・人口問題研究所『日本の地域別日本の地域別将来推計人口（令和5（2023）年推計）』令和5年12月22日公表資料

76 企業が自然災害、大火災、テロ攻撃などの緊急事態に遭遇した場合において、事業資産の損害を最小限にとどめつつ、中核となる事業の継続あるいは早期復旧を可能とするために、平常時に行うべき活動や緊急時における事業継続のための方法、手段などを取り決めておく計画

6 ③ 事業を行っている地域からの調達を推進している

S	すべての原材料を地域から調達できるよう、地域での原材料生産にも協力している
A+	すべての原材料について、できる限り地域から調達している
A	主要な原材料は、基本的に地域から調達している
B	原材料のうち、地域から調達するものを増やしている
C	どのような原材料を地域から調達できるか調査している
D	未着手である

　主要な原材料は、地域から調達することを基本とする考え方です。グローバル化が進み、原材料を全て国内で調達するのは困難な側面もあります。しかし、可能な業種においては全ての原材料を地域から調達、さらには地域において材料を生産することを理想として目指します。地域からの調達がむずかしい場合には、その理由を説明する必要があります。

　原材料とは、原料と材料を合わせたものであり、原料は製品が完成したときに原型をとどめていないものを指します。たとえば、小麦（原料）→パン（製品）、綿花（原料）→布（材料）→服（製品）といった関係です。サプライチェーンが細分化・分断される傾向にあるため、事業のなかでどのような原料や材料を扱っているのか、それを地域でどの程度、調達できるのかを調査することから始めることが重要です。

　昨今の社会経済環境を振り返ると、ロシアのウクライナ侵攻などの地政学リスクが高まり、原材料調達が不透明性を持つようになっています。原材料が輸入できなくなると、国内の生産がストップしてしまうリスクを抱えています[77]。

　また、私たちの暮らしのなかでも、円安により原材料の価格高騰が続き、商品価格転嫁につながっていることを肌で感じます。このような状況だからこそ、企業は可能な限り国内さらにはその地域での調達を第一に目指し、持続可能な

調達を実現する必要性が高まっていると言えます。

　ここで私たちの食生活に目を向けてみましょう。わが国の食料供給に対する国内生産の割合を示す指標である「食料自給率」[78]は現在38％であり、過去から比較して減少傾向にあり、先進国においても最低水準です。農林水産省では小麦価格などの上昇には、「食品原材料調達リスク軽減対策事業」として、国内生産者に助成事業を行っています。

　たとえば、原材料調達先の多角化として、クッキーを作る場合に輸入小麦から国産の米粉や小麦に変更をしたり、原材料の引き受け量拡大に対応できるよう収穫機械の貸与など食品製造事業者など、産地の連携強化をする支援を実施しています[79]。食に限らず、原料の多くを海外に依存しているわが国の生産体制を改めて根本から見直し、地域における持続可能な生産について考える必要があります。

　では、具体的に私たちは不透明で変化の激しい時代にあって、どのような活動を目指していくべきでしょうか。

　第一段階として目指すべきAレベルは、「主要な原材料は基本的に地域から調達している」としました。主要な原材料と言っても業種によっては困難な場合もありますが、まずはここから検討しましょう。

　農林水産省の取り組みで述べたように、他の材料で代替できないかといった検討も必要となってくるでしょう。また、A＋レベルには、「全ての原材料については、できる限り地域から調達している」ことを目標としました。段階的に原材料の数を増やしていく考え方です。最も高いSレベルには、「全ての原材料を地域から調達できるよう、地域の原材料生産にも協力している」と設定しています。

　現実的には、その地域内で必要な原材料を調達することがむずかしい場合もあると思います。そのときは、地域で原材料を生産するための事業を興したり、小規模事業者と協業したりして原材料の生産量の安定確保に努めることが重要です。地域からの調達を通じて、持続可能な地域社会の発展に対して、企業として貢献をしていく視点がこれからは欠かせないものです。　　　　（柿野成美）

77 中島隆志（2024）「わが国製造業企業の海外事業展開に関する調査報告─2023年度 海外直接投資アンケート 調査結果（第35回）─」『海外投融資』2024年1月号、P66～72、（一財）海外投融資情報財団.

78 一般的に用いられる食料自給率はカロリーベースで基礎的な栄養価であるエネルギー（カロリー）に着目して、国民に供給される熱量（総供給熱量）に対する国内生産の割合を示す指標

79 農林水産省、令和5年度補正予算「食品原材料調達リスク軽減対策事業」について〈https://www.maff.go.jp/j/shokusan/sanki/soumu/r5_zairyou_tyoutatu_risukukeigen.html〉2024.2.29閲覧

6 ④ 地域での生産を推進している

S	地域を発展させるために生産を興し、多様な生産を行うことで地域経済の強化に貢献にしている
A+	単純な生産・加工にとどめず、地域での付加価値の創造を増やしている
A	地域の経済発展に寄与することを目指し、地域で持続的な生産を強化している
B	地域で持続的に生産を行う方針を持っている
C	地域での生産を維持してきている
D	未着手である

　地域の経済発展に寄与することを目指して、地域での生産を持続的に行うことが期待されます。生産・加工にとどまらず、地域での付加価値の創造や地域経済を強化し、長期にわたって生産が継続する工夫が望まれます。

　地域での生産の中心は、中小企業がほとんどです。経営者の創業の理念に基づいて、あるいは新たな時代の変化に対応して、地域でさまざまな事業を展開してきています。その場合、漫然と自社の利益追求のために生産活動を継続しているというだけでは、課題意識は不十分です。この段階が、地域での生産を維持してきているというCレベルに該当します。大企業が地域に生産拠点の一部を置くようになった場合、地域社会への配慮が十分でない場合には、最も低いDレベルの未着手であると言えるでしょう。大企業も中小企業も地域での生産をもう一歩進めるためには、地域で持続的に生産を行う方針を持っているというBレベルの段階に進む必要があります。

　持続的に生産を行うためには、社会経済環境の変化を踏まえて企業独自の戦略が必要であり、企業の強みと弱みを分析し、地域での生産活動の方針を策定するべきです。特に地域における持続的な生産には、地方でもっとも大きな問題になっている「人手不足」への明確な対応が必要です。

　たとえば、地方では女性労働力の増加余地が大きいことが指摘されており[80]、

「年収の壁」[81]を超えて、女性が各自の個性や能力を活かした働きやすい制度設計や、伝統的な慣習の見直し、男性労働者の家事育児参加率の増加など、地域の企業レベルでの方針および具体的な取り組みが求められます。

　また、地域全体のウェルビーイングを高める意味でも、障害者雇用についての方針も明確にする必要があります。2021年には障害者差別解消法が改正され、2024年4月からは、事業者による障害者への合理的配慮が義務化されます[82]。障害者雇用の法定雇用率もさらに上がる傾向にあるため、大企業に限らず中小企業においても障害者が能力を発揮できるような仕事の仕組みを考えるなど、積極的に取り組む必要があります。

　上記の内容などを含む独自の方針が策定できたら、それを実行に移します。この段階が地域の経済発展に寄与することを目指し、地域で持続的な生産を強化しているAレベルになります。魅力的な地域を企業の生産を通じて実現することができれば、地方が抱える人口減少問題の解決につながり、労働者一人ひとりのウェルビーイングが実現するとともに、地域の持続可能性も高まります。さらにその先には、単純な生産・加工にとどめず、地域での付加価値の創造を増やしているA＋レベルの段階があります。

　改めて自社の地域における生産活動を振り返ってみると、ほかにはない強みがあるはずです。地産地消を進めたい消費者には、地域での生産物をサステナブルでエシカルな価値やストーリーをのせて発信することで、需要拡大につながります。また、地域の文化的資源とコラボすることで、観光人口を増やし、地域活性化につなげることも可能です。

　最終的な目標は、地域を発展させるために生産を興し、多様な生産を行うことで地域経済の強化に貢献しているSレベルになります。一企業で進めるだけではなく、行政機関やほかの企業やNPOなど地域の多様なステークホルダーと対話を重ね、地域目線で新たな価値を創造し、ビジネスを展開していくことが重要です。このような段階に至ると、企業は地域にとって欠かせない存在となり、持続可能なビジネスとなるでしょう。

（柿野成美）

80　内閣府政策統括官（経済財政分析担当）『地域の経済2023—地域における人手不足問題の現状と課題—』令和5年12月〈https://www5.cao.go.jp/j-j/cr/cr23/pdf/zentai.pdf〉2024.2.29閲覧

81　会社員の配偶者で一定の収入に満たない者は、被扶養者（第3号被保険者）として社会保険料を負担しないが、収入が増加して一定の水準を超えると、社会保険料負担の発生などにより、手取り収入が減少する。これを回避する目的で、就業時間を抑制する行動（就業調整）が生じており、社会保険料負担などが生じる収入基準（年収換算で106万円や130万円）が、いわゆる「年収の壁」と呼ばれている

82　内閣府「障害者差別解消法」〈https://www8.cao.go.jp/shougai/suishin/sabekai.html〉2024.2.29閲覧

6 ⑤ 地域の課題解決に貢献している

S	地域社会の課題解決において、ステークホルダーとの連携を率先して行い、多くの問題を解決している
A+	地域社会の課題解決にあたって、リーダーシップを発揮している
A	地域社会の一員として課題解決に参加する方針を持ち、定期的な地域社会との対話の基に課題解決に取り組んでいる
B	地域社会の課題を把握し、課題解決に参加している
C	地域社会への社会貢献活動をいくつか行っている
D	未着手である

　ほかの項目でも触れてきたように、2015年9月に国連において採択された「持続可能な開発のための2030アジェンダ」に、複数の課題の統合的解決を目指すSDGs（Sustainable Development Goals）があります。このSDG sが策定されたことで、世界が抱える地域課題が環境・社会・経済の3軸から捉えられるようになりました[83]。

　わが国では、GHGの大幅排出削減や資源の有効利用、森林・里地里山の荒廃、野生鳥獣被害、生物多様性の保全などが「環境課題」に含まれます。少子高齢化・人口減少、働き方改革、大規模災害の備えなどが「社会課題」とされ、地域経済の疲弊、新興国との国際競争、AIやIoTなどの技術革新への対応などが「経済課題」に認識されています。

　都市にも、地方にも、それぞれの地域の課題が山積するなか、わが国の環境基本計画[84]では、それぞれの地域が主体的に自ら課題を解決し続け、得意な分野でお互いに支え合うネットワークを形成していくことで、地域も国全体も持続可能にしていく自律・分散型社会を目指しています。

　これは地域の環境・社会・経済の課題を同時解決する事業を生み出すことから「ローカルSDGs」とも呼ばれ、これがAレベルとなります。各地域の多様な資源の強みを活かし、補完し合いながら環境・社会・経済の統合的向上を具

体化しようとするもので、「地域循環共生圏」の創造が目指すべき社会の姿とされています。これにより、将来にわたり質の高い生活をもたらす「新たな成長」につなげ、都市部の資金・人材などの提供を農山漁村へ、地方の自然資本や生態系サービスを都市部へ供給できるように、地域資源を持続可能な形で最大活用しようとするものです。循環共生型の環境・生命文明社会の実現につながるように、幅広い関係者と対話・連携を行い、信頼資本を築くパートナーシップの充実・強化が重視されることで、A＋レベル、Sレベルへと向かえます。

これらの実現のためには、分野横断的な取り組みが要諦となります。経団連が発行する「企業行動憲章」[85]には、「良き企業市民として積極的にその発展に貢献する」行動原則が記されています。従業員の社会参加支援を行うことが、社会や個人の幸福や健全さに寄与するウェルビーイングの向上に貢献し、同時に多様なステークホルダーとの新たな価値共創へと関係性を深耕することにより、発展的持続可能な成長の可能性が高まるとするものです。

20世紀末には、企業の経営者は個人としての高い倫理観を持たなければならないという経済同友会白書[86]が出されました。環境問題に積極的に取り組んだり、顧客に十分な配慮をしたり、良好な労使関係の維持・確立に努めることは、企業が「よき企業市民」として社会に認知される不可欠の要件であるにも関わらず、しばしば資本効率を低下させるとされるのは、あまりに物事の一面だけしか考えない議論であると一蹴しています。

「よき企業市民」たり得なくして「資本効率重視経営」は正当化できず、企業経営者は常に、ステークホルダー（利害関係者）への配慮と資本効率とのバランスを心がけることが大切であるとしていました。戦後間もなく経済の再建を担う経営者は企業の日常行動において、率先して健康かつ清潔簡素な生活秩序を確立しなくてはならないとしました。それにともない時代にあった「新生活運動」が提唱されました。

このような諸先輩の行動に思いを致し、それを後世に正しく伝えていかなければならないとしているのです。21世紀になり、地球は多様な危機状況にあり、再び、後世に何を残すことができるのか、地域の課題解決は、まずその地域における人と人との真摯な対話から始まると言えるでしょう。　（薄羽美江）

83 ストックホルムレジリエンスセンター
84 環境省 第5次環境基本計画
85 一般社団法人日本経済団体連合会「企業行動憲章 実行の手引き」第9版改訂
86 公益社団法人経済同友会第13回企業白書

廃業危機から「地域から求められる会社」へ変身

石坂産業株式会社代表取締役 **石坂典子**

石坂産業（埼玉県三芳町）は、創業57周年を迎えた産業廃棄物中間処理会社です。SDGsという言葉のない時代から、ある企業の廃棄物を、別の企業の資源として再生してきました。世界ではほとんどが埋め立てされている建設系廃棄物の再資源化に取り組み、減量化・再資源化率98％を達成しています。

ところが1999年、「所沢ダイオキシン問題」と呼ばれるニュース番組の誤報による風評被害で、地域から大バッシングにあいました。廃業も覚悟し、生き残るために、建てたばかりの最新鋭のダイオキシン対策炉を廃炉にし、全天候型独立総合リサイクル工場に建て替えました。地域に愛される会社になるため、地域の文化と伝統も学びました。

三富新田の里山が蘇り、地域と共存する経済圏モデルに

ところで、当社の周辺は江戸時代から330年続く三富新田という集落です。下草まで日が差し込む美しい里山のはずが、手入れが行き届かずうっそうとして、不法投棄が繰り返されていました。本来の姿を取り戻そうと10年がかりで美しい里山に再生すると、絶滅危惧種の植物など1300種類以上の動植物の生物多様性が復活。2012年に生物多様性JHEP認証で最高ランクAAAに、翌年には埼玉県で唯一の環境省の「体験の機会の場」に認定され、環境教育フィールド「三富今昔村」が誕生したのです。

世界農業遺産「武蔵野の落ち葉堆肥農法」継承や農家の後継者不足も地域の課題でした。後継者のいない農地を借り、有機JASとGlobalG.A.P.の認証を受けて落ち葉堆肥農法を継承し、あらゆる生物を育む土の大切さも伝えています。

私たちは廃棄物処理業界のネガティブなイメージを変えたいと夢見てきたのですが、誰も来ないと言われた工場見学や里山に、今は年間6万人が訪れ、海外50カ国以上から視察が来ます。かつて反対運動をしていた地域住民も、公道清掃ボランティアに一緒に参加してくれるまでになりました。

経営者も社員もほとんどが地域で暮らし、夫婦や親子で働く社員もいます。必要ではあるが自分の居住地には建設しないでほしいと言われる廃棄物処理施設が中心となり、地域と共生する一つの小さな経済圏モデルと考えてもらえるまでになったのです。

枯渇性資源を掘り尽くすのではなく、すでに地表にあるものを循環利用することが必要です。ビジョンとして掲げる「Zero Waste Design」（ゴミにならない素材開発・構造設計）が社会実装され、未来の世代に持続可能を越え再生された地球環境を残すことを目指していますが、その夢が実際に実り始めています。

「地域を想う企業」と「企業を支える地域」の実現を

studio-L代表 **山崎 亮**

　ある地域で企業が事業を行う場合、「それが地域のためになるものだといいよね」という認識は、かなり多くの人たちに広がりつつあると思います。一方、「ただ実際はね」と実現の困難さを指摘する声も聞かれます。地域の伝統や文化を尊重し、地域人材を雇用し、地域の材料を調達し、地域で生産しつつ、地域の課題解決に貢献する企業は、文句なしに「良い企業」です。それならすぐにでも実行すればいいのですが、動こうとすると、どうしても「ただ実際はね」という話になります。

地域への誇りは伝統や文化を通して生まれてくるもの

　これを逆の立場から見てみましょう。地域で生活する人たちから見ると、企業が自分たちの伝統や文化を尊重し、人材を雇用し、材料を調達し、地域で生産してくれて、地域課題の解決にも貢献してくれるわけです。そうすると、伝統や文化を通じて地域の誇りが維持され、人と人のつながりも醸成されます。子どもたちが成長しても働く場所があり、安心してUターンやIターンができることにもなります。

　ものづくりに地域で携わっている人たちは、自分が生産したものを買い取ってくれる企業がいることになりますし、生産過程の一部を担うこともできそうです。そのうえで、地域の課題解決に向けて一緒に取り組んでくれる企業でもあるわけです。こうした企業がいくつか存在する地域は、きっと地域の誇りを持ち続けながら、日々の仕事に携わり、企業と住民のつながりのなかで地域課題を乗り越えていけるようになるでしょう。

　さて、立場を戻してみましょう。自分が事業を進める地域が以上のような地域であれば、企業にとっては操業の持続性が担保されます。地域外で学んだ若い人が戻ってきて地域の企業で働いてくれる、あるいは材料を供給してくれる、生産の一部を担当してくれる、そんな協働仲間が信頼できるつながりで結びついていて、地域の課題解決に取り組むことができるというわけです。

　そうなれば、起業したいという若者に対して、「うちの地域で起業すればいいよ」と、本気で勧められます。信頼できる取引先企業を誘致することもできます。それによって、企業の従業員は、幸せな地域で暮らすことができるのです。

　そんな地域が日本中に出現することを願っています。

7 適正な経営を行っている

商品だけでなく自らもエシカルに

　この大項目は、ほかの七つの大項目とは大きく性格が異なります。ほかはいずれも企業（組織）の外に対して行うべき配慮であるのに対して、この大項目は自身に関するものであり、自分たちがどうあるべきかを問うものだからです。

　一般にエシカルな商品は、環境やサプライチェーンで働く人々に対して適切な配慮がなされているということが特徴となっていて、自社について説明している場合は少ないようです。けれども、販売している商品はエシカルであっても社内はエシカルではない、ブラックだというのでは笑えない冗談になってしまいます。それでは組織の存続も危ぶまれますし、せっかくのエシカルな商品の販売も拡大せず、そうした事業が社会をエシカルにしていく力は持ち得ないでしょう。ですので、エシカルな商品を世の中にもっと広めるために、そしてそのことを通じて社会全体をエシカルにするために、ぜひこの大項目を参考に適切な経営を行っていただきたいと思います。

　このことには、もう一つ実務的に重要な意味があります。最近、一部の商品だけがエシカルであることは、エシカルを標榜したウォッシュであると批判されるリスクがあるのです。もちろん最初から全ての商品やサービスをエシカルにすることはむずかしいかもしれません。だからこそ、全社的にエシカルを目指した経営を行っており、最終的にはすべての商品やサービスをエシカルにすることを目指していることを公表することが重要なのです。商品を売らんがためだけのエシカルであれば、それはただのプロモーション戦略でしかありません。それはもちろん、これからの社会やエシカルな消費者が求めるところではないでしょう。

　そもそもなぜ企業が「適正な経営」を求められているのでしょうか。その最大の理由は、企業活動がますます大規模になり、環境や社会、そして人々の暮らしや価値感に大きな影響を与えるようになってきたからです。大規模に企業活動を行っていればいるほど、経営判断の一つひとつが環境や社会に対して大きな影響をおよぼすことになります。自社の利益のためだけはもちろん、消費

者の求めに応じて快適な商品やサービスを提供すればいいという時代はもう終わったのです。代わりに、企業はその影響力に見合った責任を有し、責任ある行動を取るべきであると考えられるようになったのです。これは21世紀初め頃から興隆した考え方で、「企業の社会的な責任」(CSR：Corporate Social Responsibility)と呼ばれます。CSRというと日本では社会貢献活動だと捉えられることも多いのですが、本来はそれとは全く逆です。その影響力の大きさに鑑み、法律を超えて企業が社会に対して果たすべき責任であり、エシカルとも親和性が高い考え方です。

そうした企業に期待される内容、規模、範囲は、いまやどんどんと拡大しています。これを逆手に取り、10年ぐらい前からはむしろ社会的課題を解決することをビジネスにしていこうと、CSV (Creating Shared Values、共通価値の創造)を目指す企業も増えています。さらに2015年に国連でSDGs (Sustainable Development Goals、持続可能な開発目標)が策定されると、サステナビリティを目指す経営を行ってSDGsの達成に貢献しようという企業も増えています。

これらはいずれも「適正な経営」と目指す方向性を同じくするものですが、企業として何をどこまで行うべきかが明確に定められているわけではありません。そこでエシカル基準ではこの「7 適正な経営を行っている」の中に、エシカルの観点から経営上、しっかりと考えてもらいたいことを七つにまとめました。ほかの基準や指標に含まれていない項目もありますが、エシカルという意味ではいずれも重要と考えられるものばかりです。「紛争や暴力の助長に加担しない」(7-3)や「納税は適切に行い、利益を社会に還元している」(7-6)などはごく当たり前のことで、自社では当然できていると思う方も多いでしょう。しかし、よく考えると意外な盲点があったり、何をどこまで考え、行動したらいいのか、曖昧なこともあるかもしれません。

そもそもエシカルは法律やルールで定められたことを行えばいいというものではありません。個人として、組織として、どのような価値観を持ち、それにしたがって行動していくのかということなのです。この基準を参考に、社内で活発に議論が行われ、自分たちはどのような価値観のもとに何を目指すのか、明確にされることを期待しています。消費者も、そうした企業と価値観を見て、商品やサービスの購入を決める時代なのです。 (足立直樹)

7 ① 自社のエシカル化を推進している

S	エシカルな社会を作ることが事業の目的で、全ての事業がそこに向かっている
A+	社是などがエシカルで、それにそった経営を行っている
A	エシカルな経営を行う基本方針を定め、本エシカル基準に照らし合わせて進捗を定期的に確認している
B	エシカルな商品やサービスを提供するだけでなく、全社的にエシカルを目指そうとしている
C	全てではないが、一部でエシカルな商品やサービスを提供している
D	未着手である

　エシカル消費を志向する消費者が増えるにつれて、企業もそれに対応してエシカルな商品やサービスを提供するところが増えてきました。もちろん、これは歓迎すべきことですが、一部の商品やサービスのみエシカルにするのは、会社全体やブランドがエシカルであるとの誤解を招く行為（「エシカル広告とウォッシュ」第2章13を参照）になりかねません。また何よりエシカルな行動を社会全体に広めていくためには、企業は全ての商品やサービスがエシカルなものになることを目指す必要があります。しかし、商品やサービスだけがエシカルでも、職場や働き方などがエシカルでなければ困ります。当然ですが、自社の経営や事業のあり方全てをエシカルにすることが望まれます。

　さらに、企業はそもそも何のために存在するのかと考えると、便利な商品やサービスを提供して人々の生活や社会をより良くすることがまず挙げられますが、雇用の機会を創出したり、新たなイノベーションをもたらして社会の仕組みやあり方を変えるという役割も果たせるでしょう。つまり、企業には自らがエシカルになるだけでなく、社会全体をエシカルにする力もあるのです。

　本当にそんな企業があるのかと思われるかもしれませんが、有名な例がアウトドア用品メーカーのパタゴニアです。もともとパタゴニアはロッククライミング愛好家が、自分たちが使う登山道具のハーケンなどを作るために1970年に

始めた会社です。しかし、岩山への影響を考慮し、1972年にはクリーンクライミングという新しいスタイルを提唱し、主要な製品であったハーケンの製造も大幅に縮小します。その後は、丈夫なアウトドアウェアなどで人気となりますが、原料であるコットンが作られる過程で大量の農薬や水が使われ大きな環境破壊を起こしていることに衝撃を受け、1996年には使用するコットンを全てオーガニックなものに切り替えました。このほかにも、自社の事業の影響を常に確認し、環境や人に悪影響を与えている場合には、たとえ余計にコストがかかったとしても、それをゼロに近づけることを繰り返してきました[87]。そして2018年にはミッション・ステートメントを「私たちは、故郷である地球を救うためにビジネスを営む」に変更し、環境を守るために事業をするのだと言い切ったのです。

　多くの企業が社会への貢献を事業の目標やパーパスとして掲げていますが、それが額に入れられた美しい標語で終わらないためには、そのことを段階を追って確実に進めていく必要があります。そのステップを具体的に示しているのが、この基準と言えます。私たちが全ての企業に目指して欲しいのは、自分たちがエシカルな経営を行うために基本方針を明確に定め、それにしたがって日々行動することです。Aレベルは、それができているかどうか、また前進しているかどうかをこのエシカル基準を利用して定期的に確認しているという状態です。一方で、たとえエシカルな商品やサービスを提供していても、事業全体の一部でしかないとすれば、それはまだCレベルです。その範囲を次第に広げ、さらにはエシカルな商品やサービスを提供するだけでなく、全社的にエシカルになることを目指しているのがBレベルです。そして、その企業がもっとも大切にする方針や考え方である社是などがエシカルな経営を行うことで、実際にそうした経営が行われているのであればA＋レベルと言えるでしょう。さらには、自社だけでなく社会全体をエシカルにしていくことを目指しており、そのために事業を行っていればSレベルに相当すると考えられます。

　パタゴニアはまさにそのような例です。最近では、社会や環境に配慮した公益性の高い企業に対する国際的な認証制度としてBコーポレーション（B Corporation／B Corpと略すことも。P124参照）があります。こうした認証制度を活用して、自社の状況を確認したり、改善する手法も有効です。　　　（足立直樹）

---

87 企業の責任とパタゴニアの歩み https://www.patagonia.jp/our-footprint/corporate-social-responsibility-history.html 2024.5.1閲覧

7 ② 公益通報者を保護している

S	経営が率先して不正を見逃さないことを宣言し、あらゆる問題が社内でオープンに議論、解決されている
A+	独立性の高い内部通報窓口を持ち、過去5年間通報者の不利益は生じておらず、問題は適切に解決されたことが公開されている
A	公益通報者保護法を遵守し、それに沿った保護制度があり、過去3年間の数値が公開されており、通報者の不利益は生じていない
B	保護制度はあるが、通知件数などが公開されていない
C	公益通報者を保護する必要を社内に周知している
D	未着手である

　公益とは社会全般の利益を指します。公益通報は、個人のみならず社会全体の向上につながる場合も多々あります。世界には公益を目的の一つとした象徴的な内部告発事例もあり、さまざまな区分が存在します。しかし、どの社会区分に利益が出ることを公益と呼ぶかを厳密に定義することは、それぞれの立場や内情により異なるため困難です。それゆえ、公益は社会を俯瞰したうえで見極める必要があります。

　このエシカル基準で取り上げている公益通報は、社会的・政治的なものではなく、企業における内部通報を主たる対象にしています。社内の公益通報者を適切に保護すること、社内のあらゆるレベルにおいて不正が起きないようにし、また問題につながりそうな事案があった場合には、それを社内でオープンに議論し、ともに解決していくことが望まれます。

　公益のためになされる通報は正当な行為であり、不利益な取り扱いから保護されなくてはなりません。結果的に企業にとっても、自社の価値や社会的信用を守るために役立ちます。

　公益通報者保護法[88]は、公益通報を行った本人を保護する法律です。この法律によれば、「公益通報」とは企業などの事業者による法令違反行為や不正行為といった違法行為を、労働者・退職者・役員が不正の目的ではなく、組織の

通報窓口の従事者、行政機関や報道機関などに通報することを指します。

　通報には事業者の内部に対して通報する「内部通報」、行政機関や報道機関へ通報する「行政通報」、消費者団体などの外部の第三者に対して通報する「外部通報」などがあります。「従事者」とは内部通報に応じて適切に対応する担当者のことで、「通報者」を特定させる事項（公益通報者の探索）をする者を言います[89]。具体的には、内部通報受付窓口の担当者や責任者が該当します。

　従事者は公共通報者を特定する情報の守秘義務を有し、それに違反した場合は刑事罰の対象となります。また、事業者の労働者や役員が公益通報者の探索を行った場合は、懲戒処分などの措置が科されます。公益通報者保護法では、事業者が公益通報をしたことを理由に公益通報者に対し、解雇、減給、降格、退職金の不支給、そのほか不利益な取り扱いをした場合、公益通報者の適切な救済・回復などの保護を定めています。また、事業者は、公益通報によって損害を受けたとして、公益通報者に対して損害賠償を請求することはできません。

　公益のために勇気を出して通報した公益通報者が不利な取り扱いを受ければ、たとえ不正行為に気づいたとしても、見て見ぬふりをする方が賢明ということになってしまいます。また、「公益通報」「内部通報」「内部告発」はそれぞれ意味が違い、法的な保護要件と法的効果が異なります。

　ISO37002（内部通報マネジメントシステム指針）では、2021年、「内部通報」は通報された情報が相当の理由を有する通報者による不正行為の通報と定義されています。「内部告発」とは、外部の第三者に対して、告発者が属する事業者内部に関する不正行為や違法行為を開示することを指します。

　基準のSレベルはあらゆる問題が社内でオープンになっており、健全な経営の理想形と言えるものです。A＋レベルにおける通報内容の公開やAレベルの通報件数の公表は、社内でも理解しやすい取り組みと言えます。また、通報の事実が確認されるまでは、被通報者に根拠のない嫌疑がかけられたり、中傷されることがないように、公益通報者だけでなく被通報者も保護の対象とすべきと思料します。

（中島彰良）

---

88 消費者庁:公益通報者保護法第11条第1項及び第2項の規定に基づき事業者がとるべき措置に関して、その適切かつ有効な実施を図るために必要な指針、令和3年8月20日内閣府告示第118号 https://www.caa.go.jp/notice/assets/consumer_research_cms210_20210819_02.pdf 2024.3.15閲覧
89 デロイトトーマツ: 第1回 内部通報制度とは～日本企業への内部通報制度の浸透度、第2回、第3回、第4回 https://www2.deloitte.com/jp/ja/blog/risk-management/2020/wcms-definition.html 2024.3.15閲覧

7 ③ 紛争や暴力の助長に加担しない

S	紛争と暴力のない平和な社会を構築するために、ビジネスを通じて積極的な貢献を果たしている
A+	結果的であっても、紛争や暴力の助長に加担するようなビジネスは行っていない
A	軍事政権や武装勢力、またそれらにつながりがある組織との取引は行わない方針があり、取引の事実もない（紛争鉱物の不使用など）
B	サプライチェーンにおいて紛争や暴力への加担がないよう確認している
C	自分たちが紛争や暴力の助長に加担しないよう確認している
D	未着手である

　国連（国際連合）は1945年に設立され、日本は1956年に80番目の加盟国となりました。国連が創設されてから、紛争と暴力の性質は大きく変わりました。世界の紛争は犠牲者こそ減少しているものの、各国内の集団間で発生することが多く長引く傾向にあります。また、COVID-19の終末期には国家間の武力闘争である戦争がウクライナ、そしてガザで勃発しています。

　平和な社会の要件としては人や国に脅かされない状況が挙げられますが、戦争は自己防衛という大義により罪を問われません。平和な世界を目指しているはずの人間が、宗教によるもの、民族によるもの、国土によるもの、政治によるものなどさまざまな理由で武装しています。人類が生きていくことのむずかしさが紛争や暴力という姿で露呈されています。そして、企業として紛争や暴力に対する加担の可能性を考え、それらを未然に防ぐための明確な意思を有する必要性が求められています。地球はすでに狭くなっており、どこで何が起ころうともその影響は誰もが被ります。

　日本人として初めて国連難民高等弁務官を務めた緒方貞子さんは、「軍事力を用いて領土を守る」という国家中心の安全保障から、「人間一人ひとりが紛争や災害、感染症などの恐怖、そして食料や教育、医療など生きていくうえで必要なものの欠乏から自由になり、尊厳を持って生きられる社会」という、人

間中心の安全保障の考え方を広めました。

　紛争の最中こそ、人類の安全保障の意義に目を向けるときだと思います。見て見ぬふりをすることは、間接的に暴力に加担することにほかなりません。

　世界経済が必要としている天然資源の多くは最貧国から供給されており、それらは児童労働、弱者労働、性暴力と組織的に結びついています。その対象は、農業、魚業、畜産業、アパレル・布製品、鉱物、雑貨、その他などあらゆる分野に渡ります。サプライチェーン上での暴力の発生や紛争鉱物の使用など、武装勢力への支援につながらないよう配慮することが求められています[90]。

　特に人権侵害などのリスクのある鉱物を使用しないように努める「責任ある鉱物調達」が進められています。紛争鉱物とは、紛争や重大な人権侵害を引き起こす武装勢力や反政府組織の資金源となる鉱物のことです。米国のドッド・フランク法で指定されたコンゴ民主共和国および周辺9カ国で産出されるスズ、タンタル、タングステン、金のいわゆる3TGであり充分な注意が必要です。

　日本には紛争鉱物に関する規制はありませんが、米国のSEC上場企業と取引する場合には、ドッド・フランク法に基づいた手続きが必要です。EUでは、紛争鉱物のみならず、さらに児童労働、強制労働、差別、安全な労働環境、環境リスクなどの人権を理由とした規制が各国で法制化・法案化されています。

　しかし、これらの国の法律が起因となり鉱山から閉め出された武装勢力は、資金源を失ったために細分化し、その数が増加してしまったことで紛争や暴力の脅威が増しました。また、鉱山に近い地域の住民も生活手段を失うなど生活が悪化しています。鉱物取引が透明化されたのは良いことですが、その影響を受けた現地の人々の生計をどのようにして成り立たせるかを考えるべき段階にきています。

　本基準のSレベル、A＋レベルやAレベルは、紛争と暴力のない社会作りに積極的、または結果的に貢献することです。BレベルやCレベルは、すぐに始められます。世界にはさまざまな懸念事項があります。他国の人権状況・問題へのコメント・批判は内政干渉であるとし国際的な人権保障の考えを認めない国もあり、深い暗渠があるようです。国内ではJEITA（電子情報技術産業協会）[91]が「責任ある鉱物調達検討会」を設立するなど対応を進めています。（中島彰良）

---

90 経済産業省:2023年4月4日　責任あるサプライチェーン等における　人権尊重のための実務参照資料（別添1）https://www.meti.go.jp/press/2023/04/20230404002/20230404002-2.pdf 2024.4.20閲覧
91 一般社団法人電子情報技術産業協会（JEITA）:2023年6月30日　責任ある鉱物調達検討会 https://home.jeita.or.jp/mineral/understanding/ 2024.4.20閲覧

7 ④ 自社にとっての重要課題（＝マテリアリティ）を特定し、課題解決に取り組んでいる

S	未定義
A+	社外のステークホルダーと重要課題を特定し、その解決のために協働している
A	専門家を含む社外のステークホルダーと一緒に重要課題を特定し、公開している
B	重要課題を特定し、公開している
C	重要課題を特定している最中である
D	未着手である

　企業がそのミッションとパーパスに準じて適正な経営を行い、社会に価値を生み出しているかを判断する際に重要になる概念が、このマテリアリティです。マテリアリティとは「重要性」を意味する英語で、財務用語としても使われてきました。財務情報を基に意思決定する投資家や融資者の判断に影響を与える情報はマテリアル（重要）と言います[92]。

　サステナビリティの注目度が上がるなかで、1990年代以降、NGOや地域市民、消費者・顧客、従業員などの幅広い社会のステークホルダーは、環境経営や女性活躍などの企業の社会的責任（CSR）に注目するようになり、企業に対してCSRに関する多様な情報開示を要求し始めます。

　たとえば、従業員は職場の安全、顧客は製品の安全性や環境負荷、投資家は全社的な環境リスク、地域社会は地元工場の排水データなどです[93]。1990年代には、これらの情報は法定開示ではないため、国際機関や行政機関、ビジネス団体、NGOが自主的開示の枠組みを策定してきました[94]。

　そうしたステークホルダーの異なる議論を踏まえ、2000年に国際NGOのGlobal Reporting Initiative（GRI）が、サステナビリティ情報開示のフレームワークであるGRIガイドラインを発行しました。しかし、その初版は、全てのステークホルダーのニーズを網羅的に反映し、開示項目は総花的で膨大になり

ました。そこで個別企業の社会課題に優先順位をつけて情報開示すべきという議論が起きます。そこで重要視されたのが、マテリアリティです。

　個々の企業のビジネスモデルや、拠点によって企業が直面する社会課題には濃淡があります。たとえば、水資源を多量に使用するが電力使用は小さい企業なら、水資源保護対策のほうが省エネ対策より重要度が高いと考えられます。また、途上国の工場で多数の工員を雇用するが電力消費量は少ない労働集約的事業なら、労働者の人権保護が最優先されるべきでしょう。このように企業は自社の社会課題のマテリアリティを把握し、それに基づき経営戦略に取り込む必要があります。

　先述したGRIでは社会課題とマテリアリティの関係について「報告をする組織にとって、経済・環境・社会に与える著しい影響を反映した『重要（マテリアル）な側面』のこと」[95]と定義しています。

　また、経済産業省の価値創造ガイダンスでは「自社のビジネスモデルの持続可能性にとっての重要性（Materiality）[96]」としています。企業のサステナビリティ経営が広がるなか、消費者も企業の取り組みが単に良いことの羅列ではなく、マテリアリティに沿ったものかどうかという批判的な視点で評価、判断することがますます重要になります。

　マテリアルを公開していればBレベル、専門家を含む社外のステークホルダーと一緒にマテリアリティを特定し、公開していればAレベル、さらに課題解決にまで至ればＡ＋レベルとなります。　　　　　　　　　　　　（河口眞理子）

92 日本取引所グループ（2020）「ESG情報開示実践ハンドブック」p22
93 河口眞理子（1998）「環境報告書」『大和投資資料98.7号』p45
94 後藤俊彦（2003）「新しい企業経営の戦略：情報公開とコミュニケーション」『SRI 社会的責任投資入門』谷本寛治編著 日本経済新聞社 p p272-273
95 サステナビリティ日本フォーラムウェブサイトjapanese-gri-103-management-approach-2016.pdf (globalreporting.org)　よくあるご質問（FAQ）| サステナビリティ日本フォーラム (sustainability-fj.org) 2024.1.30閲覧
96 経済産業省（2017）『価値創造ガイダンス』Guidance_Supplement_Japanese.pdf (meti.go.jp)p12 2024.1.30閲覧

7 ⑤ 政治関与（寄付・ロビーイング）を 行う際には適正に行い、 その情報は開示する

S	政治に働きかけながら、社会のエシカル変革をリードしている
A+	エシカルに社会が変革するよう、積極的に政策提言を行っている
A	政治への関与を適性に行う方針があり、全ての活動を開示している
B	政治への関与は全て開示している
C	政治への寄付は全て開示している
D	未着手である

　企業がより円滑に活動するために、社会状況に応じた法律や政策の策定・改正などを国や自治体に働きかける場合があります。そのこと自体は否定されませんが、政治は個人や社会全体にも影響を与えますので、その関与は自社の利益だけを考えたものではなく、公益性に適うものでなければいけません。

　たとえば最近では、企業グループが気候変動に関する目標やルールを厳しくすることを政府に求めた例があります。これにはそれら企業の競争性を高める効果もありますが、社会全体の持続可能性を目指すものであり、公益に適った働きかけと言えます。社会のエシカル化を進めるためには、一部企業の自主的な努力だけに頼るより、自治体などがエシカル調達などを制度化した方が一気に浸透すると考えられます。企業がそのように政治や行政に働きかけることは、公益に適った政治関与であり、積極的に行いたいところです。

　もちろん、こうした政治関与は、関連する法律や規則に則った合法的なものである必要があります。それを示すためにも、常に透明性の確保が必要です。透明性があれば、それが私利を追うものではなく公益を図ったものであることも検証できますし、ステークホルダーからも理解されやすくなるでしょう。

　企業による政治関与にはさまざまな形態がありますが、大きく分けると寄付（資金提供）、ロビー活動、政治広告、政治活動そのものへの参加があります。

政治家や政党に対して資金提供することは、日本では政治資金規制法で規制されています。企業や労働組合などの団体は、政党と政党が指定する政治資金団体に対してしか寄付ができず、政治家個人、その資金管理団体への寄付は禁じられています。また、政党などへの寄付についても、団体の規模に応じて年間の上限が定められていますし、補助金などを受けている企業、3年以上連続で赤字の企業、外国法人からの寄付は禁止されています。しかし、いくつか抜け穴があることが従来から指摘されており、注意が必要です。

　ロビー活動とは、政治や行政に対してその行動、政策、決定に影響を与えるような活動をすることですが、腐敗が起きないように法律などで規制している国も少なくありません。たとえば、アメリカではロビー活動開示法（Lobbying Disclosure Act）によって、ロビー活動を行う団体や個人（ロビイスト）を登録し、また、収支報告、活動報告を義務づけています。一方、日本ではロビー活動に関する法令がなく、したがってどのような活動が含まれるのか不明確です。当然、報告も求められておらず、透明性が確保されているとは言えない状態です。個人や社会にリスクを負わせたり、不公平な政策を働きかけていないことを示すためにも、企業は自ら意識的に活動内容を報告する必要があります。

　政治広告は、企業が政治的なメッセージや立場を広く知らしめるために行う活動であり、政治に対してのアピールだけでなく、世論を形成するという効果もあります。こうした活動を行う際には、透明性に加えて情報が正確かつ客観的であることが重要です。虚偽の情報を含まないことはもちろん、誤解を招くことがないようにし、広告のスポンサーも明確にしなくてはなりません。

　適正な経営を行う企業（組織）としては、以上のような問題があることを念頭に、適正に、そして透明性を担保したうえで行うことが重要です。具体的には、政治への関与は適正に行うとの方針を持ち、政治関与をすべて開示するのは、すべての組織が目指すべきAレベルです。さらに、社会がよりエシカルになることを目指して、積極的に政策提言などの政治関与を行うようであれば、A＋レベルと言えます。政治に働きかけるだけでなく、自らも社会がエシカルになっていくことをリードしている企業は、レベルSと言えます。

　一方で、特に方針は定めないけれども、どのような政治への働きかけを行っているかを開示している場合にはBレベル、そして寄付についてのみ開示している場合にはCレベルとなります。消費者がエシカルな企業や製品を選ぶためには、企業の政治関与に関する情報も必要なのです。　　　　　　　（足立直樹）

7 ⑥ 納税は適正に行い、 利益を社会に還元している

S	納税を適正に行い、売上の1%以上を寄付などで社会に還元している
A+	租税回避を疑われるような行為は行わず、求められた際には説明をしている
A	適正に納税しているその他にも、利益を社会に還元する方針を持ち実行している
B	適正に納税し、定期的な寄付も行っている
C	適正に納税している
D	未着手である

　企業の納税は適正かつ公正に行われなくてはいけません。企業が適切に納税することは当然ですが、ここで「公正に」とするのは、それが本来的な国家の義務と関連するからです。税制は、国家が担う本質的な機能である社会全体の福祉を実現する原資を確保するための制度です。また、個々人の所得の差によって発生する実質的な不平等を是正するための所得再分配機能も担っています。

　これらの機能を用いて、社会全体の経済の安定化に資するために用意されているのが税制です。つまり、企業は単に納税すれば十分なのではなく、社会全体の福祉、公平性、安定性のために利益を還元するのであり、その一つの形態が納税なのです。納税以前に、利益を社会に還元するという意思、具体的にはそれを方針として持つことが必要なのです（Aレベル）。

　一方で税制が公正であるためには、上記の各機能が適切に働いていることが前提となります。税制政策は、究極的には社会全体の人権が漸進的に実現されるよう設計されていなくてはなりません。不平等や不透明な税制は批判の対象となりますし、関係当事者が適切に参加する形で設けられなければなりません。それを保障するのは国家の義務ですが、納税の大きな部分を担う企業の支出も、この公正さの基準に沿って実施されなくてはなりません。そうした点が満たされて初めて、厳密な意味で「適正な納税」と言えます。

　国家は、しばしば政治的反対派や少数民族などへの弾圧のための権力作用に国家予算を用いることがあります。納税する企業の側も、そうした現地の情勢や仕組みの詳細を把握することが求められます。リベートなどの不正な用途や人権侵害に税金が名目として用いられているような場合、国家への納税は、それ自体が人権侵害への加担行為だと、ほかの諸機関やNGOなどから判断される可能性があります。こうした国内ガバナンスが不十分な場合も考えると、漫然と納税しているだけでは、「適正な納税」を果たしているとは言えません。

　公正な基準に沿った適正な納税であることの説明責任を果たすことが企業にも必要となります。それができない場合、あるいは瑕疵が発生するような場合は、当該国家における事業活動そのものを見直すという選択肢まで含めて、慎重に事業に取り組まなければなりません。

　租税回避のための仕組みを用意している国家への納税も、説明責任を果たしたことにはなりません。本来適正に再配分に回されるべき収入を逃れていることは、それだけで非難に値します。最近は、腐敗防止の観点から金融機関には情報開示の義務が要請されており、租税回避を許容しない傾向が強まっています。そうした国際的な傾向に沿うためにも、国際的な事業を行う企業はA＋のレベルを目指す必要があります。

　納税に加えて定期的に寄付を行うことが求められるBレベルは、納税のみを行うCレベルに比べれば好ましいことです。しかし、企業が行う寄付も、納税と同様に公正さが求められます。企業の活動は否応なく人権、人道上の負荷を発生させます。けれども、企業が寄付をするのはその免罪符ではありません。ましてや、企業のビジネス面での増強を目指すための手段として寄付という制度を用いるのは、看板をかけ変えただけの営業活動でしかありません。企業が寄付を行うのは、社会全体の人権を促進させるための手段であって欲しいと考えます。つまり、適正な納税を果たすだけでなく、加えて人権を保障するための行動に寄付を用いてこそ、企業の説明責任を果たすことができるのです。そしてそれが事業活動に見合った規模の金額であれば、たとえば売上の1％以上であれば、それはSレベルと言うことができるのです。

　この企業の責任は、環境を保護する点でも同じように評価されます。生物多様性や気候変動に関わる人びとの暮らしの保障にどのように貢献したかが、企業の納税や寄付にも反映されていなければなりません。これを人権・社会・環境などの各方面において行っていれば、それは説明責任を果たしている、エシカルな経営だと言えるでしょう。

（寺中誠）

7 人材の多様性（ダイバーシティ）を高める経営を行っている

S	すべての人材における多様性を確保する方針があり、実現している
A+	中核人材における多様性を確保する方針があり、実現している
A	経営層における多様性を確保する方針があり、実現している
B	定量的な目標を設定し、推進のための仕組みを持っている
C	人材の多様性を推進している
D	未着手である

　人材の多様性（ダイバーシティ）は、サステナビリティ経営の中核的課題です。人材の多様性とは、多様な属性（ジェンダー、人種、宗教、身体的特徴など）の人たちを雇用し、それぞれの能力を発揮できるよう、公正に処遇することを指します。

　企業にとってダイバーシティ経営は、従業員のニーズに合わせた人事制度（育休制度、介護休暇制度など）や設備（バリアフリーや外国語対応など）を整える必要があるため短期的にはコストアップになります。しかし、長期的には企業価値向上に寄与すると考えられます。それは、人財ポートフォリオの構築と多様なステークホルダーとの共生の効果があるからです[97]。

　人財ポートフォリオは、日本経済団体連合会が「従業員が相互にさまざまな考え方や価値観を認め合い、刺激を与え合うことが企業にダイナミズムと創造性をもたらす[98]」と指摘してます。スポーツチームであれば、強みと弱みが異なる選手を集め、それぞれの特徴を生かしたチーム作りをすれば選手同士がお互いの弱点をカバーし、得意分野をアシストできる強いチームとなると考えられます。企業もこれと同様です。

　多様なステークホルダーとの共存共生は、グローバル化社会では不可避です。経団連も「競争力強化のためにイノベーションが求められている。イノベーシ

ョンの創出は個々の従業員の能力にかかっており、自ら主体的に考え、行動する人材の育成が重要である[99]」としています。企業成長だけでなく社会課題解決のためにはイノベーションが必要ですが、それは多様なステークホルダーの価値や行動による新たな視点から生み出されます。新たな市場と顧客に対峙するためにも職場の多様性が必須となります。

　一方、働き手の立場からもダイバーシティ経営は重要です。2015年9月に国連総会で採択された（「我々の世界を変革する：持続可能な開発のための2030アジェンダ[100]」）のゴール5「ジェンダー平等を達成しよう」のターゲット5.1では「あらゆる場所における全ての女性及び女子に対するあらゆる形態の差別を撤廃する」としています。

　ゴール8「働きがいも経済成長も」のターゲット8−5では、若者や障害者を含むすべての男性及び女性の働きがいのある雇用、ターゲット8−6では学歴や職歴のない若者の割合を大幅に減らすこと、ターゲット8−8は移住労働者（特に女性）や不安定な非定期雇用の労働者の権利を保護し、安全・安心は労働環境を促進することをそれぞれ掲げています。

　だれ一人取り残さない社会を作るため、企業は多様な人を受け入れ活用する人間らしい仕事を作らなければならず、それは働く人々のウェルビーイングにつながるとともに、企業にとっても企業価値向上の鍵ともなるのです。

　経営における多様性を確保し、実現していればAレベル、全ての人材における多様性の確保が実現すればA＋レベル、Sレベルへと向かえます。

（河口眞理子）

97　河口眞理子（2013）「ダイバーシティ経営：いまだ『女性』が課題の日本企業」『大和総研調査季報』2013年新春号（Vol.9）p 82
98　日本経済団体連合会（2010）「企業行動憲章　実行の手引き（第6版）」p30
99　同上p 34
100　外務省仮訳：https://www.mofa.go.jp/mofaj/files/000101402.pdf　2024.4.10閲覧

「デザイン」と「サステナビリティ」の両立を実現させた未来に向かうファッションブランド

株式会社CFCL

　優れたデザイン性とサステナビリティを両立させるファッションブランドとしてパリコレにも挑戦しているのが、CFCL（Clothing for Contemporary Life）です。その代表であり、クリエイティブディレクターでもある高橋悠介氏のキャリアは、彼自身が最も尊敬していた三宅デザイン事務所へ入社することから始まりました。

　同社で働く10年のなかで、ファッション業界は大きく変化していきます。2013年のラナプラザ崩落事故や、相次ぐ大手企業の過重労働問題など、地球環境の汚染や働く環境に注目が集まるなか、表面のデザインだけでなく、働く環境や経営のあり方までもデザインすることが、真の意味で「かっこいいデザイン」と考えるようになりました。

　新たなブランドを発足するうえで、環境問題・人権問題に取り組むことは、もはや必須条件であると確信します。しかし、立ち上げた当時、サステナブルを掲げるファッションにはクリエイションが足りないと感じていたため、高橋氏はまず、デザインのクオリティを高めることに力を注ぎます。大学時代にコンピュータープログラミングニットに出会い、ゴミがほとんどでないニットのクリエイティブな可能性に気づいたことから、ニットウエアをベースにしたブランドCFCLを立ち上げたのでした。

分業制度が多いアパレル業界内で、見事にB Corp認証を取得

　2020年2月、起業に取りかかった時期にサステナビリティ担当者の提案でB Corp認証の取得を目指し、起業して1年後の2021年5月に申請を開始し、1年2カ月かけて2022年7月に取得しました。最も困難だったことは、明確なエビデンスを提出することでした。

　サプライチェーンに対してヒアリングを行い、生産体制の透明化を図りましたが、分業制度も多いアパレル産業では簡単なことではありません。こうしたことも前向きに捉え、真摯に向き合っています。そのような地道な努力もあり、全品番でLCAを閲覧可能にすることや認証素材の使用比率を毎シーズン伸ばすなど、アップデートをしています。

　エシカルな経営方針としては、労働環境や消費者への配慮も怠らず、週2日のリモート出勤やフレックス制度における残業代の支給や、女性管理職やダイバーシティ採用、360度評価にも取り組んでいます。

　サステナブルであること以上に、クリエイションやテクノロジーを通して、日本の魅力を確かなものとして世界に発信していきたいという強い意気込みと使命感を感じるブランドとして成長し続けています。

（JEI取材・執筆）

サーキュラーコットンで「ファクトリーの仕組み作り」にも着手

株式会社アバンティ創設者／一般社団法人サーキュラーコットンファクトリー代表理事 **渡邊智恵子**

　私は1990年からオーガニックコットンのビジネスをスタートさせました。繊維は原綿、糸、生地、最終製品と大まかに四つのカテゴリーに分けられます。各ステージに企業が関わり、大きな産業となっていますが、オーガニックコットンは、環境にフレンドリーな製造工程、トレーサビリティ、人道的搾取がないかなどのチェックが重要です。このような基準を制定し実行するために、NPO法人日本オーガニックコットン協会を設立し、また世界基準のGOTSの制定に関わってきました。オーガニックコットン専門会社として、基準を守りながら業界のリーダーになるべく研鑽を積み上げてきました。

　その後33年間、オーガニックコットンのビジネスを継続しています。その間、地球温暖化に拍車がかかり、いまや待ったなしの状況です。主たる原因のCO_2の発生をいかにセーブするかですが、大量の繊維のゴミが地球温暖化の一因になっています。衣類のリサイクル度はわずか15%。一方で、紙のリサイクル度は66%なので、繊維から紙にするリサイクルがベストであると考えました。

衣類の廃棄物は貴重な資源になる

　実は、衣類の廃棄物が大きな資源になります。紙の原料になるのです。とくに白いコットンは白い紙を作ることができます。アバンティでは1995年からオーガニックコットンの端材で紙を作っていました。再生木綿紙という名称で商標登録もしてアバンティで使っていましたが、このときはコットンの含有量が20%でした。CCFではこれを50%以上にできないかと紙の専門商社に依頼した結果、静岡県の製紙会社が目標を達成し、また高知県の和紙製造会社では100%コットンを含有させて和紙を作ることができました。富士山の伏流水を使い、高知県の仁淀川の水を使い、世界で初めての廃棄されるコットンを50%以上使った上質な紙ができあがりました。

　これらの経験を経て、エシカルに循環するビジネスを多くの企業とスクラムを組んで、広めていくことに使命を感じています。現在、繊維のゴミから紙やボードを作るCCF（サーキュラーコットンファクトリー）は、約120社のパートナー企業とともに地球環境の保全と地球温暖化防止に、具体的にアクションを起こしています。今後は地方自治体と組んで繊維ゴミ減らし、それらが地域の紙になり、伝統の祭りごとにも生かす。そんな活動を広げていこうと考えています。

より良い経営を目指す認証制度 「B Corp」

B Corp認証取得支援コンサルタント **岡 望美**

国際企業認証B Corp™は、従業員の福利厚生、社会貢献活動、サプライチェーンの管理、原材料の調達に至るさまざまな要素において高い基準を満たしている企業であることを示す認証制度です。

家族経営や中小零細企業から大企業まで、さまざまな規模と業種の会社がB Corp認証を取得しています。アメリカのスタートアップの経営者たちが、株主への利益還元を最大の目的とする経済システムに疑問を抱いたことをきっかけに始めたこの認証制度は、現在は90カ国以上に広がっています。認証を受けた企業数は約8000社を超え、日本では40社以上近く、そして同等数の企業が審査を待っています（2024年5月現在）。

「経営全般を全方向でチェックできる」認証として注目！

ほかの認証とは異なりB Corpは、会社の経営全般について全方位にチェックができる認証として重宝されています。

2025年には、基準が大改訂される予定です。これまではガバナンス（会社自身や株主）、従業員、地域社会、地球環境、顧客といったステークホルダーで分野が分かれ、アセスメントである「B Impact Assessment™ (BIA)」で80点以上取ることが認証要件の一つでした。しかし、改訂後は人権、気候変動対策、公正な賃金、環境・社会問題のキーワードが分野名となり、より具体的で最先端の概念を取り込み、全て対応できていなければ認証取得できません。

これは門戸を狭めるというより、サステナビリティの関心がようやく世の中全体で高まり、さらにその先を目指していこうとする意志の現れです。

そしてB Corpの最大の特徴は、認証取得が目的ではなく、認証企業が先導してより良い経済システムのためのムーブメントを起こし

図表1-2　B Impact Assessmentの内容

提供：B Lab™

提供：B Market Builder Japan™、撮影 西田香織

ているということです。業界や政治を動かし、関心のある個人や同業者を巻き込んで
対話したり、仕組みを作っていく活動が注目されています。

B Corp認証を取得をするには

　まずはアセスメント・BIAの内容を眺めて、どのようなことが問われているかを把
握してみましょう。BIAのツール（https://app.bimpactassessment.net/）は、誰でも無料で
アカウントを作ることができます。関心のある個人やNPO法人、行政や学生の方でも
仮想のアカウントを作って内容を閲覧することが可能です。

「これは今後の会社経営に重要なヒントがたくさん詰まっている」と感じたら、本格
的にB Corp認証にチャレンジすることをお勧めします。アメリカ発祥ですので、内容
によっては日本に当てはまらないと思うこともあるかもしれませんが、アセスメント
の質問の背景にある社会課題や環境問題は、形は違えど、どの地域にも存在するもの
です。自分たちの会社や地域にはどんな問題が隠れているか、自分たちはどのような
社会を目指したいのか、自問自答し、改善しながらB Corpの旅を続けることで有意義
な取り組みになります。

　BIAに関する疑問やB Corpムーブメントについて語り合うことのできるコミュニテ
ィもあります。School of B Corp（https://schoolofbcorp.jp/）の仲間になって学び合い、
ベストプラクティスを共有し、よりよいビジネスの実践を継続していきましょう。

　B Corp認証を取得すれば、グローバルのB Corpコミュニティとの距離もぐっと近づ
き、同志として世界レベルでよりよい社会の実現に向けて活動することができます。

　最新の情報は、日本でB Coprムーブメントを推進する、B Labのオフィシャルパー
トナーのウェブサイト（https://bcorporation.jp/）を参照してください。

8 サプライヤーやステークホルダーと積極的に協働している

地域社会にエシカルを浸透させる

エシカルな企業であるためには、エシカルな商品やサービスを提供しているだけでなく、商品の原材料などを供給する事業者であるサプライヤーや、企業・組織における利害関係者・株主・社員・顧客・地域社会も含めたステークホルダーに対して公平公正であり、共に協働することで地域社会全体にエシカルを浸透させていく必要があります。

そのため基準8「サプライヤーやステークホルダーと積極的に協働している」では、以下4項目にわけて基準を設けています。

8-1「サプライヤーと公平公正な取引を行っている」の項目では、商品の原材料を供給するサプライヤーは、ときには下請けとも呼ばれ、経済的な依存関係にあるなど、不利な立場に置かれている場合がしばしばあります。公平公正な取引を行っていると思っていても、極端な値引き要求、非常識な納期、依頼途中の仕様変更、支払いの遅延や変更、取引条件が明文化されていないなどの懸念事項が、従来の商習慣のなかに潜んでいることもあるためです。これからはサプライヤーとの公平公正な取引により、相互の企業経営が健全で長期的に安定することが望まれ、それを開示することで、透明性の向上、リスク管理、ブランド価値強化、規制遵守、市場競争力向上、消費者からの信頼、ブランドイメージ向上へつながります。

8-2「サプライチェーンの課題をサプライヤーと協力して解決している」の項目では、エシカルな社会の実現には、サプライチェーン全体がエシカルな取り組みを行っていることが大切です。自社のエシカルな取り組みに満足するだけでなく、サプライヤーに対してもエシカルな取り組みを推進し、協力して課題を解決することが望まれます。

たとえば、サプライヤーの下請け（発注元からすると孫請け）が児童労働・強制労働に加担しているなどはあってはならないことですが、実際にはこのような課題が今も多く存在している現実もあります。こうした課題に対して、それをサプライヤーだけの問題として捉えるのではなく、発注元に向き合い、解決

に取り組むことが望まれます。ポリシーやガイドライン、課題をサプライヤーと共有し、教育などの提供、投資、人権、環境、生態系の維持や市民住民への支援にも貢献することを推奨しています。

8−3「ステークホルダーと対話や協働を行っている」の項目では、企業はサプライヤーだけなく従業員・消費者・クライアント・株主・金融機関などの直接的な関係者はもちろん、地域社会や行政、NGO・NPOなども含むさまざまなステークホルダーとも対話し協働することで、最良な解決策を導き出せると考えられます。自社の課題は、ときにそれが社会全体に影響をおよぼすことでもあり、関連会社や地域社会からの意見に耳を傾け、対話ができる体制を整えることで、利益追究だけに偏らない公平公正な視点で、互いの得意を生かし支え合う連携が、エシカルな社会の構築に不可欠なのです。

地域や社会のステークホルダーと定期的に対話を行う方針を持ち、企業内だけの視野ではなく、社会環境を俯瞰し、課題解決に貢献している市民活動などへの協力、素材・技術・人材の提供や資金面での協賛というように、協働と同時に支援を行っていくことが求められます。

8−4「市民社会の一員としてエシカルを広げることに役割を果たしている」の項目では、エシカルな社会の実現に向けては、企業も市民社会の一員としての役割を担うことが大切で、そのためには企業としての方針を定めて、社員が社会貢献活動のしやすい環境を整えることです。そのうえで、さまざまなステークホルダーとの積極的な対話や協働を行い、その先には政策提言につながるアドボカシー活動にも取り組むことが望まれます。

エシカルを広げる意義は、世界や地域が抱えている課題解決のために、社会的・経済的立場の弱い人々の権利や主張を代弁しながら、社会全体を動かし、政治的、経済的、社会的なシステムや制度に影響を与えることです。そうした行動が、課題をより多くの人々に伝え、共感を生むことにもつながります。弱い立場で困っている人々や地域の課題解決のために、声を上げ行動を起こす市民であり、企業であることを大事にします。

このようにエシカルな活動は、一人ひとりのエシカル消費や行動が基本となる押えておきたいアクションですが、私たちを取り巻く社会全体をエシカル消費が実現しやすい社会に創り上げていくことも、同様に大切であるということがわかります。そのためにも企業は、地域社会に扉を開き、良いことも悪いことも「情報を開示」する正直な姿勢を身につけることが求められているのです。

(原田さとみ)

8 ① サプライヤーと 公平公正な取引を行っている

S	あらゆるサプライヤーに対して相互が発展できる公平公正な取引を行い、開示している
A+	相互が長期的に発展できるような公平公正な取引をしている
A	サプライヤーが置かれた状況を配慮する方針を持ち、それに従って公平公正な取引を行っている
B	サプライヤーとの公平公正な取引における課題の解決に着手している
C	サプライヤーとの取引における課題を把握するよう努力している
D	未着手である

　ビジネスにおいて、企業がサプライヤーと公平かつ公正に取引することは非常に重要です。サプライヤーとの長期的な信頼関係を築くことは、安定したサプライチェーンを保証し、市場の変動や予期せぬ事態に柔軟に対応するための基盤を提供します。

　効率的なオペレーションを促進し、製品やサービスの品質向上に寄与することも重要なポイントです。さらに公平な取引は、企業の社会的責任（CSR）の履行においても重要であり、倫理的なビジネス慣行を通じて消費者や投資家からの信頼を獲得し、企業のブランドイメージや評判を向上させる効果があります。また、多くの国では法律によって公正な取引が義務づけられており、法令遵守は企業の持続可能性を支える要素となります。

　日本では下請代金支払遅延等防止法[101]が存在し、サプライヤーとの公正な取引を義務づけています。この法律は代金の支払い遅延の禁止、不当な取引条件の禁止、技術の持ち去りの禁止、秘密保持の義務、不当な契約解除の禁止などを定めています。

　しかし、実際に公正な取引が行われているかというと、そうではないケースも多く見受けられます。その主な理由は、企業が利益を優先していることです。市場の力学、サプライチェーンの複雑さへの理解不足、短期的な業績目標、不

適切なインセンティブ構造などが、不公正な取引慣行を促進する要因となり得ます。

　特に途上国では、一次産品（コーヒー、カカオ、コットンなど）の生産は、小規模な農家によって行われていますが、これらの生産者は市場へのアクセスがむずかしく、仲買人に頼ることが一般的です。結果、脆弱な生産者たちは価格交渉の余地が限られ、生産コストを賄えず、商品を言い値でしか販売できません。さらに、支払いの遅延や変更、取引条件の不透明さによって生じる不利益により、生産者が貧困のスパイラルに陥る原因となる可能性があります。

　公正な取引慣行を促進する規制や監督が不足している国や業界では、企業が不公正な慣行に走りやすく、その結果、生産者が不利益を受けることが続き、貧困層がますます困難な状況に立たされるのです。

　エシカル基準において、企業は下請け企業や小規模生産者など弱い立場にあるサプライヤーに不利益を与えない配慮が必要です。この基準は、倫理的側面と持続可能な経営を確保するためです。企業はサプライヤーとの取引における不公平や不公正な状況を発見し、サプライヤーの取引における潜在的な課題の把握が求められます。これがCレベルです。

　次に定期的なアンケートや聞き取り調査で、課題の詳細を把握し、解決に向けて着手することがBレベルです。そしてサプライヤーの置かれた状況に配慮する方針を持ち、課題を解決し、公平公正な取引を行っているのがAレベルです。特に海外のサプライヤーとは、商慣習や法律の違いに留意し、適切な対話を行い、相互が納得するための方針を立てることが重要です。

　長期的な関係の構築を求めるA＋レベルは、サプライヤーのビジネス環境の改善、労働条件や環境基準の向上に寄与し、新技術、プロセス開発を促進し、ビジネス全体のイノベーションと効率性を高めることが求められます。最終的には、すべてのサプライヤーに対して公平かつ公正な取引を行い、それを開示することがSレベルです。

　企業がサプライチェーンを開示する理由は、透明性の向上、リスク管理、ブランド価値の強化、規制遵守、市場競争力の向上にあり、結果として、消費者からの信頼、ブランドイメージ向上へとつながります。最近ではブロックチェーン技術を用いたサプライチェーンの開示も始まっており、より高いレベルの透明性と追跡性を実現していると言えるでしょう。　　　　　　　　（高津玉枝）

---

101 https://www.jftc.go.jp/shitauke/legislation/act.html　2024.3.12閲覧

8 ② サプライチェーンの課題を サプライヤーと協力して解決している

S	サプライヤーとさまざまな課題解決について協働して、エシカルの実現に総合的に取り組んでいる
A+	エシカルに関わる課題を解決するために予算と人員を確保し、継続的に取り組みを実行している
A	エシカルを実現するため、サプライヤーと一緒に問題を解決する方針を持ち、実践している
B	サプライヤーにエシカルの課題を共有し、その重要性や取り組み方を繰り返し継続的に説明している
C	サプライヤーに自社のエシカルな取り組みについて伝えて、今後の方針を伝えている
D	未着手である

　効率的なサプライチェーンとは、製品やサービスの提供を改善し、顧客満足度を向上させるビジネスにおける重要な要素です。調達、生産、配送といったプロセスが円滑に進むことで、製品の品質向上や納期の厳守が可能となり、コスト削減につながり、競争力を維持する手助けになります。特にグローバル市場では、サプライチェーンのリアルタイムな可視性と迅速な対応が不可欠です。

　しかし、効率を求めすぎることにより生じる課題や、サプライヤーの課題にも目を向ける必要があります。本書では何度か触れてきたように、2013年にバングラデシュのダッカ市で発生したラナプラザの倒壊は、ファストファッション産業のサプライチェーンに関連するさまざまな問題を浮き彫りにしました。低賃金、過酷な労働時間による労働者の権利侵害、不適切な増築による建物の安全基準の無視などが問題でした。

　事故の直後から世界各地で企業の不平等、不正義に対する反対意見を表明し、変化を求めるプロテスト運動が広がりました。結果、多くのファストファッションブランドがバングラデシュ労働安全協定[102]に参加し、労働者の安全を確保し、工場の建築と安全対策を監視するための国際的な合意がうまれ、改善に結びつきました。この出来事は、サプライチェーンのさまざまな課題について、協力して改善することが必要であることを明確に示しました。

　昨今では、各国で企業のサプライチェーンの課題に関する法律が整備され、イギリスでは2015年に現代奴隷法が、フランスでは2017年に企業注意義務法が施行されました。ドイツではサプライチェーン・デュー・ディリジェンス法[103]が2023年に施行され、児童労働、強制労働、労働条件だけでなく、環境問題（水質汚濁、大気汚染など）にも適用されます。特にドイツの法律は、対象を自社および一次サプライヤーに限定せず、二次サプライヤー以降にも関連する責任を課しているのが特徴です。日本政府も人権尊重のための責任あるサプライチェーンなどにおける人権尊重のためのガイドライン[104]を2022年9月に策定し、企業に適用を促しています。

　グローバル企業もサプライヤーに対して環境配慮や人権に対する要求を高めています。アップル社[105]は、2030年までに気候への影響をネットゼロにすることを目指し、サプライヤーに対し、行動を求めるにとどまらず、教育の機会も提供しています。また、NGOとの協力を通じて、森林管理やマングローブなど生態系を保護する取り組みも行っています。

　サプライチェーンは多層構造であり、事業活動を通じて影響を受けるステークホルダーが多岐にわたります。特に脆弱なグループに属する人々への配慮が必要であり、女性、少数民族、障害者、移民などへの潜在的な影響を考慮すべきです。企業はサプライヤーと協力し、課題を共有し、解決に取り組んでいく必要があります。サプライチェーンの改善に向け、エシカル基準として以下のステップを踏むことが重要です。

　具体的には、自社のポリシーやガイドラインをサプライヤーに伝えて、方針を共有するのがCレベルです。そのうえで、サプライヤーとエシカルな課題を共有し、課題の重要性を説明し続けることがBレベルには必要になります。そうした課題をサプライヤーと課題解決にむけて実践するAレベル、予算と人員を確保し、持続的に取り組むことをA＋レベルと定めています。

　さらに、Sレベルでは、直接的な課題解決にとどまらず、サプライヤーへの教育などの提供、投資、またNGOとの協力体制を通じて、人権や環境はもちろんのこと、生態系の維持や、地域住民への支援にも総合的に貢献することを推奨しています。

（高津玉枝）

102 https://bangladeshaccord.org/ 2024.4.12閲覧
103 https://www.jil.go.jp/foreign/labor_system/2021/07/germany.htm 2024.4.12閲覧
104 https://www.meti.go.jp/press/2022/09/20220913003/20220913003-a.pdf 2024.4.12閲覧
105 https://www.apple.com/jp/environment/ 2024.4.12閲覧

8 ③ ステークホルダーと 対話や協働を行っている

S	ステークホルダーと協働を行いながら、同時に支援を行っている
A+	さまざまなステークホルダーと問題解決のために協働している
A	さまざまなステークホルダーと定期的に対話を行う方針を持ち、実施している
B	ステークホルダーと協働した経験がある
C	ステークホルダーと対話をしたことがある
D	未着手である

　企業はサプライヤーだけでなく、さまざまなステークホルダーとも対話と協働を行うことが望まれます。企業・組織における利害関係者である従業員・消費者・株主・金融関係者など直接的な関係者はもちろん、地域社会や行政・NPO・NGOなどの市民団体も含めた広義のステークホルダーと共に解決に取り組むことで、最良の解決策を導き出せると考えられるからです。

　企業内の課題は、社会全体に影響をおよぼすこともあり、関連会社や地域社会など関係者からの意見に耳を傾け、対話できる体制を整えることで、利益追究だけに偏らない公平・公正な視点で持続可能な解決を見いだせるでしょう。地域社会の発展に寄与する産学連携・産福連携・産学官連携など、お互いの得意を生かし支え合う連携が、エシカルな社会の構築に不可欠となると考えます。

　産学福連携の協働を例にすると、繊維商社から発生した廃棄繊維素材を活かしたアップサイクル事業では、大学生（デザイン企画）と福祉施設（縫製）と繊維企業が協働し、衣類・雑貨・アクセサリーの商品化に成功しています。ゴミ削減という目的にとどまらず、若者の育成・福祉への仕事創出・地域伝統産業の応援にもつながっています。

　廃棄物問題を一企業のなかだけで処理していたらつながらなかった広がりです。その成果は社内の意識を変え、会社全体がエシカルに取り組む結果へと結

びつきます。もう一つ大事なことは「開示する」ということでしょう。自分の会社が日々どれくらいのゴミを発生していて、それらを処理することで社会や環境や未来へどんな影響をおよぼしているのかを知るためにも、情報を公開することはとても重要です。そして地域のステークホルダーと協働し行動を起こすことが、思いもしなかった突破口を開くのです。

　たとえば、製造過程で残った廃棄素材や、規格外食物など未利用・未使用・役目を終えた素材などを廃棄せずに生かし、デザインや工夫で新たな価値を持った製品として生まれ変わらせる「アップサイクル」は、ステークホルダーとの協働としてすぐに取り組める方法の一つでしょう。

　企業活動において、地域に扉を開き行動を起こすことは、企業イメージ向上となるブランディングや新規の市場を開拓することにもつながります。新たな価値観・倫理的思想で、知名度と高感度を高めるイノベーション戦略と捉えてもいいと思います。市民の思いを汲み取り、地域との絆を深めることは、企業の商品開発やサービスの向上に必ず役に立ちます。

　エシカル基準では、ステークホルダーとの対話・協働に向けて次のステップを踏むことが重要です。企業はCレベルでは、地域や社会のステークホルダーの意見を聞く努力をすることが求められます。次に、Bレベルでは他団体の企画に参加したり、協力・後援をするなど、ステークホルダーとの協働を経験することが大切です。さらに、Aレベルは企業として、ステークホルダーと定期的に対話を行う方針を持ち、その方針を実施していくことです。A＋レベルでは、その方針に従い、地域の市民団体や自治体の組織する委員会やイベントなどに積極的に参加し、問題解決のために行動することです。

　そこから企業内だけの視野でなく、地域全体を取り巻く社会環境を俯瞰し、地域課題も自分ごとに捉え、課題解決に貢献している市民活動などへの協力、素材・技術・人材の提供や資金面での協賛というように、ステークホルダーと協働を行いながら、同時に支援を行っていくことが求められるのです。これがSレベルです。

　企業の役割は、エシカルな商品やサービスを消費者に提供するだけでなく、ステークホルダーらとの連携を大事にして地域や他団体と協働し、未来に役立つ企業活動を促進し、エシカルな理念の社会を創っていくことを理想としています。

（原田さとみ）

8 ④ 市民社会の一員としてエシカルを広げることに役割を果たしている

S	市民社会の一員としてエシカルを広げるためのアドボカシーをしている
A+	市民社会の一員としてエシカルを広げる活動を事業の一環として行っている
A	エシカルを広げるために市民社会の一員として役割を果たす方針を持ち、活動をしている
B	エシカルを広げるために、広く市民社会の声に耳を傾け、対応している
C	市民社会のエシカルな活動に社員が参加しやすいようにしている
D	未着手である

　企業はエシカルな社会の実現に向けて、市民社会の一員としての役割を担うことが大切で、そのためには企業としての方針を定めて、社員が社会貢献活動のしやすい環境を整えることが大事です。そのうえでさまざまなステークホルダーとの積極的な対話や協働を行い、その先の政策提言につながるアドボカシー活動にも取り組むことが望まれます。

　エシカルを広げるということは、世界や地域が抱えている課題解決のために、社会的・経済的立場の弱い人々の権利や主張を代弁し、社会全体を動かすこと、政治的、経済的、社会的なシステムや制度に影響を与える必要があります。その行動により、課題をより多くの人々に伝え共感を生むことにもつながるからです。

　たとえば、市民社会の一員としてフェアトレードを広める活動例として、フェアトレードタウン運動を紹介しましょう。フェアトレードは、開発途上国の原料や製品を適正な価格で継続的に購入することにより、立場の弱い開発途上国の生産者や労働者の生活改善と自立を目指す貿易の仕組みで、身近な買い物を通じてそうした問題を解決する取り組みです。こうしたフェアトレードの取り組みを実践することで、開発途上国の生産者や労働者に対して労働に見合った適正な賃金が継続して保証されることになります。その結果、生産地におい

て低賃金で働く貧困に苦しむ人々の生活は向上し、暮らしが安定していきます。

フェアトレードは一人ひとりの買い物という行動により広がりますが、これを社会全体まちぐるみで推進するフェアトレードタウン運動となると、さらに大きな動きへ成長していきます。フェアトレードタウンは、自治体の議会でフェアトレードの理念を推進することが議決され、首長によって「市民と自治体とともにフェアトレードを推進すること」が宣言され、それにより国際基準[106]を満たし、認定取得となります。

フェアトレードタウン認定後は市民と自治体との協働でフェアトレード推進活動が展開されます。市民の草の根で沸き起こった活動は、弱い立場の声を代弁し社会に伝え、自治体や企業を仲間にして、共にアクションを起こして認定の壁を越えることで、フェアトレード活動は自治体の公務となり予算もつき、持続可能な事業となります。この運動はまさに、市民社会の一員としてエシカルを広げるためのアドボカシー運動であり、自治体をパートナーに社会を動かす事例であると考えられます。ここで企業の協力は、その特徴を生かしたさまざまな方面で欠かせず、重要な役割を担っているのです。

このようにエシカルな活動は、一人ひとりのエシカル消費や行動が基本となる大切なアクションですが、私たちを取り巻く社会全体をエシカル消費がしやすい社会に創り上げていくことが大切であるということがわかります。企業はその役割を果たすため、次のステップを踏むことが重要です。

Cレベルでは、企業が市民社会のエシカルな活動に社員が参加しやすいようにしているかが問われます。Bレベルは、エシカルを広げるために、広く市民社会の声に耳を傾け、対応していることです。Aレベルにおいては、企業としてエシカルを広げるために市民社会の一員として役割を果たす方針を持ち、活動をしていることが期待されます。ここでは方針を策定していることが大事なこととなり、さらにエシカルを広げる活動を事業の一環として行うA＋レベルが求められていきます。

さらにエシカル基準のSレベルでは、政治的、経済的、社会的なシステムや制度に影響を与えるアドボカシーを行い、エシカル理念を社会に広げ、世界や地域で弱い立場で困っている人々の課題解決のために、声を上げ行動を起こす企業であることが必要になります。

（原田さとみ）

---

106 認定基準については、一般社団法人 日本フェアトレード・フォーラム（FTFJ）を参照。https://fairtrade-forum-japan.org 2024.4.18閲覧

人も木も、地球に生きるすべてが
フェアに暮らせる世界へ

フェアトレードカンパニー株式会社広報・啓発担当 **鈴木啓美**

フェアトレードカンパニーは、1991年に「グローバル・ヴィレッジ」という環境・国際協力NGOを前身に、1995年フェアトレードの事業部門を法人化し設立しました。そして、ビジネスによって環境保護と貧困問題を解決することを目指して活動を始めました。

1996年には、IFAT（国際フェアトレード連盟）[107]に加盟、2000年に現在のフェアトレード専門ブランドの名称を "ピープル（人）ツリー（木）" としました。

当初は主に自然素材の雑貨類を扱っていましたが、生活者が暮らしのなかに幅広く取り入れられる商品を届けたいと衣料品にも力を入れるようになりました。ファッションアイテムは付加価値をつけやすく、多くの工程を経るため、仕事を得られる人も増やせます。また、働く人の健康と人権、環境や生態系を守るため、オーガニックコットンを積極的に取り入れ、GOTS認証も取得しています。

転機はデザイナーズコラボ。ファッション性・品質を高めて、より広い消費者に届くように、2007年に『VOGUE NIPPON 6月号』誌上にて、ニューヨーク、ロンドン、東京の4デザイナーとのコラボレーション作品を発表したことです。VOGUEに載せるようなアイテムを作るのは大きなチャレンジでしたが、生産者グループに細やかにフィードバックをして、日本の市場が求めるクオリティをクリアしました。それが自分たちのスキルアップと自信となり、より良い商品の生産につながりました。

現在、アジア、アフリカ、中南米などの18カ国、約145団体と共に「フェアトレード10の指針」を実践しています。可能な限りその地方で採れる自然素材を用いて、手仕事を活かすことで、途上国の経済的・社会的立場の弱い人々に収入の機会を提供。公正な価格での支払いやデザイン・技術研修の支援、継続的注文を通じて、人にも地球環境にもやさしい持続可能な生産を支えています。

近年、多くの企業がSDGsに取り組み始めていますが、ピープルツリーは事業の目的そのものが「みんなが幸せに暮らせる世界の実現」です。SDGsで示されるゴールは、IFATメンバーをはじめフェアトレードに取り組む事業者が30年以上にわたり目指してきたこととほぼ重なっています。フェアトレードの普及・促進は、SDGsの達成に貢献し、アジェンダのタイトルにある「世界を変革する」ために大きな役割を果たすと考えています。

---

107 2009年より、WFTO（世界フェアトレード連盟）に改称

145カ国で取り入れられている国際認証「フェアトレード」

認定NPO法人フェアトレード・ラベル・ジャパン事務局長 **潮崎真惟子**

フェアトレードとは、社会・環境に配慮して作られたものを適正な価格で取引をすることです。今なお貿易の現場では、サプライチェーンの末端の開発途上国の生産者は価格交渉力がなく、原料を安く販売せざるを得ない状況があります。それに伴う収入の低さが、児童労働や貧困、環境破壊などの多くの課題の根本原因の一つとなっています。そこで取引価格を上げビジネスを通して、多くの社会・環境問題を根本から解決する取り組みがフェアトレードです。

フェアトレードの認証は複数存在しますが、その代表が現在145カ国で認証商品が流通する世界最大の仕組みである国際フェアトレード認証です。対象産品が多く、食品、アパレル・雑貨、電子機器など幅広い業界で認証原料が活用されています。

基準のものさしは「環境」「社会」「経済」への配慮

国際フェアトレード認証の基準には大きく三つの側面があります。一つ目は、「環境」面で、農薬の適切な使用や森林・土壌・水源の保全などの基準です。二つ目が、「社会」で、児童労働・強制労働の禁止やジェンダー平等などの人権面の内容です。三つ目が、「経済」で、最低価格の保証とプレミアムの支払いなどが含まれ、開発途上国の生産地域の教育・医療・農業などの幅広い課題解決につながります。

エシカル基準に照らすと、フェアトレードは実は多くの基準に関係します。関連する大項目は「1 自然環境」「2 人権」「5 製品・サービスの情報開示」「6 地域社会への配慮・貢献」「7 適正な経営」「8 サプライヤーなどとの連携」です。

前述のようにフェアトレードは環境と人権の両側面の基準を有し、情報開示や適正な経営も認証の仕組みに含まれます。サプライヤーとの連携もフェアトレードの根幹です。また「6 地域社会への配慮・貢献」の点では、開発途上国の地域貢献はもちろんのこと、消費国側でもフェアトレードタウンと呼ばれるフェアトレードを積極的に推進する町ぐるみの活動と連携し、地域の活性化につなげることができます。

サプライチェーン上の課題を「対岸の火事」とみなす時代は終わり、いまや企業は取引などでつながる全ての社会・環境課題に責任もって対応する必要があります。自社だけでは太刀打ちできない構造的な課題も、サプライチェーンで連携して取り組むことで道が開けていくのです。

国際フェアトレード
認証ラベル

第2章

エシカルのこれからを
考える

この章では

エシカルの守備範囲は広く、関連する課題は常に変化し、拡大しています。しかも企業は、自社の事業の性質や周囲の状況をよく考えて、取り組みを深める必要があります。本章ではそうした際に役立つように、第1章では触れられなかった事項、今後、さらに重要となる事項について説明します。

注目したいエシカルトレンド

企業が「エシカルの理解を深める」ために

実践に向けて押さえておきたいこと

　第1章では、エシカル基準について詳しく解説しました。現在のエシカル基準は、エシカルなビジネスを行うために必要な配慮事項をバランス良くカバーしていると考えます。しかし、エシカルは非常に守備範囲の広い概念であり、関連する課題は常に変化し、拡大しています。したがって、そのすべてを完全にカバーするのは容易ではありません。企業が実際に取り組みを進める際には、自社の事業の性質や周囲の状況を考えて、より多くのことに配慮し、取り組みを深める必要があります。本章ではそうした際に役立つよう、第1章では触れられなかった事項について解説します。

　そもそもこのエシカル基準は、企業の方々が自分たちの取り組み状況を確認し、それを対外的に示すのに使っていただくことを想定して作られました。エシカルな取り組みを進める企業は消費者からより支持されるようになると考えられますが、この動きをさらに加速するためには、企業などの組織が原料や事業に必要な商品を購買するときに、その条件としてエシカル調達基準を設けることが有効です。調達基準を作る際には、このエシカル基準をぜひ活用していただきたいと思います。

　特に重要な役割を果たすのが国や自治体による1の「エシカル公共調達」です。このような基準を持つ組織が増えると、お金の流れが変わり、経済が一気にエシカル化するでしょう。調達基準の策定とは異なりますが、すでに2の「エシカル宣言」を行っている自治体もありますので代表的な例を紹介します。

　一方で、これまでエシカルを牽引する役割を果たしてきたのが消費者です。最初は、サプライチェーンも含めて、エシカルではない事業活動を行う企業の商品をボイコット（不買運動）することから始まり、次第にきちんと配慮をしている商品や企業を支持し、そうした商品を積極的に購入するバイコット（応援消費）が増えてきました。こうした3の「エシカル消費」のおかげで、企業もエシカルに興味を持つようになり、取り組みが進んだのです。一人ひとりの消費者によるエシカル消費は、これからも重要な役割を果たしていくでしょう

し、さらに拡大していくことが期待されます。

　このような消費者の増加を受けて、最近ではさまざまな業界で製品やサービスをエシカルにしていこうという動きが活発になってきています。特に顕著なのがファッション業界です。そこで、業界単位での動きの代表例として、4では「エシカルファッション」を取り上げます。注意して欲しいのは、個人が企業に影響力をおよぼすのは、買い物を通じてだけではないということです。優秀な社員を継続的に採用することは、企業の存続にとっては生命線とも言える重要なことです。その就職活動においても、企業のエシカルさを重視する若者が増えています。こうした観点から5の「エシカル就活」の動きについても紹介いたします。

　このような動きの中心になっているのは、6の「エシカルネイティブ」と呼ばれるZ世代の若者です。この世代はESD（持続可能な開発のための教育）やSDGs（持続可能な開発目標）について、さらにはエシカルまで授業で教わるのです（7の「エシカル教育」）。もちろんメディアの影響も重要です。多くのメディアがエシカルに関わるニュースや事例を取り上げるようになってきていますが、なかにはエシカルや関連分野を専門とするメディアも誕生しています（8の「エシカルメディア」）。こうした要因により、私たちの日々の生活のさまざまな場面にエシカルが浸透するようになってきています。なかには自分の生活全体をエシカルにすることを目指す人も出てきています（9の「エシカル生活」）。

　一方で、新たな課題が生じたり、以前にも増して注目を浴びるようになった課題もあります。10の「LGBTQ」や11の「DEIB」は後者の例ですし、最近ではデジタル技術や人工知能（AI）の急速な発展が今後どのような課題を生むのか、エシカルの観点からの議論も始まっています（12の「デジタル／AIの倫理規定」）。また、エシカルが注目されるようになるにつれ、それをプロモーションの切り口に使う企業も増えており、それと関連して何でもエシカルと称するウォッシュの問題も出てきています（13の「エシカル広告とウォッシュ」）。

　第2章では、エシカルに関するこうした新しい問題について、最新の情報を提供し、より深くエシカルについて考えるためのきっかけを作りたいと考えます。ここでその全てのトピックがカバーできているわけではありませんが、常にエシカルの視点で考える習慣を持っていただきたいと思います。（足立直樹）

1 公共調達がエシカルを進めるメリット

日本エシカル推進協議会副会長 **足立直樹**

　エシカル基準は、自社の取り組み状況の確認に使うために用意されましたが、もう一つおすすめの使い方があります。それは商品やサービスを購入する側が、購入するものやその販売元のエシカル度を確認するために使うことです。販売元がすべての情報は開示していない場合も多いので、取引の条件としてこの基準に従うことを求める、すなわち調達基準として利用するのが現実的です。

　実際、「責任ある調達」や「持続可能な調達」として、サプライヤーに環境や人権への配慮を求める企業は少なくありません。なぜなら、たとえサプライチェーンで起きた問題であっても、最終的にそれを販売するブランドが責任を問われることがいまや当たり前だからです。ですので、最近ではGHGの排出量の削減に加えて、人権侵害や森林破壊への不関与をサプライヤーに求める企業が増えているのです。

　このように調達基準を定めてサプライヤーに遵守を求めるのは、企業に限りません。国や自治体、あるいは公共的な組織（オリンピックや万博の実行委員会など）が行うこともあります。公共調達においてこのような条件を付帯することは、公共機関が環境や人権、あるいはエシカルに率先して配慮すべき立場であることを考えれば当然ですが、経済的メリットもあります。調達とは別に補助金を支出したり、さまざまな施策を行って環境や人権への配慮を推進することに比べて、同様の効果をはるかに低いコストで実現できるからです。

　日本国内ではグリーン購入法[108]や環境配慮契約法[109]のように特定の物品を優先して調達する場合や、中小企業者、障害者就労施設など、特定の受注者を優先する政策があります。けれども、エシカル基準に含まれる多くの項目はまだカバーされていないのが実情です。したがって国や自治体が調達している物品が、サプライチェーンの中で生態系を破壊していたり、人権を侵害しているということが現実にありうるのです。

　海外に目を転じると、EUがこうした公共調達で進んでおり、2014年に改訂されたEU公共調達指令において環境への配慮や社会的責任を考えた調達基準を採用することを奨励し、各国はこれに基づいて法律を定めています。それ以外にもたとえば、2023年に制定された欧州森林破壊規則（EUDR）は、欧州に輸出入される森林破壊に関わり得る原料（パーム油や牛肉、木材、コーヒー、カ

カオ、ゴム、大豆）とその派生品（家具、チョコレート、化粧品など）について、森林破壊と人権侵害に関わっていないことのデュー・ディリジェンスを求めており、リスクがある原料や製品はEU域内で実質的に取引できないようにしています。公共調達だけでなくあらゆる企業に求めるという大変厳しい規則です。

EUの公共調達は2兆ユーロ以上、GDPの約15％という巨大な規模であり、EUはそれを社会政策を達成するための手段として積極的に活用しているのです。ちなみに日本の公共調達は、2020年の推計でGDPの18.1％にもなります[110]。それ以外の国でも公共調達は一般にGDPの10〜20％を占めると言われており、だからこそSDGsはターゲット12.7に接続可能な公共調達の促進を掲げているのです。SDGsを達成するためにも、公共調達が果たす役割は大きいのです。

このように非常に影響力のある公共調達を、エシカルについても国や自治体が行うとどうなるでしょうか。自治体がエシカル基準に沿った調達基準を策定した場合、いずれの項目も自治体が行っている公共政策を促進するものです。もしかすると政策の一歩先を行っているものもあるかもしれませんが、いずれそうした政策も必要になるでしょう。

そして何より注目していただきたいのは、基準6「事業を行っている地域社会に配慮・貢献している」の各項目です。地域の文化と伝統の尊重、地域からの雇用と調達、地域での生産、地域の問題解決と、地域と自治体にとって重要な政策と一致し、地域経済の活性化や再生を後押しするものばかりです。間違いなく地域社会へポジティブな影響をもたらし、地域の持続可能性を高めることができます。しかも、そのために追加の費用は不要なのです。

さらにエシカル調達基準の策定は、自治体のイメージや評判を向上させる効果も期待できます。自治体のリーダーシップが高まり、地域への投資や観光、移住などが促進されることでしょう。もちろん、ほかの地域や組織の良いお手本となり、ほかの地域や日本全体のエシカルの促進へ貢献もできるでしょう。

このようにエシカル公共調達は、自治体にも地域にもメリットばかりです。ぜひ、積極的に推進していただきたいと思います。

---

108 国等による環境物品等の調達の推進等に関する法律
109 国等における温室効果ガス等の排出の削減に配慮した契約の推進に関する法律
110 OECD "Government at a Glance 2023"

2

"ちょっと考えて、ぐっといい未来" 「TOKYOエシカル」

東京都生活文化スポーツ局消費生活部

　東京都では2022年12月に策定した「東京都消費生活基本計画」において、持続可能な社会の形成に貢献する消費行動の促進の中にエシカル消費の理解の促進を位置づけ、普及啓発を行ってきました。エシカル消費の理念を紹介するPR動画の作成・配信を行ったり、スーパーマーケットと連携し、エシカル消費に関連する商品の売り場コーナーを設置したり、あるいは幼児とその保護者をターゲットにデジタル絵本を作成し、SNSやオンラインイベントでも発信しています。

　こうした取り組みを社会的ムーブメントにするため、都民や企業・団体と協働するプラットフォームとして、2022年12月に「TOKYOエシカル」を開始し、日々の生活で生活者にエシカル消費を実践してもらえることを目指しています。

　2024年3月時点で、「TOKYOエシカル」には207の企業・団体などに参画いただき、協働の幅も広がっています。

　たとえば、2023年6月にはパートナー企業・団体が一堂に会し、東京都との連携、またパートナー企業・団体同士の連携を強化することを目的に「TOKYOエシカルカンファレンス」を開催しました。

　第一部のシンポジウムでは、TOKYOエシカルのアドバイザーに続いて、小池百合子東京都知事も登壇し、「サステナブルな社会を創っていくうえで、重要なカギを握るのは私たち一人ひとりの消費行動。他人ごとではなく、自分ごととするには共感を生むことが大切であり、共感を生むエシカルなライフスタイルをパートナー企業・団体の皆様にご協力いただき消費者に提案していきたい。そして、企業・団体の皆様同士のコラボレーションも起こっている。柔軟な発想と多様な考え方のもとで、"化学反応"がさらに広がっていくことを期待しています」とエールを送っています。第二部では、パートナー企業や団体同士の交流を深めるためにネットワーキングを行いました。エシカル消費に関する取り組みや思いを自由に語り合い、協働・共創の可能性が生まれる場となりました。

「TOKYOエシカルマルシェ」に30以上の パートナー企業・団体が出展

　2023年7月と2024年3月には「TOKYOエシカルマルシェ」も開催しました。会場に30以上のパートナー企業・団体が日替わりで出展し、エシカルな商品やサービスが並ぶ「マルシェブース」を中心に、フードコートやワークショップなど、多彩なコンテンツが登

マルシェの様子

場。マルシェブースには、フェアトレードや環境に配慮した製品、廃棄物を活用したアップサイクル製品などが並び、スタッフとの会話を楽しみながら商品の魅力を知っていただく機会となりました。

　農家支援キッチンカーとクラフトビールのキッチンカーも出展。フードロス問題や地産地消などについて考えるきっかけとなりました。ワークショップブースでは、アップサイクルや環境に配慮した制作体験ができ、子どもから大人まで一緒に楽しめるプログラムとなりました。

　また、2023年10月から2024年1月にかけて、未来を担う子どもたちがエシカル消費について楽しく学べる「TOKYO エシカル体験ツアー」を全3回で開催。パートナーである企業や大学の協力を得ながら、小学校高学年の児童とその保護者を対象に、エシカルな商品に触れたり学生と一緒にサステナビリティについて学びました。

　「おうちでどのようなエシカル消費ができるのか」「どのようなサステナブルな行動ができそうか」「学校で友達に今日の話をどう伝えられるか」を参加者が考え、今日からでもすぐに実行できる多くのアイデアが生まれました。TOKYOエシカルでは、このほかにも公式ウェブサイトやSNSでパートナー企業・団体の取り組みを発信したり、国内外の最新のエシカル消費に関するトピックについて、公式ウェブサイト[111]で紹介しています。

TOKYOエシカル
公式ウェブサイト

111 TOKYOエシカル公式ウェブサイトhttps://www.ethical-action.tokyo/

2

4ステップで広げるエシカル消費

徳島県危機管理部消費者政策課

　徳島県では、2008年に県内で発生した食品表示の産地偽装事件をきっかけに、国に対し消費者行政を推進する組織の発足を求める政策提言を実施し、2009年の消費者庁発足を後押し。「消費者教育の推進に関する法律」施行（2012年12月）を受け、同法で定義される「消費者市民社会」の理念に言及し、本県の現状を踏まえた高齢者の消費者被害の防止や幼少期からの消費者教育を重点とする「徳島県消費者教育推進計画」（現「徳島県消費者基本計画」）を速やかに策定するなど、早くから消費者教育を進めてきました。

　こうした流れのなかで、2018年10月、議員提案により都道府県初の「徳島県消費者市民社会構築に関する条例」（通称：エシカル条例）を制定し、県を挙げてエシカル消費の推進に取り組んでいます。

「エシカル甲子園」「とくしま国際消費者フォーラム」も実施

　具体的には、「①知ってもらう」「②生活に取り入れてもらうための教育」「③実践してもらうための環境づくり」「④エシカル消費の輪を広げる」の4ステップでの取り組みを展開しています。

　「①知ってもらう」については、まず「エシカル消費」という言葉の周知を目的に、エシカル消費を知るための講演会やフォーラム、エシカル消費関連の事業やイベント、事業者や団体の取り組み紹介、SNSを利用した情報発信やタウン誌への記事掲載、映画館での啓発動画の放映など、さまざまな媒体で啓発活動を実施しています。

　若者向けの情報発信については、X（旧Twitter）を活用したキャンペーンの継続的な実施により、2021年には1000人に満たなかったフォロワーが4500人超に増加（2023年12月時点）しました。「エシカル消費」の認知度（「言葉及び意味を知っている」「言葉のみ知っている、聞いたことがある」の計）は、2023年度の全国調査では29.3％なのに対して、徳島県では56.6％と、全国水準より高い認知度となっています。

　「②生活に取り入れてもらうための教育」については、県内全ての公立高等学校に「エシカル消費」を研究・実践する「エシカルクラブ」を設置し、各校の特色や強みを活かした実践を行い、2021年度からは各校の意欲がある生徒が、

エシカル消費の推進に向け活動する「とくしま・エシカル高校生委員会」を結成しています。地域の消費者活動を推進するリーダーの養成を目指す講座「徳島県消費者大学校大学院」にも「エシカル消費コース」を開設し、県民向けに生涯学習の機会を提供しています。

とくしま国際消費者フォーラム2022

「③実践してもらうための環境づくり」については、事業者や自治体、学校などが自らの取り組みを宣言する「エシカル消費自主宣言」を募集し、特に顕著な取り組みを行った事業者を「とくしまエシカルアワード」として表彰し、広く紹介するなど、エシカル消費を実際の行動につなげるための機運を醸成し、また、都道府県初となる消費者・事業者・行政が一体となった推進母体「とくしまエシカル消費推進会議」を設置し、情報交換・意識向上などを図っています。さらに、エシカル消費自主宣言事業者の協力のもと、エシカル消費につながる商品の販売やワークショップを取り入れた「とくしまエシカルマルシェ」を開催し、県内で身近にエシカル消費を実践できる環境づくりにも取り組んでいます。

　最後に、「④エシカル消費の輪を広げる」については、県内外自治体にエシカル消費の取り組みを広げ、自治体の情報交換・連携を図るための「エシカル消費自治体サミット（2018年度）」や、自治体の先進事例を学ぶ「エシカル消費自治体アイディアソン（2022年度）」を開催しています。

　また、エシカル消費の推進や実践を行う高校生などが日頃の取り組みの成果や今後の展望などについて発表する「エシカル甲子園」を、2019年度より県教育委員会が中心となり開催し、全国にエシカル消費の輪を拡大しています。

　さらには、消費者庁の政策創造・国際業務の恒常的拠点が徳島県に立地する強みを活かし、同庁との連携による「とくしま国際消費者フォーラム」を開催し、2022年度には、欧米豪やASEAN諸国の「エシカル消費トップリーダー」のディスカッションを国内外に発信するなど、取り組みの輪を拡大しました。

　持続可能な社会の実現に向け、徳島県では引き続き、エシカル消費の推進に取り組みます。　　ホームページ　https://www.pref.tokushima.lg.jp/syohisyagyosei/

2 「私が変わる 未来を変える」を合言葉にした「エシカルあいち宣言」

愛知県県民文化局県民生活部県民生活課

愛知県では、エシカル消費を広く県民の皆さまに普及啓発するため、「あいち消費者安心プラン2024（第三次愛知県消費者行政推進計画）」（2020年3月策定）において、エシカル消費に関する取り組みの促進を図ることを掲げ、2020年度からさまざまな取り組みを進めています。

エシカル消費ポータルサイトや県独自のロゴマークなどを活用した普及啓発

具体的な取り組みとしては、2020年度に、エシカル消費ポータルサイト「私が変わる未来を変える『エシカル×あいち』」を開設しました。

消費者一人ひとりの行動が世界の未来を変える"チカラ"

エシカル消費ポータルサイト「エシカル×あいち」

を持っていることに気づき、実感してもらう"きっかけ"となるように、エシカル消費の具体例や、県・市町村、団体、事業者の方の取り組み・活動、イベントなどの情報を掲載しています。

2021年度には、エシカル消費普及啓発イベントを開催しました。イベントでは、愛知県知事が、「私が変わる 未来を変える」を合言葉に「エシカルあいち宣言」を行い、エシカル消費に取り組んでいく愛知県としての強い決意を広く発信しました。宣言のほかにも、エシカルファッションショーや、エシカルトークライブ、エシカル商品の展示販売を実施するなど、来場者にエシカル消費を知っていただく機会となりました。

そのほかの取り組みとして、エシカル消費のイメージ動画と県独自のエシカル消費ロゴマークのデザインを募集しました。イメージ動画は、入賞作品10本を1本につないだものを「エ

愛知県エシカル消費ロゴマーク

シカル×あいち」YouTube公式チャンネルで公開しています。ロゴマークには、消費を連想させる買物かごの中にエシカル消費の3つの分類である「人や社会」をハート、「地域」を丸、「環境」を三角で表現し、そのつながりを一筆書きで表現したものが選ばれました。県では、このロゴマークを使用した啓発グッズを作成し、消費生活出前講座などで配布しています。

〈エシカル消費の認知度〉

2021年度県政世論調査によれば、エシカル消費のことを「聞いたことがある」と答えた人の割合は22.5%、「意味まで理解している」と答えた人の割合は5.9%となっています。

2022年度からは、県内でエシカル消費に取り組む事業者の方などを「エシカル×あいち」メンバーとして募集し、その取り組みを県のエシカル消費ポータルサイトで情報発信することで、広く県民の皆様にエシカル消費を普及啓発し、認知度を高めるとともに、消費者一人ひとりに日々の生活におけるエシカル消費の実践を促しています。

2023年度以降も、エシカルあいち公式SNSアカウントからエシカル消費に関する情報発信を行ったり、商業施設においてエシカル消費普及啓発イベントを開催したり、身近なエシカル商品や普段実践しているエシカル消費の写真をSNSに投稿いただくキャンペーンを実施しています。

今後も、こうした取り組みを継続することで、より多くの県民の皆様に、エシカル消費の知識を高め身近に感じてもらうとともに、実践していただきたいと考えています。

【エシカルあいち公式SNS】

〈X（旧Twitter）〉　　　〈Instagram〉　　　〈YouTube〉

エシカル×あいちポータルサイト　https://www.pref.aichi.jp/kenmin/ethical/index.html

3 「誰もが今すぐ取り組める」 社会貢献活動であることの自覚を

日本エシカル推進協議会会長 **生駒芳子**

　エシカル消費とは、ショッピングをすることで環境や社会、人、動物に良い影響を与え、課題を解決して、地球の未来をより良い方向に向かわせる、そんなポジティブな影響力を持つ消費のあり方です。

　そもそも消費者問題がどのようにして浮上してきたか、歴史をたどってみます。それまで声なき存在であった消費者が、声を上げることができる存在へと変化したのは、1960年代以降のことです。1960年にイギリスのロンドンで、国際消費者機構（CI）が創設され、1962年には米国のケネディ大統領が消費者の4つの権利を明確化しました。日本でも、1968年に消費者保護基本法を制定、2009年に消費者庁が正式に発足しています。

　エシカル消費は、1989年にイギリスにて創刊された "Ethical Consumer（倫理的消費者）" という雑誌においてこの言葉が使われ始めたのがきっかけでした。環境問題、人権、動物福祉に関する視点を明らかにし、消費を通して課題解決する方法を、消費者に伝える流れが生まれたのです。

　また、日本でエシカル消費が公式に取り上げられ、政策に反映する試みが行われたのは、2015年5月から2年間かけて行われた消費者庁主催の「倫理的消費」調査研究会でした。学術研究者、コンサルタント、自治体代表、NGOの活動家などが集まり、人や社会・環境に配慮した消費行動「倫理的消費（エシカル消費）」の普及に向けて幅広い調査や議論を行い、この会議から派生して、有識者が集まり誕生したのが日本エシカル推進協議会（JEI）です。

　当協議会で策定したエシカル基準は、中小企業を主要な対象として作られたエシカル経営の基準ですが、エシカル消費にも応用できます。基準の応用について、日本人が元来持っているエシカルな精神である「もったいない」「思いやり」「足るを知る」「和を尊ぶ」に沿って解説することにしましょう。

　まずは基準1「自然環境を守る」では、「もったいない」につながる多くのエシカル消費の行動が考えられます。資源保護、CO_2削減、エコ商品の購入、マイバッグ・マイボトルの持参、フードロス、てまえどり、ゴミ分別の徹底、ゴミのリサイクルやアップサイクリングなどは、自然環境を守る行動であり、もったいないの精神を生かした日々の行動につながります。

人への「思いやり」を促す基準に

　基準2、基準3、基準4、基準6では、「思いやり」につながる視点が得られます。たとえば基準2の「人権を尊重している」では、フェアトレード認証製品、寄付つき購入、障がい者支援、LGBTQへの配慮などです。基準3の「消費者を尊重している」では、ユニバーサルデザイン、基準4の「動物の福祉・権利を守っている」では、動物福祉への配慮なども「思いやり」につながる視点と言えるでしょう。基準6の「事業を行っている地域社会に配慮・貢献している」では、地産地消、被災地支援、地元の伝統工芸品、地域の商店街で買い物するなどが、地域社会への思いやりと考えられます。

　基準5と基準7は、「足るを知る」精神につながります。基準5の「製品・サービスの情報公開をしている」では、納得のいくものを買う、長く使う、修理やお直しする、買いだめや買い占めをしない、必要な分だけ購入するなどです。基準7の「適正な経営を行っている」では、健全な経営、ダイバーシティを尊重する企業を応援するなどが「思いやり」につながります。

　基準8では、「思いやり」に加えて、「和を尊ぶ」精神につながる行動が考えられます。海外の社会問題や未来を考える企業、事業に関わるプロセスで互いの立場を配慮できている企業を応援する視点です。

　また近年、見逃せないのは動物福祉、国際認証ラベル、ワンヘルスやワンウェルフェアを含むネイチャーポジティブなど最新のエシカル動向であり、それらをエシカル消費の選択基準に加えていきたいものです。

　諸外国に比べると日本では、エシカル消費の広まりが遅いと言われていますが、2024年年頭に起きた能登半島地震の被災地向けに行われたクラウドファンディングは、即座に多くの成果を出しました。それは、被災地を支援したいという消費者の心に強く直接訴えかける入り口だったからでしょう。

　当協議会では、消費者の心を動かす具体的な入り口について今後も調査・研究し続けます。

　今すぐに取り組める、最も身近な社会貢献活動であるエシカル消費は、地球の未来に貢献し投資する、「徳を積む」行為です。エシカル消費に楽しく取り組み、周囲に伝え広めることを生きがいとする——今日、この瞬間から誰もがエシカル消費の輪を大きく育てるリーダーとして、行動していただきたいと考えます。

衣服の使い捨ては、国内産地を衰退させる

一般社団法人unisteps共同代表理事 **鎌田安里紗**

　ファッションと言うと縁遠く感じてしまう方もいるかもしれませんが、衣食住という言葉に表されるように、衣服は私たちの生活にとって欠かせないものです。その衣服の生産・消費・廃棄のあり方は、ここ20年で大きく変化しました。世界で年間に生産される衣服の数は2000～2014年の間に倍以上に増え、2014年には1000億着を超えました[112]。さらに、生産量は増え続けており、2030年までの間に年間 2.7 ％の増量が予測されています[113]。

　生産量が倍増した2000～2014年の間に、世界で人々が衣服を所有する期間は半減しており、消費のペースが上がっていることを表しています。一方で、手放された衣服から新たな衣服に水平リサイクルされるのは、世界で1％未満であると言われています[114]。

　環境省の調査によると、日本では一般家庭から1年間に約75万トンの衣類が手放されており、そのうち66％が焼却・埋め立て、19％がリユース、15％がリサイクル（ウエスや防音材の割合が高い）されています[115]。リユースは、国外へ輸出されるものもありますが、昨今、グローバルサウスの国々に輸出される古着の行方が問題視されています。

　私も最大の古着輸入国の一つであるケニアを視察しましたが、中古衣料の輸入量の爆発的な増加は現地の繊維・ファッション産業を衰退させ、質の低下は中古衣料事業者の事業を不安定化させていることを目の当たりにしました。また、ポリエステルを代表とする石油由来の素材で作られた衣服が適切に処理されず、砂漠や海に投棄されることによるプラスチック汚染などが懸念されています。

　そもそも衣服は、生産段階での自然環境への負荷が甚大です。加えて、労働集約型産業であることから、従事者は低価格化の影響を受けやすく搾取構造が生まれやすくなっています。

世界各国で進む繊維・ファッションに関する法整備

　そうした背景から、世界各国における繊維・ファッションに関する法整備が進んでいます。欧州では2022年3月に持続可能な循環型繊維戦略が公表され、2030年までにEU域内で販売される繊維製品について、易リサイクル性（リサ

イクルしやすい設計にすること）の向上や過剰生産・過剰消費の廃止などの目標が掲げられ、拡大生産者責任（EPR）に関する要件整理が進められています。

　フランスでは2020年2月に循環経済法が施行され、売れ残り商品の廃棄禁止が規定されました。オランダでも2023年から繊維製品に対するEPRが導入されました。そのほか現代奴隷法（英国・2015年）、豪州現代奴隷法（オーストラリア・2019年）、衣類労働者保護法（米国・2022年）など、サプライチェーンにおける労働環境の透明化、人権尊重の取り組みを義務づける法整備が、世界各国で進められてきています。

　日本では法整備の議論は本格化していませんが、2022年に経済産業省により取りまとめられた「2030年に向けた繊維産業の展望」において、資源循環の取り組み強化と責任あるサプライチェーン管理の促進が掲げられました。環境省では2020年からファッションと環境のタスクフォースが発足し、調査や情報発信が、消費者庁ではサステナブルファッションに関するシンポジウムの開催や意識調査が続けられるなど、さまざまな動きが生まれています。

「大量生産・大量消費・大量廃棄から、適量生産・適量購入・循環利用へ」、これは環境省サステナブルファッションのウェブサイトに掲げられた言葉です。日本では、ここ30年で衣服の供給量は増加しているにもかかわらず、市場規模は縮小しています。1990年に6848円だった衣服1枚あたりの価格は年々低下し、2021年には2785円となっています[116]。1990年には50.1%あった国内生産の割合が、2022年には1.5%となりました[117]。衣服の低価格化はファッションの民主化と讃えられることもあります。しかし、本来長期耐久品である衣服を使い捨てる習慣を一般化させ、国内産地を衰退させることにつながっているのであれば変革が必要です。

　作り手と自然環境が尊重され、着る人も喜びを感じられる、そのような衣服の生産と消費のあり方が実現して欲しいと切に願います。

112 Remy, N., Speelman, E. and Swartz, S.: Style that's sustainable:A new fast-fashion formula(2016)
113 Mckinsey & Global Fashion Agenda: Fashion on climate(2020)
114 The Ellen McArthur Foundation: A new textiles economy: Redesigning fashion's future, November 28(2017)
115 環境省：令和4年度ファッションと環境に関する調査業務報告書（2023）No. 1, p. 23 (2012)
116 環境省「令和2年度ファッションと環境に関する調査業務 調査結果」
117 日本繊維輸入組合「日本のアパレル市場と輸入品概況」

サービス名を「エシカル就活」から「BaseMe」への変更で新たな価値提供

株式会社アレスグッド代表取締役CEO **勝見仁泰**

エシカル就活は、「社会に良いことをしたい」というビジョンを掲げ、高い行動力と志を持つ学生と企業が出会える、スカウト型新卒採用のプラットフォームです。

その特長は、エシカルに関して意識が高い学生をピンポイントで獲得する独自のチャンネルを持ち、長期インターンや留学、学生団体設立などに取り組んだ経験がある学生が登録者の過半数を占めていることです。また、新規に申し込む学生の過半数は知人の紹介経由で登録しているため、優秀な人材が優秀な人材を紹介する好循環を生んでいます。

なぜ、『エシカル就活』を立ち上げたかと言うと、3年ほど前に自身が就活をしたことがきっかけでした。実家が八百屋だったこともあり、サプライチェーンに関心を持つようになり、そこにはエシカルに取り組む生産者、物流、小売店などが存在すること。世の中には気候変動、児童労働、アニマルウェルフェアなどのたくさんの社会課題があることも知りました。

少しずつこうした社会課題に向き合い、その解決に根本から取り組む企業で働きたいと思うようになり、企業選びを始めたのですが、なかなか自分にフィットする企業を見つけ出すことができませんでした。

それは新卒採用をするイベントも、就活向け書籍や雑誌の情報も、企業紹介は業界・業種別であったからです。学生はどんな職種につきたいのかを最初に決めて、そこから働きたい企業を選んでいかなければならない状況であったという体験が原体験となり、自らがプラットフォームを立ち上げたのでした。

学生の登録ユーザー数は1万3000人、登録企業は150社超

とは言え、当時は就活に関して、私と同様の考え方の学生がどれぐらいの数いるのかは把握しきれていませんでした。そこで、学生に就活時の悩みに関するアンケートを取ったところ、業界（業種・業態）にかかわらず、社会課題の解決に積極的に取り組む企業を知りたいというニーズが高いことがわかり、この切り口で就活のイベントを開催することにしたのです。その結果、150人ほどの学生に集まってもらうことができました。

その後、自然電力やユーグレナなどの企業にも協力していただき、実際に企

業と学生のマッチングを目的としたイベントも開催。学生からは「環境問題、社会課題の解決を目指す企業に就職することができた」、企業側からも「優秀な人材を採用することができた」と喜んでいただいています。

　ところで、取り組みをコロナ禍でスタートさせたこともあり、イベントのマッチングプラットフォームとしてウェブサービスでスタートさせました。この運営方法が好評なため踏襲させていますが、現在、サービスへの学生の登録ユーザー数は1万3000人程度、企業数は150社を超えています。自動車メーカーや化学メーカー、空調メーカーなどの大手企業からユーグレナ、自然電力といった社会課題に取り組むスタートアップ企業、そして、中小企業の方々にも参加していただいています。

　当社はこれまで社会課題の解決やエシカル、サステナブルといったキーワードに関心がある学生の就活を支援してきましたが、最近、企業の新たなニーズとして、自社のビジョンや方針に共感したうえで、即戦力になるスキルを兼ね備えた学生を求め始めています。企業が方針を明確にすることで、参加する学生の働くことへの意識も高まっています。ちなみに、行動力のあるハイクラス学生の登録は、全体の登録数の半分以上を占めます。

　なお、『エシカル就活』は、2024年2月より、『BaseMe（ベースミー）』とサービス名称を改めました。これまで同様「社会課題」や学生が「取り組みたいテーマ」を軸にしたマッチング創出を図りつつも「スタートアップ」「グローバル」「IT・テクノロジー」「気候変動」「地方創生・まちづくり」などのカテゴリーで、働きたい企業を探すことができるようになりました。業界（業種・業態）で企業を選ぶ「一般的な検索軸だけではない」ところからスタートしたわけですが、当社が掲げる『人類の価値観を解放する』というビジョンの実現を加速し、その実現を目指していきたい。具体的には、スキルや経験に加え、より個人の価値観を軸に、企業や組織カルチャーとの本質的なマッチングを創出していきたいと思っています。

　これからの時代は働く側の一人ひとりが社会のためにどう貢献したいのか、どんな社会課題の解決に役立つのかという考え方を持って仕事選びをしていくことが重要です。今後は、転職活動をする社会人向けのサービスも始める予定です。

社会問題への関心がすでに高いZ世代

株式会社ベイシアン取締役 **稲野辺海**

Z世代の価値観として、多様性やインクルージョン、社会問題への意識・関心が高いと言われています。消費の面でもブランドや商品の背景を追求し、共感できる存在を応援するといった姿勢を育んできた世代[118]です。そんな社会課題の影響をより身近に感じ、考える感覚を持つZ世代こそ、まさに "エシカルネイティブ" と呼べる世代だと考えています。

エシカル消費意識調査（電通、2022）[119]の結果、エシカル消費への認知・関心・実施意向は例年上昇傾向で、それを牽引しているのは10〜20代の男女です[120]。さらに、サステナブルライフスタイル意識調査（電通・電通総研、2023）によると、18〜26歳は、ボランティアや寄付などの社会貢献活動で示す喜びや意欲が世代間でトップになっています。

SDGs達成に向けて意識をし、行動するユースは約7割へ

エシカル消費実施意向（図表2-1）に注目すると、男性平均が33.9%で女性平均は53.6%であり、しかも年齢が上がるほどその差が開いていく結果になっています。この世代と男女間のギャップ払拭が課題の一つと言えます。

二つ目の課題は、日頃からSDGs達成に向け行動するユース（30歳以下）に募る企業への不信感です。これが顕著に表れた日本のユースにおけるSDGsへの意識調査（JYPS, 2023）[121]では、日頃からSDGs達成に向けて意識行動しているユースは約7割。一方で、SDGs達成を掲げている企業について「信頼できる」と答えたユースの割合は35%で、「そう思わない」と答えた割合が52.5%と上回っています。

現状の課題解決と真の目的達成のためには、差別化ではなく、所属を超えた関係者連帯が必要不可欠だと考えます。今日エシカルに関連するキーワードはカーボンニュートラル、SDGsなどさまざま存在しますが、各目的は相互に影響し合っているものが多いです。

たとえば、ジェンダーと気候変動[122]についても、気候変動の最大被害者である社会的弱者という視点において相互影響関係が強い問題と言えます（遠藤, 2022）。さらに、カーボンニュートラルの推移を見ても、現状の政策と実施状況では全く足りないほど、気候変動の影響が深刻化しています。

図表2-1　エシカル消費実施意向

「エシカル消費」全般について、ご自身の日常生活に取り入れたいと思いますか。

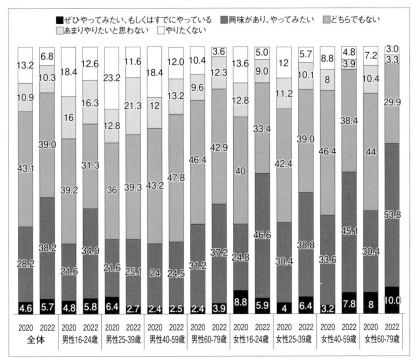

　このように各方面で時間や対策が足りていないからこそ、もっと関係者同士が連携し、行動喚起を加速させていく必要があります。関係者とは、政府・NGO／NPO・非営利法人・企業・市民に至る存在です。具体的には、政策提言やオンライン署名、デモ、勉強会など個の活動を共同で実施するなど、互いの知識と影響力を結集させる機会が増えることを期待しています。

118 <https://www.d-sol.jp/blog/generation-z-will-change-sustainability>2023.12.27閲覧

119 （株）電通 (2022.6.20 更新)【レポート】"エシカル消費意識調査2022". 電通ホームページ<https://www.dentsu.co.jp/news/item-cms/2022021-0620.pdf>、2023.12.27閲覧

120 （株）電通 (2023.10.26 更新)【コラム】"Z世代のポジティブな価値観が、サステナビリティ経営を変える力に！".Do! Solutionsホームページ

121 持続可能な社会のためのジャパンユースプラットフォーム（JYPS）提供。"日本のユースにおけるSDGsへの意識調査"、調査期間2023年7月25日〜8月31日

122 遠藤理紗 (2022.9.20 更新)"気候変動とジェンダー——人口減少社会・日本の現状と展望". J-STAGEホームページ<https://www.jstage.jst.go.jp/article/eis/51/3/51_33/_pdf/-char/ja>、2023.12.27閲覧

改めて私たちの生き方と、その倫理を問い直す

お茶の水女子大学附属高等学校教諭 葭内ありさ（よしうち）

　持続可能性に関する教育は、私たち自身の生き方の選択と倫理を問い直す哲学的実践であり、生活のあり方、すなわちライフスタイルの教育と言えます。エシカル消費は、環境、人権、動物の権利、社会課題など幅広い事柄を包括しています。諸課題は相互に関係し、全てはつながっています。エシカル教育で多角的、多面的に持続可能性を捉えることが可能となり、獲得した視点は日々の物事を俯瞰して捉える力となるでしょう。

　教育政策としては、持続可能な開発のための教育を日本が提唱し、ESD（Education for Sustainable Development）としてユネスコが主導機関となり、国際的に取り組まれてきました。日本では2017年の文部科学省による新学習指導要領にも反映され、「持続可能な社会の創り手」の育成を踏まえた新カリキュラムが、2020年度より小学校、2021年度より中学校、2022年度より高等学校で始まりました。

　ESDは、本来、広く持続可能性に関する事柄を対象とします。現場の実践では環境教育がその圧倒的多数を占めてきました。世界における教育改革の流れで一定の役割を果たしているOECDの指針も環境教育に重きが置かれており、イタリアでは高校必修科目ともなりました。しかし、持続可能性の教育に関しては環境課題に限らないより広い視野の獲得を可能としていくことが必要であり、エシカル教育が寄与すると言えるでしょう。

日本でのSDGsの認知度はすでに9割

　日本でエシカル消費を明示した教育実践は、2011年より国立大学法人お茶の水女子大学附属高等学校の家庭科で開始されました。家庭科はその特徴として、生活を政治、経済、科学の視点で見つめ、知識のみならず実社会と連携した体験や話し合い、発信活動など、生徒の主体的な学びを可能とする必修教科のため、エシカル教育に適しているからです。

　消費者教育推進法が2012年に制定されると、従来の「騙されない個人として賢い消費者」を育てる消費者教育だけではなく、環境や社会に与える影響を消費者が自覚して、主体的に公正で持続可能な社会の形成に積極的に参画する、「消費者市民社会」の実現を目指した教育が求められるようになりました。消

費者の権利だけではなく責任が問われています。

　公教育でも2010年代から自らの日々の行動と社会的課題がつながっていることに気づかせる実践が次第に見られるようになり、近年さらに増えています。2014年に高校家庭科で使用が開始された東京書籍の文部科学省検定教科書には、エシカルファッションのコラムが掲載され、その後エシカル消費関連ページが増加し、他社や英語など他教科の教科書、中学校の教科書などへと広がりました。

　学校以外でも、国民生活センターや消費生活センターにおける消費者教育講座において、エシカル消費に関する内容が扱われ、教員や一般市民の意識の醸成に貢献しています。民間では、2014年、2015年にエシカルなアパレル企業Lee JapanとNGOのACEが主催し、エシカル消費の啓発として開催されたエシカルファッションカレッジが多数の来場者を記録しています。

　さらに、2015年のSDGsの登場は、エシカル消費や消費者市民社会の理念に関係する教育実践を後押しするものとなりました。2015年には消費者庁主催、農林水産省と文部科学省後援で第1回「エシカル・ラボ」が開催され、有識者シンポジウムと共に、高校生も登壇した啓発活動が行われました。2019年には徳島県が行政として世界で初めて通称エシカル条例を制定し、学校におけるエシカル教育を推進するとともに、エシカル甲子園などの施策を実現しています。

　日本でのSDGsの認知度は、2023年に一般男女全体で9割を超えています。特に10代は学校教育の影響で、「内容まで理解している」者が6割以上です。ただ、調査では10代は実践意欲が低くとどまっており、実際の行動変容につなげていくことは今後の課題です。また、工夫や費用をかけて真剣にESG[123]に取り組み持続可能性を追求する企業も増えていますが、消費者の知識や理解不足のために、その努力が社会のなかで受け入れられていないということも課題です。

　公的な学校教育においてエシカル教育を行うことはもちろん、学校以外のノンフォーマル教育の場においても、継続的な教育や啓発の機会を増やしていくことは、幅広い年代へのアプローチと、最新の状況を踏まえた新たな取り組みや考え方の浸透につながり、持続可能な社会の実現に必要であると言えます。

---

123 環境、社会、ガバナンスに配慮した経営、あるいは投資のスタイル

8 10年間メディアを運営してきて感じた「エシカル」のこれから

webマガジン『ethica（エシカ）』編集長 **大谷賢太郎**

　2013年にエシカルライフに焦点をあてた日本初のWebマガジンとしてスタートした『ethica（エシカ）』は、10周年を迎えることができました。時代の激変のなか、10年続いてきた理由はどこにあるのでしょう。その理由の根幹にあるのが「マスメディア」と「クラスメディア」という考え方です。マスメディアは、テレビや新聞などに代表される、不特定多数にさまざまな情報を伝達する手段・媒体のこと。クラスメディアは、特定の趣味やライフスタイルを持つ層に対して、情報を発信する手段・媒体を指します。

　エシカは、創刊当初からクラスメディアを意識してきました。10年前は「エシカルファッション」という用語はありましたが、取り組んでいるブランドも少なく、情報もなかなか得られませんでした。こうした状況のなか、それこそがチャンスと捉え、突き進んできたのです。

　エシカでは分野をファッションに限定せず、美容・健康・食べ物・働き方・学び・文化芸術など、ライフスタイル全般までカテゴリーの幅を広げて、エシカルの情報発信をすることにしました。同時に、万遍なく情報提供するのではなく「特定の誰かの記憶に深く残るような情報を発信したい」という想いがありました。そうすることで、その人がエシカのファンになり、メディアを何度も訪れるようになると考えたのです。一見すると遠回りに感じるかもしれませんが、この方法で運営してきたことが10年続いた理由の一つだと私は感じています。

直接、エシカルの魅力を体験する機会を増やせるかが大切

　エシカのコンセプトは、「私によくて、世界にイイ。」です。ファッションや食、アートなど七つのカテゴリーからエシカルなライフスタイルを実現するための情報を発信しています。読者の7割が女性。主な対象は20〜30代で、創刊時からの読者も多く、40代も増えています。高学歴層や富裕層、帰国子女、留学経験者、アートへの意識が高い方が多いのが特徴です。

　サステナビリティという言葉が注目を浴び始めたのは、国連がSDGsを発表した2015年以降、コロナ禍では自宅で過ごす時間が増えたことで、健康や美容を意識する人も増加しました。同時に、自分のことだけでなく身近な環境や

社会に意識を向けるウェルビーイングの考え方も高まってきました。こうした流れを受け、『エシカ・ビューティープロジェクト』を発足。自分の美と健康に役立つだけでなく、環境や社会にも良いものにシフトしていく試みを始め、読者にも好評でした。

これからの10年という意味では、活字による間接体験だけではなく、エシカルの魅力を直接体験する機会を増やしていきたいと考えています。リアルでのタッチポイントを増やすべく、美容室のサイネージ端末にエシカの情報配信をスタート。活字体験に加え、SNSやYouTube、サイネージも合計すると、月間150万人がエシカのコンテンツを視聴しています。

最近、注力しているのは「旅」です。旅は、エシカルを直接体験できる場であり、エシカが大切にしている七つのカテゴリーが全て含まれています。2023年はホテルやコスメブランドと一緒に、エシカルな宿泊プランを企画・提供。また、アフターコロナの需要とも重なり、エシカルをテーマにした旅の企画は、読者から大きな支持を得ています。もちろん、旅のなかには宿泊を伴うものだけでなく、博物館や美術館を訪れるような「小さな旅」も含まれます。気軽に体験できる小さな旅も、積極的に紹介したいと考えています。

私は日頃から「人生は楽しむためにある」と思っています。「人生の楽しみは何か」と聞かれたときに「旅」と答える人が多く、旅には癒やしやリラックスの機会だけでなく、旅に出ることでさまざまなインスピレーションや学びを受け取ることができます。エシカルを直接体験できる場として、また、人生の楽しみの1つとしてもエシカルな旅を引き続き提案していきたいと考えます。

エシカの創刊に際して、従来からあったエコロジカルの考え方に「人や社会、地域にもやさしい」という意味合いを加えてメディアの世界観を形成していきました。エシカルは直訳すると「倫理的な」という意味であり、当然のことながら、100人いたら100通りの倫理観があります。こう考えたときに、「エシカル基準」という発想は、とても興味深いと感じました。もちろん、エシカル基準は認証マークや制度ではないのでこの基準をクリアしないとエシカルと認められないという類のものではありません。正解が一つでないからこそ、さまざまな有識者たちが、自らの経験や多角的な調査・分析を踏まえて、議論や検証を重ねてきた結晶でしょう。

このような基準は、これからエシカルについて探究を考えている方や、エシカルな考え方をビジネスに取り入れられている企業にとって、一つの羅針盤として、大いに役に立つだろうと期待しています。

当たり前を疑い、
豊かさを再定義する、声を上げる

DEPT代表／アクティビスト **eri**

　私がエシカルに目覚めたのは自然な流れで、両親が古着屋を経営していたことは大きかったと思います。両親はアメリカで暮らしていたこともあってか、地球環境に負荷をかける洗剤は使わないなど、普段からサステナブルにこだわり、そんな環境で育ったからです。小さい頃から古着を着て育ったこともあり、ものを長く使うのは当たり前、という感じでした。約20年前、一人暮らしを始めたときにゴア元副大統領の『不都合な真実』という本を読み、自分の生活自体を見直そうと思いました。

　ライフスタイルとして、食生活では、約7年前から自宅では菜食を続けています。近郊の産地から直接、無農薬の野菜を買い、フードマイレージの少ない消費を心がけています。ベランダには、古材を使って作られたコンポスト「キエーロ」[124]を置き、生ゴミが一切出ない生活。ティッシュやキッチンペーパーも使いません。近くに計り売りのお店があるので、容器を持っていき、納豆も片栗粉もオリーブオイルもキムチも梅干しも計り売りで買います。基本、お肉は食べません。アニマルライツの視点や健康上の問題だけではなく、メタンガスや大豆飼料の問題など、地球環境に負荷をかけている状況も見逃せないと考えています。部屋の掃除は、廃棄された帆立貝の貝殻を砕いたホタテパウダーを使います。水とお気に入りのエッセンシャルオイルを加え、台所、洗濯、トイレ、床まで掃除でき、消臭・殺菌に優れているので万能。昔ながらのがら紡ふきんを、スポンジやタワシの代わりに使います。電気は、自宅、会社ともに自然エネルギーを使い、水は環境負荷の少なくゴミの出ない水道直結ウォーターサーバーを使用。持ち歩くものは、携帯用魔法瓶、折り畳み式のカップ、オーガニックコットンを柿渋で固めて蜜蝋でコーティングしたバッグなどです。

　廃棄された蛍光灯をリサイクル[125]して、古いボトルの栓に使えるボトルヘッドやプレート[126]を開発して販売していますが、自宅でも愛用。エシカルな生活は、私にとっては、「やらなくちゃ」というより、「健康的で快適で、いろいろな新しいことを工夫して挑戦できる」クリエイティブで楽しい生活なのです。

　仕事では、2002年からブランド「mother」を始めましたが、量産をして気づいたのは、ファッション業界は、無駄が多く、作りすぎということ。コレクションのシステムから梱包方法まで、当たり前の"無駄"に疑問を感じて、今

は必要な量だけを作る受注生産にシフトしています。

気候危機が深刻なのを知り、環境活動家としても活動

　環境活動家として活動を始めたきっかけは、2019年にIPCC（気候変動に関する政府間パネル）の報告書でした。気候危機の深刻な状況を知り、「声を上げなくては！」と思い立ったのです。2020年から発信を始めて、2021年には、水原希子さんや二階堂ふみさんのような社会的影響力のある人たちとセッションして気候危機に関する番組を配信し、ハンガーストライキをしました。3日間、水と塩だけで過ごし、経済産業省の前では、NDC（国が決定する貢献）62%以上や原発・化石燃料ゼロの声を上げました。ハンガーストライキでの気づきは、過去の運動が今に続いているということです。女性解放運動で声を上げた人たちがいたからこそ、私たち女性が声を上げることができるようになったのです。3年経った今でも「あのハンガーストライキで、気候変動の深刻さに気づいた」という人に出会うのですが、みなさん、人生をシフトしてエシカルの領域の仕事に就き、イキイキと活動を続けています。

　エシカルに関しては学びながら進むことが大切です。また「当たり前を疑う」「豊かさの再定義」「声を上げること」も重要。今の世の中は、サイレント・マジョリティ、声を奪われている状況だと感じています。子どもも大人も学べる教育が必要です。昨年末からはinstagramに続き YouTubeで「気候辞書TV」[127]を始めて、気候変動に関する最新情報をわかりやすく伝える活動も展開しています。

　仲間にはクリエイターも多く、私自身もファッションや音楽、アートなどの中で育ってきましたが、文化はエシカルを広めていくうえで、とても重要な要素です。古着もリユースという機能面だけでなく、着ることで文化や歴史も楽しめるという視点も大切だと考えています。人間の生活のもとは自然のなかでの循環により完結してきたので、エシカルは、そこに還るという発想です。本当の豊かさとは、本当に私たちに必要なものとは何か、と想像力を働かせ続けることも、エシカル・トレーニングになると思っています。

124 DEPT COMPOST BIN（キエーロ）https://rebuildingcenter.jp/2021/10/23/dept/ 2024.4.25閲覧
125 Recycled Glass BOTTLE HEAD（蛍光灯リサイクル）https://d-e-p-t.tokyo/eshop/products/detail/33485 2024.4.25閲覧
126 Recycled Glass WAVE PLATE（蛍光灯リサイクル）https://d-e-p-t.tokyo/eshop/products/detail/33187 2024.4.25閲覧
127 気候辞書TV（Youtube）https://www.youtube.com/playlist?list=PLM2A9GUIC8kDiI4QZFANDwStgaFro3lg 2024.4.25閲覧

LGBTQ

10 企業に求められるLGBTQへの理解とエシカルの視点

非営利型一般社団法人日本LGBT協会代表理事 **清水展人**

　最近はメディアでも、LGBT理解増進法をはじめ、全国各地で進むパートナーシップ制度、議員・関係者による差別発言、ハラスメント発言など、LGBTQについて耳にすることが増えてきています。法務省は人権課題として性的指向および性自認を位置づけ、性的指向および性自認を理由とする偏見や差別をなくすため啓発活動を進めています。

　私たちの生まれた土地、国籍、肌の色と同じように、私たちの性的指向（好きになる相手）や性自認（心の性、ジェンダーアイデンティティ）は本人の意思で選択しているわけではなく、変えたり矯正したり治療したりするものではなく、個人の尊厳に関わる問題として尊重する（厚生労働省）べきことだからです。そして各企業においても、厚生労働省は、性的マイノリティの当事者を含め、多様な人が活躍できる職場環境を整えるための取り組みを推奨しています。

　性的マイノリティと呼ばれる人は人口の8%〜10%存在していると言われ[128]、これは血液型のAB型や左利きの割合とよく似ています。性的マイノリティに限らず、私たちのセクシュアリティは、目には見えづらいものです。目に見えやすいのは服装、髪型、振る舞い（性表現）の部分で、場合により手足や顔といった身体的なセクシュアリティ（性的特徴/体の性）です。人権に関わる性的指向や性自認は特に見えづらく、だからこそ、性的指向や性自認も人それぞれであるという知識を持ち、意識する必要があります。「私の会社にはいない」「彼氏（彼女）はいるの？」などの発言や環境の未整備から“私は取り残されている”という気持ちや不安、嫌悪感を抱いている当事者も少なくありません。職場でカミングアウトしない当事者が8割（厚生省, 2020）であることは、まだまだ話しづらいと感じる当事者が多いということを意味しています。

　そもそも性的マイノリティであることをカミングアウトすることも義務ではありません。職場において上司や部下に理解されるかわからない不安のなか、相談したり、打ち明けることは困難です。実際に私も17年前までは戸籍上は女性でした。現在は男性戸籍となり、結婚し10年以上が経過した性的マイノリティで、今は子ども2人を育てる父親です。そんな生い立ちの私ですが、もし、あなたの会社ですれ違ったとしても、外見上、私がトランスジェンダー

（出生時に割り当てられた性別と性自認が異なる人）であることはわからないでしょう。それは性的指向がたまたま異性ではなかったゲイ、レズビアン、または、性的指向がたまたま異性だけに向いていないバイセクシュアルの人も同じです。社内や取引先、顧客にも存在しているのが当たり前で、性的マイノリティの人々を詮索する必要はありません。性的マイノリティの人々が共に働いていることに気づき、それを前提として社内に安心できる職場環境づくりを推進していくことが大切です。

一人ひとりの性が尊重される職場作りをしよう

　これからの企業には、社会的に弱い立場にある人々も誰ひとり取り残さないという人権感覚も一層問われるようになります。社内、取引先、顧客からの信頼を得るためには、性の多様性を尊重する象徴としても使われるレインボー色を掲げ、企業内で行う支援の中身がさらに重要となります。性的マイノリティも安心して働くことができるように厚生労働省は、「多様な人材が活躍できる職場環境に関する企業の事例集〜性的マイノリティに関する取組事例〜」（2020年）で、研修などによる理解増進、採用・雇用管理、福利厚生、トランスジェンダー社員が働きやすい職場環境の整備などについて掲載、自社の状況確認をチェック、職場環境の改善を促しています。

　2022年4月よりハラスメント対策が義務化した現在、性的マイノリティの社員も安心して働くことができるようになるには、できる限り速やかに性的マイノリティについて知ることから始めていくことに大きな意義があります。それがリスク管理にもつながります。

　「私はこの場所で長く働きたい」「すばらしい人権意識、啓発を行う会社から商品を長く愛用したい」「この会社はエシカルが進んでいて、サステナビリティを感じることができる」と評価される経営・組織体制をつくっていくには、研修等を重ね、今までの当たり前を見直していくことと、職場内外の環境作りとして制度や体制の見直し・改善が必要です。

　打ち明けにくい人たちの声を、信頼して伝えられる人間関係作りには、「人権を尊重し、誰一人も取り残さない持続可能な経営を行う」というメッセージや姿勢に一貫性を保ちながら職場環境施策を進めることです。これが社内、取引先、顧客から信頼される企業経営のあり方につながっていくことでしょう。

---

128 8.0%（2016/博報堂）10.0%（2019/LGBT総合研究所）8.9%（2020/電通ダイバーシティ・ラボ）

11

企業に必要な
ダイバーシティの考え方とは？

株式会社リンクコーポレイトコミュニケーションズ代表取締役社長 **白藤大仁**

　ダイバーシティ（Diversity）という言葉が注目されてから久しくなりました。現在は、Diversity（多様性）に加えて、Equity（公正）、Inclusion（包摂）、Belonging（帰属）という、さらに一歩踏み込んだDEIB（ダイバーシティ・エクイティ・インクルージョン&ビロンギング）という概念が提唱され始めています。ここでは多様性に関する歴史を紐解きながら、この概念について紹介していくことにしましょう。

　バラエティ（Variety）という言葉も多様性を表しますが、これは「同種のなかでの差異」を指し、ダイバーシティ（Diversity）は「そもそもの異種」を表すニュアンスを持っています。1950年代の米国における雇用の差別的風潮に端を発し、「そもそもの違いを認識すべし」という観点から、ダイバーシティという言葉が、世の中に浸透し始めたのです[129]。

　加えて、連邦法として1964年に制定された公民権法に基づき、雇用機会均等委員会が設立されたことも転機となりました。それまでは差別の強い州において、人種などによる雇用差別に対して訴訟を起こしたとしても、白人優位の判決が下るケースが散見され、報復行為を恐れて声を上げられない文化が根強くありましたが、これが処罰の対象となったのです。

　その後、1980年代には企業の競争力を高めるために、エクスクルージョン（Exclusion;除外）という社会的経済格差の反義語として、インクルージョン（Inclusion;包摂）という概念も浸透することとなります。

　要は、異種の認識と差別の解消だけでなく、それを包摂してエネルギーに変換していくことが重要視され始めたと言えます。

　さらに時代を経て緩やかに、しかし確実に、D&I（Diversity & Inclusion）という言葉が世間に浸透します。たとえば、2011年に米国の経営学者マイケル・ポーターが提唱した「CSV（Creating Shared Value）」という概念は、ダイバーシティの次なるステージです。"企業は、社会的責任を果たすことによる共通価値を創造するべきである"というこの考えは、ダイバーシティが単なるリスクマネジメントだけでなく、価値創造の文脈への転換のきっかけになったのです。そして、2020年8月、米国証券取引委員会による人的資本の情報開示義務化から、労働市場に加え資本市場にも影響がおよびます。日本では、2018

年に経済産業省がダイバーシティ経営を推進し、2021年のコーポレートガバナンス・コード改訂[130]で「社内の多様性の確保」という条項も整備され、企業がダイバーシティを求められる時代になったのです。

「個人差を配慮して配分する」ことを意味するエクイティ

その後、D&Iにはさらにエクイティ（Equity）という言葉が付け加えられます。ダイバーシティは「平等であること」と間違われやすいのですが、Equityは「公正」と訳され、「個人差を配慮して配分する」というものです。そのため、資本主義の世界においては、エクイティという概念がより重要視されたのです[131]。日本では、1985年の男女雇用機会均等法の制定を起点に、2000年前後まで労働市場における公平性を目指した言葉として用いられたことが、この概念にあたります。

ただし、生理的欲求と安全欲求が包摂され、公正性が提供されるだけでは、多様な力と知が混じり合った非連続の価値を生み出せるわけではありません。そこで現れた概念がビロンギング（Belonging）です。これは所属や帰属を表しますが、大切なのは、ただ所属することではなく、所属した場においてエンゲージメントを高めることです。Belongingという名のエンゲージメントが編み上げられることで、Diversity & Equity & Inclusionが実現するのです[132]。

今、まさにダイバーシティの観点は、収斂（しゅうれん）に向かいつつあります。DEIBとは、個々の差異を認識して（Diversity）、公正（Equity）な配慮をしつつ包摂（Inclusion）することにより所属する場所へのエンゲージメントを高め（Belonging）、未来の発展に向けたエネルギーを生み出すことです。経済産業省[133]や内閣府、法務省から示されているさまざまな指針を参考にしながらこの取り組みを開示し、投資という名の社会からの期待を集めることが、これからの企業の発展の試金石となっていくことでしょう[134]。

129 U.S. Equal Employment Opportunity Commission 〈https://www.eeoc.gov/〉2024.4.23閲覧
130 東京証券取引所「コーポレートガバナンス・コード」https://www.jpx.co.jp/equities/listing/cg/index.html 2024.4.23閲覧
131 日本金融監査協会〈https://www.ifra.jp/pdf/2021/1/121_web.pdf〉、2023.11.29検索　荒金雅子「ダイバーシティ＆インクルージョン経営」
132 Dora C. Lau and J. Keith Murnighan：Demographic Diversity and Faultlines: The Compositional Dynamics of Organizational Groups
133 経済産業省「責任あるサプライチェーン等における人権尊重のためのガイドライン」https://www.meti.go.jp/press/2022/09/20220913003/20220913003-a.pdf 2024.4.23閲覧
134 金融庁「記述情報の開示の好事例集2023」の公表」https://www.fsa.go.jp/news/r5/singi/20231227.html 2024.4.23閲覧

12

AIの倫理原則の策定から
安全安心して使うための社会体制整備へ

東京工業大学データサイエンス・AI全学教育機構特任教授 **市川類**

人工知能（AI）は革新的な技術です。デジタル技術の一つとして、幅広い分野に利用され、その影響力は非常に大きいと言えます。ChatGPTなどの生成AIは一般の消費者が直接使えるものとして話題になっていますが、AI技術自体は、以前より、デジタル技術の一部として私たちが利用する各種サービスにおいて利用されてきています。たとえば、ネット通販でのおすすめ表示や配送システムの裏側でもAIが活用されています。

その際、革新的な技術は、その利用方法によってはリスクをもたらす可能性があり、過去においては、問題が発生するとそれに対応して法律などが整備されてきました。しかし、新しい技術がどのように社会に影響をおよぼすか予想は簡単ではありません。AIの場合も、当初はどのような影響をおよぼすか不明でしたが、AIの回答結果を各種の意思決定に使われるようになるにつれ、AIは過去のデータに基づいて判断するので、現在の社会規範と異なる結果を出すことが明らかになり、問題として認識されるようになってきました。そのために各種の是正する仕組みが進められており、ChatGPTなどでは、人間が適切なフィードバックを与えて、どのように答えるべきかを教え込んでいます。

最近の生成AIに関する問題としては、AIが生成する情報の正確性・誠実性などの問題に加え、偽情報を生成して悪用される問題、著作権の問題、入力に使われる個人情報・機密情報の取り扱いなどが懸念されています。特に、ディープフェイク技術による本物そっくりの画像・映像などは、選挙運動におけるネガティブキャンペーンなどに利用されることにより、民主主義を脅かす危険が指摘されています（図表2-2参照）。

このようにAIは適切に利用されることが求められるため、法律による規制、ガイドラインなどの社会的ルールの整備や事業者による取り組みが必要になりますが、それだけでなく、使う側においてもリテラシーを持つことが重要です。つまりAIは使い方次第であり、利用者においても、その限界を理解し、また、適切に利用することが求められます。教育現場における ChatGPTなどの利用が議論になっていますが、ただ禁止するのではなく、ChatGPTの限界を理解したうえで、その回答の問題点を批判的に考察するなどの、生成AI時代の新たな教育方法への改革が求められます。

図表2-2　ChatGPT型AIシステムに係る社会的リスク（2023年5月時点）

分類			課題・論点
出力内容に係る社会的リスク	正確性・信頼性	正確性、誠実性	・学習データ上の限界 ・嘘・幻覚（Hallucination）：事実関係に基づかない回答（知ったかぶり）
		悪用による偽情報（信頼性）	・そもそもフィクション作成も可能 ・悪意ある文章の作成の容易化
	公平性・社会的妥当性	公平性、社会的妥当性	・学習データ上のバイアスの可能性
		政治的妥当性	・社会的妥当性（中国の規制の事例）
入力（学習データ等）関連のリスク（各種法令関係）	オーサーシップ・盗作と著作権	出力の著作権・盗作（Authorship）	・著作権法上の扱い（日本、米国等の事例） ・研究論文、教育課題等での利用
		学習データの著作物の利用	・著作権法上の扱い（日本、米国等の事例）
	個人情報、企業秘密	学習データの個人情報利用	・個人情報保護法上の扱い（GDPR・伊の事例）
		プロンプト入力における個人情報、企業秘密	・情報セキュリティに係る信頼性

出典「第四次AIブーム(ChatGPT)による世界のAIガバナンス制度の進化」（市川類,2023/5/15）[135]

　AIの倫理規定については、実は日本が先駆けとなって議論を始めたことを紹介したいと思います。日本がAIの倫理問題に関して議論を始めたのは、2015年頃からです。その後、日本の総務省は、2016年に日本で開催されたG7にAI開発原則案を提示し、その結果、G7を中心にAI倫理に係る世界的な議論が進展することになりました。EUは2018年から動き始め、2019年には、EUと日本がそれぞれAI倫理に係る文書を発表しました。このEUと日本の文書の作成過程を並行しつつ、G7などでの議論が進められ、2019年にOECDが「AI原則」を発表され、これが現在の国際的な基準となっています。その後、EUは、2021年にAI法案を発表しています。これは予防原則的な発想に基づき、事前の幅広いリスク評価を実施し、第三者による適合性認証などを義務付ける規制

135 市川類「第四次AIブーム（ChatGPT）による世界のAIガバナンス制度の進化〜ChatGPT型AIシステムの社会的リスクと世界のAI規制・ガバナンス政策の動向〜」2023

的なアプローチです。これに対し、日本は官民とも規制よりもイノベーション
を重視する立場で、現時点では、原則として、ガイドラインを通じての対応を
志向しています。

　もちろんEUも、AIのイノベーションを推進しています。どの国もイノベー
ションを軽視するわけにはいきません。日本政府が提唱するソサエティ5.0の
ように、新しい技術が利便性をもたらし、経済の発展を促すとともに、社会的
な課題の解決に役立つという側面が見逃せないからです。

　世界各国における規制導入に対する態度には、各国の文化的な発想の違いが
影響しています。ヨーロッパでは、フランケンシュタイン・シンドロームと呼
ばれるように、人工知能が人や社会に悪影響をおよぼすことへの恐れが強くあ
るため、予防原則的な発想に基づき、厳格な規制を志向する傾向にあります。
一方日本では、鉄腕アトムやドラえもんに親しんできたこともあり、AIをむし
ろ友好的な存在と見なす文化があるため、適切に利用することが重要と考える
傾向にあるのです。

　シンギュラリティなど、AIの能力が指数関数的に増大し、その結果、AIが人
間を支配するという話が聞かれますが、専門家でそのような状況がすぐに訪れ
ることを真剣に心配する人は少数です。ただし、AIの能力が今後とも向上して
いくことは間違いなく、その能力を、私たちが人間や社会の安全のためにどう
管理し、どう使うかを考えていくことが重要と考えられています。強力な生成
AIの登場により、欧米では一部AI脅威論も再燃していますが、いずれにせよ、
AIを安全に管理し、安心してAIを社会に導入するための方策が強く求められて
います。

政府による適正な体制を整えることも急務

　このような中、日本政府においては、適切な体制を整えることが必要です。
AIガバナンスに係る政策立案は、現在は経産省や総務省が主に産業面から担当
していますが、AI技術はデジタル技術の一部であり、全ての省庁の業務に対し
て大きな影響をもたらします。また、それに対する対応も、安全保障・サイバ
ーセキュリティから、プライバシー・消費者・人権保護まで多岐にわたります。
今後、AI技術がますますの進歩が見込まれる中、内閣府/内閣官房を中心に、
全省庁が一丸となって取り組む体制が必要になります。

　企業や一般の方々は、AI技術の進展について正しく理解し、適応していくこ
とが重要です。AI技術は非常に速く進化しますので、その限界を理解したうえ

図表2-3　主要国におけるChatGPT型AIシステムなどに係る規制動向

	第三次AIブーム（～2022年）	第四次AIブーム（2023年～）
欧州	・2021年4月、欧州委員会（EC）は、欧州AI法案を発表。 ・2022年12月、欧州理事会に、欧州AI法案に係る一般アプローチを発表（「汎用AIシステム」の規制等）。	・欧州議会において、汎用AIシステムの一部として、ChatGPTを規制対象の方向で検討。特に利用した著作物の概要開示義務。2023年6月頃投票見込み。 ・2023年3月末、イタリアデータ保護当局は、使用禁止命令（4月末解除）、4月欧州委はTF設置。
カナダ	・2022年6月、AI・データ法案発表。	・2023年4月、プライバシー保護当局が調査開始。
米国	・2022年10月、OSTPは、AI権利の章典を発表。 ・2023年1月、NISTは、AIリスクマネジメント枠組みを発表。	・2023年4月、バイデン大統領は、AI権利の章典を踏まえ、企業の安全性確認責任を発言。5月、関係企業との会議開催。 ・2023年4月、NTIAは、AIの説明責任政策に係るパブコメ募集開始。ただし、生成AIに限ったものではない。
英国	・2022年7月、「AI規制に係るプロイノベーション・アプローチの確立」を発表。	・2023年3月末、「AI規制：プロイノベーションアプローチ」（白書）を発表。LLMに係る専門家のTFの設置、リスクについていは論点提示、パブコメ。
日本	・2022年1月、経産省は、AIガバナンスガイドラインVer1.1を発表。 ・2022年4月、AI戦略2022発表。	・2023年3月末、自民党は、AIホワイトペーパーを発表、LLMに係る新たな国家戦略策定、司令塔の設置等を提言。 ・2023年4月は、政府は、AI戦略チーム初会合開催。5月、AI戦略会議発足。
中国	・2022年12月、DeepFake規制を発表。2023年1月から施行。	・2023年4月、生成型AIに係る規制案を発表。年内発効を予定。

出典「第四次AIブーム(ChatGPT)による世界のAIガバナンス制度の進化」（市川類,2023/5/15）

で、固定観念にとらわれず、自分たちも変化していく必要があります。また、AI倫理は政府が安全基準を作ればいいという問題ではありません。社会の価値観や公平性をどう反映するかが重要ですので、マルチステークホルダープロセスを通じて、全ての立場の人の声を聞きながら、ガバナンスを形成し、変化し続けていくことが、今後のAI対応の鍵となります。

〈この内容は2024年5月時点のものです〉

13 ウォッシュを回避して、適切な選択をするために

「オルタナ」副編集長 **吉田広子**

広告・宣伝活動は新製品やサービス、ブランドに対する認知を高め、消費者がその存在を知る手助けとなります。しかし、広告の役割はそれにとどまらず、問題提起や社会的な変革を促す役割も果たします。

企業が責任ある広告・宣伝活動を行ううえで、情報の正確性は当然ですが、倫理性や公共性にも配慮する必要があります。エシカル（倫理的）な広告は、企業の信頼性を高め、消費者との関係が強化されることが期待されます。

近年、気候変動への危機感や環境意識の高まりに伴って、企業や組織が気候変動対策やサステナビリティ（持続可能性）を主張する例が増えています。一方で、実際の取り組みよりも過大に宣伝しているケースもあります。これを「グリーンウォッシュ／グリーンウォッシング」と言います。

グリーンウォッシュとは、英語で「ごまかす」「欠点を隠して良く見せる」という意味の「ホワイトウォッシュ」と、「グリーン」（環境）を組み合わせた造語です。グリーンウォッシュの問題点は、消費者や投資家などが環境に配慮されていると思い込み、適切な選択肢を選べず、結果的に環境問題が深刻化してしまうことにあります。

同様に、人権や動物福祉などに配慮しているように見せかけて実際には行動が伴っていないことを総称して、英語では「エシックスウォッシュ／エシックスウォッシング」と呼びます[136]。

英金融シンクタンクのプラネット・トラッカーは2023年1月、報告書「グリーンウォッシング・ヒュドラ」を発表し、グリーンウォッシュを次の六つに分類しました。下記の分類は、「グリーン」を「エシックス」と読み替えることで、「倫理面におけるごまかし」を再定義できると考えます。

- グリーンクラウディング（Greencrowding）――多くの情報に紛れ込ませたり、企業連合などに参加したりして、自社への注目を避けて、不都合な事実を発見されるのを回避する方法
- グリーンライティング（Greenlighting）――自社の環境破壊的な活動から目を背けるために、どんなに小さなことでも、環境に配慮した特徴にスポットライトを当ててコミュニケーションする方法
- グリーンシフティング（Greenshifting）――企業が消費者に責任を転嫁す

る手法。たとえば、石油・ガス業界で、CO_2排出の責任を消費者に負わせるマーケティングキャンペーンなど

・グリーンラベリング（Greenlabelling）――「地球にやさしい」や「サステナブル」など、環境配慮を謳い誤解を招く行為

・グリーンリンシング（Greenrinsing）――目標を達成する前に定期的に目標を変更する方法。野心的な目標を設定したが、それを達成できなかった企業にこの傾向が見られるという

・グリーンハッシング（Greenhushing）――投資家の監視を逃れるために、企業の経営陣が持続可能性に関する実績を故意に過小報告したり、隠したりする行為

見せかけの環境対応に取り締まりの強化が始まった

こうした見せかけの環境対応に対して、世界各国の監督機関が取り締まりを強化しています。欧州委員会とEU消費者保護協力（CPC）ネットワークは2024年4月、航空会社20社に対し、グリーンウォッシュの疑いがあるとして、EU消費者法に沿った対応を求める書簡を送付しました。気候変動プロジェクトへの資金提供やSAF（持続可能な航空

航空会社の広告に対し、「グリーンウォッシュ」だとする集団訴訟も相次いでいる。

燃料）の使用によって、飛行機が排出するCO_2を相殺できるかのような主張を問題視したためです。欧州委員会は2023年3月、環境訴求する際に満たすべき最低要件を定め、要件を満たさない環境主張を禁止する「欧州グリーンクレーム（環境主張）指令案」を公表、EU理事会は2024年2月、同指令案を採択しました。2026年までに適用が開始する見込みです。

同指令案を含む禁止法案は、科学的な根拠がないまま、「環境に優しい」「エコ」「グリーン」「生分解性」「ゼロエミッション」「CO_2排出量の削減」「カーボンニュートラル」「責任ある」といった環境訴求を行うことを禁止します。

こうしたグリーンウォッシュを取り締まる動きは、日本でも起きています。消費者庁は2022年12月、生分解性を謳っていたプラスチック製のカトラリー類やレジ袋などの表示が優良誤認に当たるとして、10社に対し措置命令を行

いました。生分解性プラは、特定の環境下で生分解しますが、土壌や海中でも分解するかのような誤解を与えると判断したためです。

　一方、環境問題に取り組む弁護士グループらは2023年10月、JARO（日本広告審査機構）に対し、発電会社のJERAがアンモニア火力発電を「CO₂を出さない火」と宣伝することはグリーンウォッシュだとして、広告を中止するよう申し立てを行いました。アンモニアは燃焼時にCO₂を排出しないため、日本政府は「非化石エネルギー源」と位置づけています。しかし、化石燃料由来のアンモニアは製造時に大量のCO₂を排出するのです。

　これらは「グリーンウォッシュ」を疑われた事例ですが、事実と大きく異なる広告表現は、国民や次世代をも欺くことにもなります。その意味において非倫理的であり、エシックスウォッシングとも言えます。

　ウォッシュは環境問題にとどまりません。たとえば、電気自動車（EV）用バッテリーには、コバルトやリチウムといった希少金属が不可欠ですが、その採掘現場や生産プロセスでは、児童労働や強制労働が起きています。希少金属を扱う自動車メーカーや電機メーカーなどは環境性能だけでなく、人権に関する情報開示を進めなければ、ウォッシュと批判されるリスクがあります。

　ほかにも、自らにとって不都合な問題を「LGBTQ＋フレンドリー」というポジティブなイメージで覆い隠そうすることを表すピンクウォッシングという言葉もあります。

　動物福祉の観点では、牛乳や卵といった畜産物の製品パッケージに「のびのびと」「健康にこだわった」などの言葉や、放牧を想起させるようなイラストや写真がよく見られます。年間を通して放牧していない場合、パッケージに放牧牛のイラストを書く際には「イメージ」であることを掲示するという牛乳の表示に関する規則がありますが、誤解を生み続けています。

　こうした広告のウォッシュを防ぐには、メディアや専門家らによる多角的な視点と、健全な批判精神が必要です。企業はウォッシュに加担することのないように意識を変えるとともに、消費者も問題意識を持つことが必要です。

136「エシカルウォッシュ」は和製英語的な表現であり、「倫理なごまかし」の意味になってしまい誤用。よって本記事では「エシックスウォッシュ／エシックスウォッシング」と英語の表現を採用する

14

「脱炭素」と「サーキュラーエコノミー」の両輪でネットゼロを目指す

J.フロント リテイリング株式会社 経営戦略統括部
経営企画部 サステナビリティ推進担当 **浜 かおり**

当社グループ（JFR）は、持続可能な社会の実現に向けて、「温室効果ガス排出量削減」と「サーキュラーエコノミーの推進」の両輪で地球環境保全に取り組み、2050年ネットゼロを目指しています

温室効果ガス排出量削減に関しては、店舗の再エネ化、省エネ、社用車のEV化を推進しています。また、サーキュラーエコノミーへの取り組みとしては、大丸松坂屋百貨店で、ファッション、アートなどのサブスク事業「アナザーアドレス（AnotherADdress）」を2021年に開始しました。日常着、仕事着など普段から楽しめるアイテムに加えて、「一度着てみたい」と思っていただけるような魅力的なブランドも取り揃えることで、所有せずとも気に入った1着と出会えて、ファッションをエンパワーできる、サステナブルなファッションのつき合い方を提供しています。2023年12月には、レンタル基準を満たさなくなったアイテムをクリエイターと共に一点物として蘇らせる取り組みも始めました。

全社を上げて廃棄物を減らす取り組みを推進

資源循環という点で、今特に力を入れているのが、店舗から排出された食用油（廃食油）を国産の持続可能な航空燃料（SAF）の原料として供給するプロジェクトへの参加です。2023年秋、百貨店業界では初めて参加し、大丸心斎橋店など数店舗で展開し、拡大していく予定です。

また、地域社会への貢献という点では、九州全域の地域活性化を図る「九州探検隊」を、大丸福岡天神店で展開しています。九州中の市町を訪ね、地元の名物を生かした商品開発、YouTubeでの発信、アンバサダー認定など、地元からの力強い発信を継続的に進めています。

お取引先さまとの協働という点では、2019年と2022年に説明会を開催。持続可能な社会の実現に向けたJFRの目指すところを、環境から人権まで含めた行動原則として示し、対話や意見交換を進めています。お客さまにも、お取引先さまにも働きかけられる、サプライチェーンの中流に立つJFRは、持続可能な社会の実現に向けて志を同じくする輪を広めていきたいと考えています。

14 「つくる立場」と「つかう立場」の 両方からエシカル消費に対応

日本生活協同組合連合会サステナビリティ戦略室長 **松島学**

　生協は、消費者自らが出資・利用・参加する組織であり「人間らしいくらしの創造と持続可能な社会の実現」を理念に掲げる組織です。現在、生協組合員は約3000万人、総事業高は3.7兆円で、社会的責任は大きいと考えます。SDGsの達成に向けた施策に取り組み、特にSDGs12（つくる責任、つかう責任）を重視し、生協が消費者組織である一方（つかう責任）、事業者として商品開発と供給（販売）を行う組織（つくる責任）として、責任ある調達と消費の好循環をつくることが、持続可能な社会と地球環境の実現につながります。生協では、エシカル消費を「誰かの笑顔につながるお買い物」と呼び、つくる立場からエシカル消費に対応した商品の開発と供給、つかう立場からエシカル消費対応商品の利用と組合員同士の学び合い、広め合いを進めています。エシカル消費対応商品の事業高は2023年度2457億円（推計値）となり、伸長しています。

「コープサステナブル」のロゴを商品に表示

　2021年春、コープ（CO・OP）商品の調達上の基本姿勢を整理・公開したものが、「CO・OP商品責任ある調達基本方針」です[137]。コープ商品においても、社会や環境に配慮した第三者認証原材料の調達を積極的に推進し、商品にマークを表示していますが、組合員から見ると、さまざまなマークがあり、マークを覚えたり、意味を理解することがむずかしいとの意見が寄せられました。

　このため社会や環境に配慮した第三者認証取得原材料を使ったコープ商品を2021年にシリーズ品としてひと括りし、「コープサステナブル」という共通のロゴマークをパッケージに入れて、売場で見つけやすくしました[138]。コープサステナブルの商品は2023年春に247品となり、認知度も上がっています。　生協は助け合い・相互扶助の精神に基づく組織でありステークホルダーとの対話、そして協働により今後もコープ商品を通じて持続可能な環境や社会づくりに貢献します。

日本生協連が開発する
プライベートブランド（CO・OP）商品

---

137 https://jccu.coop/jccu/data/pdf/coop_procurement_policy.pdf 2024.5.8閲覧
138 https://goods.jccu.coop/ethical/sustainable.html　2024.5.8閲覧

14 サステナビリティ委員会を設立し 日本と世界各地で活動

YKK株式会社 執行役員 サステナビリティ推進室長 **吉岡麻子**

YKKグループのファスニング事業は、ファスナーやスナップ・ボタンなどアパレル業界を支えるイメージが一般には強いのですが、産業資材としても広く使用され、車のシートなどにも応用されています。中国やASEAN諸国、中東、アフリカを含む世界72カ国／地域で事業を展開しています。

サステナビリティ委員会は2019年に設立され、日本と世界各地に担当者を配置しています。この委員会は全社的な取り組みとして機能し、YKKの企業精神である「善の巡環──他人の利益を図らずして自らの繁栄はない」という理念、ならびに「YKKサステナビリティビジョン2050」のもと、2050年までの気候中立と自然との共生の実現を目指しています。

資源への取り組みとしては、2030年までに繊維素材を100%持続可能なものに変える計画を立てており、再生PETを使用したリサイクルファスナーへの切り替えを進めています。水リサイクル設備の導入や化学物質の管理も強化し、サプライチェーン全体でアパレル業界の環境汚染問題に対して積極的に対策を講じています。

CDPでは2023年度に最高評価のAリストに選定

気候変動においてはイニシアティブにも積極的に参加し、2020年にはファッション業界気候行動憲章に署名しました。CDPでは2023年度に最高評価のAリストに選定されました。これらの活動は実際に大きな成果をもたらしており、2023年度の推定では GHG排出量（スコープ1, 2）は18年度比で52.1%削減し、持続可能な素材の使用率も 2024年度には51%に達する計画です。これには大きな投資が伴い、直近2年間で約163億円をサステナビリティ関連投資に充てています。

人権に関しては、2013年のラナプラザの事故後の業界要望の高まりを受けて、YKKグローバルコンプライアンス基準（YGCC）を導入し、全ての拠点で監査を行っています。今後も気候変動と資源の問題に強く注力し、持続可能な素材の使用を進めると同時に、製品設計を変革してリサイクル可能な製品開発を進め、サーキュラーエコノミーへの貢献を目指して、社会全体のシステム改革に持続的に関与していく方針です。

第3章

座談会
「エシカルとビジネス」の現状と未来
明るい未来を作るための基準へ

この章では

本書では「JEIエシカル基準」を解説しながら、エシカルな経営やエシカルな調達、そしてエシカルな消費を行うために必要なことを多面的に紹介してきました。そうした行動の先に、ビジネスとしてのエシカルにどのような可能性があるのかに興味がある方も多いでしょう。

そこでエシカルなビジネスの現場に長年携わってきた専門家が集まり、エシカルとビジネスのこれまでの歴史を振り返りながら、いま私たちはどこにいるのか、そしてこれからどのような未来が待ち構えているのかを考える座談会を開催しました。

エシカル基準を活用していくことで、さらにはその基準を超えたところに、私たちはこれからどのような未来を作っていくのか。そんな未来を考える羅針盤となることを目指しました。エシカルなビジネスの発展をよりリアルに感じていただければと思います。

主なトピックス

1　エシカル消費の市場規模
2　ファッションとエシカルとの関わり
3　注目される「国際認証」
4　日本のアニマルウェルフェア
5　エシカル基準の可能性

座談会参加者

一般社団法人日本エシカル推進協議会

会長
生駒芳子

ファッションジャーナリスト
消費者庁・サステナブルファッション・サポーター
伝統工芸ブランドHIRUME 代表

副会長
足立直樹

株式会社レスポンスアビリティ 代表取締役

副会長
岡田千尋

NPO法人アニマルライツセンター 代表理事

副会長
山口真奈美

一般社団法人日本サステナブル・ラベル協会（JSL）代表理事

アドバイザー
坂口真生

GENERATION TIME株式会社 代表取締役

世界の「エシカル食品の市場規模」は約72兆円

足立　本書の企画・編集にコアメンバーとしてかかわってきた4人と、企業や行政のエシカル事業のアドバイザーとして活躍されるエシカルディレクターの坂口真生さんとご一緒に、「エシカルとビジネス」をテーマに意見交換をしていきたいと思います。

　本題に入る前に、2023年、エシカル消費が世界でどれぐらいの市場規模になっているかについてご紹介すると、食品だけでも約4500億ドル（約72兆円）と言われています。日本国内の市場の発展は遅れていると考えられますが、これからも成長していくことは間違いないでしょう。

　今後、このエシカル市場をどう育てていくかを考えるにあたり、まずはこれまでを振り返ることから始めたいと思います。坂口さんに、最近、新たにご自身が挑まれている事業、特に感じられている消費者意識の変化などについてお話ししていただけますか。

坂口　私が日本でエシカルに関わり始めたのは、「rooms」（アッシュ・ペー・フランスが企画したファッション合同展示会）で「エシカル・エリア」を立ち上げた2012年頃です。本格的にはその数年後なのですが、2015年、SDGsが国連で採択され、2017年末、経団連がこの取り組みを推進すると大々的に発表し、より全国的な動きになった頃から、エシカル事業部を設立し、百貨店などの商業施設でエシカルキャンペーンをプロデュースしたり、企業に対してエシカルのビジネスコンサルティングを行いました。2019年末からは、エシカルをテーマにした展示会での活動が注目を浴びるようにもなりました。

　ただこの年に、中国で新型コロナウイルス感染症が初めて報告されてからパンデミックと言われる世界的な流行となったため、人が集う展示会に関しては多くの人がネガティブな反応を示すようになりました。また、ビジネスの観点から見れば消費者の財布の紐が固くなり、ラジカル（急進的）な思想も広がりました。

　それによって、それまで広まってきたエシカルを前向きに捉えようという消費者の考えが抑圧されるようになったと感じています。私たちの活動は、厳しい環境下に置かれましたが、エシカルとサステナビリティの考え方が、より世のなかに必要になってくると位置づけて、エシカル消費への誤解を解き、活動を広げたいと願い、メディア戦略に力を入れるようにもなりました。

それがJ-WAVEのラジオ番組の企画および出演をする動機づけにもなりました。日本ではメディアの影響力が非常に大きいため、エシカルなビジネスを広げていくには、一人ひとりのマインドを変えて、行動に移していくことが重要だと考えています。コロナが収束してからも、この方針で活動し続けています。

　ところで、コロナ禍にあってパンデミック消費者のエシカル商品への意識は非常に高まりました。国際的なサプライチェーンが分断されることで、海外からの輸入品が入手できなくなったこともありました。しかし、コロナが落ち着いてからは、関心が薄くなってきていることが明らかになりました。

　エシカル消費の大切さを正しく伝え、その理解を広げ、活性化させていくには、消費者向けに行う情報提供の質を高め、メディアの力を活用していく必要があると感じています。

足立　お話のなかで2012年頃に日本国内でエシカルの活動に力を入れていこうと決められたということですが、そのきっかけを教えてもらえますか？

坂口　エシカルについて書かれた本をたまたま書店で見つけたことです。「私たちが、これからも幸せに生きるために求められているライフスタイルの鍵となるのはこれだ」と確信しました。私の両親が社会福祉事業に携わってきていたこともあり、エシカルビジネスが社会課題やビジネスが抱える環境問題を解決できるのではないか、という考え方に辿りつき、先ほど触れたroomsの活動につながったわけです。ですから、エシカルコーナーが展示会で設営されたときは、ものすごく感動しました。

生駒　私もroomsにエシカルコーナーができたときのことをよく覚えていますが、たしかこのときに参加したのは３ブランドでしたね。本当に小さなコーナーで始まったのに、シーズンごとに拡がっていき、2019年には展示会の半分ぐらいを占めるようになったのを見て、消費者のエシカルへの関心の高まりと、坂口さんのこの取り組みへの思いも強く感じました。

Rooms（ルームス）の展示会風景

坂口　ありがとうございます。まず、ファッションという目線で言えばパタゴニア、マザーハウス、ハスナの３ブランドでスタートし

ました。エシカルの黎明期で、この3社にとっては展示会に出るメリットがあるとは言えなかったのですが、「エシカルへの試みとして協力します」と快諾いただき、出展してもらうことができました。そこからファッション以外の企業にも出展してもらえるようになり、今では衣食住の三つのカテゴリーに展開するようになっています。

足立　衣食住のカテゴリーで展開するというお話でしたが、最近はエシカルな旅行もジャンルとして確立されつつありますね。今後、エシカルはどのような広がりを見せていくと考えていますか？

坂口　具体的な数字を挙げるのはむずかしいのですが、一般的な市場ではファッションが少し落ちてきていて、生活雑貨、ライフスタイル雑貨のジャンルが伸びており、旅行も注目されています。エシカル消費の流れも、ほぼ同じトレンドだと思います。

足立　市場規模はもともとのジャンルの母数に比例しているのだと思いますが、それぞれのなかでのエシカルの浸透度は、ほぼ同じような感じですか。

坂口　そうです。最近はファッションを扱うほとんどのブランドが、エシカルを意識するようになってきました。もちろん、取り組みの度合いはさまざまで、企業活動の大事な柱としてエシカルに取り組んでいるケースと、マーケティングやプロモーションの一環としてエシカルを活用するケースがありますが、両方をカウントすると、かなり浸透してきていると感じています。

足立　パタゴニア、マザーハウス、ハスナの名前が出てきましたけど、3社とも最初から社会課題を解決することを企業理念としてスタートしたブランドと社会起業家です。一方、新たなファッションブランドを立ち上げるときに、社会の関心事だし、テーマをエシカルにしようかと考えて取り入れる例もかなりあると聞きます。後者のような考え方が出てきたのは、いつごろでしょうか。

坂口　特に多くなってきたのは、コロナ禍前後だと思います。

1960年までさかのぼるファッションのエシカルへの取り組み

足立　この辺りの動向も踏まえて、生駒さんに伺いたいのですが、エシカル・ファッションを長い間ご覧になっているなかで、大きな潮目となったできごとはありますか。

生駒　ありますね。でもその前にエシカルのルーツも知っていただきたいので、触れておきましょう。エシカルへの取り組みは1960年代、ベトナム戦争の反

戦運動が高まるなかで一翼を担った若者たちの「フラワーチルドレン（ヒッピー）」活動までさかのぼります。20世紀になり、産業構造のなかに化学物質が大量に流入してきたことが一つの要因で、これにより地球の汚染が加速したという経緯があります。化学薬品を乱用することが生物の「生きる連鎖」を破壊することについて述べた生物学者のレイチェル・カーソンの書籍『沈黙の春』にあるように、戦後、企業が短期に得る利益のためにエシカルな視点を顧みずに行動することに危機感を示す動きは、かなり早くからあったわけです。

　エシカル・ファッションの潮目については、アニエス・ベーやキャサリン・ハムネットなどのデザイナーが、「ファッションには社会を動かす力がある」「社会貢献や社会的なメッセージを出すべき」と謳って話題になった1980年代ではないでしょうか。エイズの問題が出てきたときに、真っ先に赤いストールを店頭で売って、売り上げをエイズ基金に寄付したのは、アニエス・ベーです。当時は、エシカルはミッションとして位置づけられ、感度の高いデザイナー、たとえば、ダナ・キャランもそうですが、オゾン層の破壊とともに温暖化の危機を危惧し、メッセージするファッションアイテムなども発表しました。

　もう一つの大きな動きは、インターネット元年以降、2000年を超えてからファッション業界の裏側を暴く欧米のジャーナリストが、途上国での児童労働などに代表される過酷な生産現場について、報道し始めたこともあります。

　当時、私は『マリ・クレール』誌（現中央公論新社）でファッションの担当だったこともあり、パリやミラノのコレクションを積極的に取材していました。ファッションの裏側が衝撃的に暴かれて、世界第2位の汚染産業であるということが判明し、美しいはずのファッションの裏側が見えてきたことに、大きな衝撃を受けたのを覚えています。明らかに地球の温暖化が進んでいて、このまま大量に服を作り、大量に廃棄することを繰り返し続けていていいものなのか？　と個人的な疑問も持ち始めていました。

足立　その頃にファッション・ジャーナリズムで、大きなマイルストーンになったできごとがあったと記憶していますが。

生駒　一番衝撃的だったのは、人気スポーツブランドメーカーが製品の製造を委託する途上国の工場で、児童労働や劣悪な環境での長時間労働などが発覚したことです。

足立　ナオミ・クラインというカナダのジャーナリストが、ファッションブランドについて批判的な書籍を発表したのも、その頃でしたよね。

生駒　そうです。インターネットの普及で、ファッションの裏側が露わになっ

たのと同時に、オーガニックコットンやフェアトレードの動きも活発になってきました。1990年代末には、イギリスのブレア元首相が、アフリカの子どもたちの飢餓対策として「エシカルポリシー」を打ち立てました。私自身は、エシカルという言葉には、2007年頃、『マリ・クレール』誌の「ロンドン特集」で出合いました。当時、イギリスでは、フェアトレードもエシカルも広まっていることを知り、これからファッションはエシカル抜きには未来がないと感じ、2008年に「エシカル・ファッションが未来の扉を開く」という記事を書きました。2012年にはネパールにフェアトレードの取材に出かけました。その頃ファッションの世界全体を見渡すと、動きはスローでしたね。

　2000年初頭、パリコレクションの取材でステラ・マッカートニーに出会いましたが、すでに本格的にエシカル・アクションを起こしていました。オーガニック素材を推奨し、革を使わないバッグや靴を作るステラの考え方は、当時は少数派であり、スペシャルな存在と捉えられていましたね。

　一方で、アパレル産業では、エシカルやサステナビリティをテーマにしたビジネスは利益に直結しないためむずかしいのではないか、という消極的な意見も多くありました。そんな空気がガラリと変わったのは、2015年のSDGsの策定とESG投資が本格化したときのことです。そこから一気にファッション界は、エシカルを尊重する方向へ動き出したと感じています。

足立　2015年が転換点となった、ということですか。

生駒　そう言ってもいいと思います。翌年の「2016〜2017年 秋冬コレクション」で、アルマーニが環境や動物を守るという観点から毛皮を使わないという宣言をしました。その後、ある有名ブランドが服を大量廃棄している事実も明らかになり、大バッシングを浴びたのをきっかけに、大量生産、大量消費、大量廃棄に対して、世のなかの見る目が厳しくなり、と同時にコロナが世界的大流行しました。

　コロナ禍では、エシカルやサステナブルの大切さについてのニュースが大量に報道され、関心も高くさかんに議論されました。けれども坂口さんがお話された

ネパールでのフェアトレード取材（2012年）

ように、コロナが明けたら少し停滞しましたね。このまま熱が冷めてしまうのか、と思うほどでした。

足立　コロナ渦でファッション業界は、どのように変化したのですか。

生駒　まず、人々の外出が制限されたことで、流行を追うファッション性の高い製品は、冷や水を浴びせられたように停滞しました。そこで稼働しなくなった縫製工場でマスクや防護服を作るようになりました。このままでは「ファッション」は終わってしまうのではないかと、この業界に長く身を置いてきた立場からすると、衝撃的なニュースが続きました。

　多くのファッション製品の販売が低迷する状況を見て、今までの定期的に頻繁にコレクションを発表し、売れ残った場合はセール品として値下げをするという、業界の悪い慣習を見直すときが来たと確信しました。アメリカのファッション誌『ヴォーグ』の編集長アナ・ウィンターも同様の声を上げていたので、これでファッション界の風向きは変わると感じました。

エシカルをリードしてきた国、イギリスの考え方と取り組み

足立　ファッションは汚染産業であるということが判明し、ファッション業界の裏側が暴露されたというお話もありましたが、パリ、ニューヨーク、ミラノ、ロンドンなどのうち、世界のどの都市が最も早く反応したのですか？

生駒　ロンドンです。早くからエシカルブランドの展示会ESTETHICA（エステティカ）というフェアトレードやリサイクルを扱う展示会が開催されていました。パリでは、2004年頃からエシカル・ファッションショーが開かれ、ニューヨークでは、オーガニックコットンを主要なデザイナーに配り、作品作りをして発表するイベントもありました。ファッションが盛んな主要都市では、さまざまな動きが出ました。

足立　ファッションは、パリやミラノあたりの影響力が強いのかなと思っていましたが、エシカルは歴史的な背景もあってイギリスが最初に取り組みはじめたということでしょうか？

生駒　間違いなくエシカルをリードする国はイギリスです。ファッションが社会に与える影響は膨大ですから。そもそも生協というシステムを産んだ国であるイギリスでは、ビジネス以前に社会に対するミッションを重んじているように思います。ファッションは時代の空気を読む感度が高いこともあり、コロナ禍を経て、それまで遅れていたエシカル・ファッションをいち早くキャッチア

ップし、全産業をリードしようとし始めています。

　たとえば、ラグジュアリーブランドは、ほぼすべてがサステナブルやエシカルへの配慮を始めていて、お互いが追いつけ追い越せという勢いで、エシカルな素材開発や環境問題への取り組みを加速させています。ファッション業界のエシカルの推進度は、近年じわじわと高まっています。

　特に大きな影響を与えたのは、2013年にバングラデシュで起きた縫製工場ラナ・プラザの崩壊事故と、2020年に制定されたフランス循環経済法でしょう。途上国での生産の現状や、ファッションの廃棄の問題が次々と明るみに出たのです。2022年には、フランスで衣類廃棄禁止法が施行され、日本でも2020年に環境省がサステナブルファッションの必要性を掲げ、ジャパンサステナブルファッションアライアンス（JSFA）が立ち上がりました。

　2050年カーボンニュートラルやファッションロスゼロを目指して日本のアパレル産業も動き始めています。世界から見れば遅れを取っていましたが、急ピッチで改善していこうという動きがあります。

　また、繊維業界では、新しい素材開発やアップサイクリングが、コロナ禍から急速に始まり、現在ではエシカルがイノベーションを起こすと言われ、新規事業において注目されるコンテンツになっているという現状です。

サステナビリティ証明の手段「国際認証」制度

足立　オーガニックの話なども含め、ファッション業界の動きがよくわかりました。ところで、エシカルとビジネスを語るうえで、認証制度が果たしてきた役割は大きいと思いますが、認証の歴史なども振り返りながら、山口さんにご説明いただいてもいいですか。

山口　認証制度についてですが、持続可能な農林水産物やフェアトレードなど、多様な認証が民間主導であります。認証によって異なる歴史があり、さまざまな利害関係者が関与しています。オーガニックや有機製品の領域に焦点をあてて、その役割と発展についてお話すると、オーガニックや有機という言葉が広く使われ始めたのは約50年前のことです。

　それまで何が真のオーガニックであるかを判断する明確な基準が残念ながら日本にはなく、多くの認証制度が世界でも乱立していました。そのため消費者がどのようにオーガニックな製品を選ぶのか、むずかしい状況にあったわけです。その解決策として2000年頃に生まれたのが、農薬や化学肥料などの化学

物質に頼らないことを基本とする有機JAS法で、農畜産物や食品に関するオーガニックの基準が制度化されました。

　何が変わったかと言えば、第三者による審査と認証が必要とされたことです。そして、最近ではオーガニックな食品だけでなく、ファッションの領域でもオーガニックの素材を使用した製品が増えています。

　しかし、課題もあります。繊維の場合、オーガニック素材の使用割合の厳密な規制がなく、わずか1％のオーガニック素材を含むだけでオーガニックと表示できるため、消費者の誤解を招くことがあるのです。そうした課題があるなか、認証制度は定められた基準に基づき、第三者が原産地や加工、流通過程を審査し、その基準を満たしているかを証明する重要なツールとなっています。企業がCSRやサステナビリティの活動を通じて持続可能な調達を目指す中で、認証はその取り組みを客観的に証明し、信頼を築くために活用されています。

足立　日本で認証制度が注目されるようになったのは、SDGsの影響も大きいのかなと思います。「リーブ・ノーワン・ビハインド（誰ひとり取り残さない）」ということで、直接影響を与える人々はもちろんですが、サプライチェーンの先や、ごく間接的なつながりしかないような人に対しても関心が高まりましたからね。同時に、誰に配慮するのかということについては、人が重要であるのは当然のことですが、自然や全ての生きものが等しく尊重されるべきであると

図表3-1　8つのサステナブル・ラベル

FSC®ラベル

レインフォレスト・
アライアンス認証マーク

有機JASマーク

MSC「海のエコラベル」

国際フェアトレード
認証ラベル

ASC ラベル

GOTS
(Global Organic
Textile Standard)

RSPO

RSPO

出典『サステナブル調達を成功させるための国際認証の教科書』(生産性出版)

いう考え方に日本も少しずつ変わり始めてきているようにも感じています。このあたりについて、動物福祉に取り組む岡田さんはどのようにご覧になっていますか？

コロナ禍から取り組みが始まった日本のアニマルウェルフェア

岡田　まず、アニマルウェルフェア（動物福祉）とは、生きものとしての家畜に心を寄り添わせ、死を迎えるまでの間、できるだけストレスを少なくし、健康的な生活ができる飼育方法を目指すことです。そんなアニマルウェルフェアやアニマルライツ（動物の権利）が、まさに今、認知度が低かった状況から抜け出そうとする転換期にある、という印象です。

　ただし、これは日本の話であって、世界ではすでに動物の問題が重要なエシカルの課題、もしくはサステナビリティの課題になっており、メジャーな社会課題として取り上げられています。

　「人と動物の健康と環境の健全性は全てつながっている」というワンヘルスの考え方が定着してきたり、人と動物の生活の質や心身のウェルビーイングのつながりを「ワンウェルフェア」と言ったりもします。動物も、人も、環境も、全部つながっているという考え方が浸透してきているわけですね。

　人権、環境という問題もたくさんあるなかで、動物の問題はこれまでずっと遅れをとってきました。しかし、アニマルウェルフェアの問題が人々の心を大きく揺さぶります。ここ5年ぐらいの国内での変化は、大きく、重要な意味を持つと思っています。これまでいっさい企業が認識していなかった問題を、ここ数年で日本人は学び、アニマルウェルフェアのポリシーを作るというところにまで駆け上がってきているのですから。この勢いをさらに伸ばしていく必要があり、さらに頑張っていかなければならないと感じています。

足立　日本のなかで急速にアニマルウェルフェアの意識が変わるきっかけが何かあったのでしょうか。

岡田　世界的な流れがあり、その影響を受けているということもあります。加えて動物保護団体としても、畜産など消費や生産、経済という多角的視点から注力し、積極的に働きかけてきたということもあります。ESG投資のアジェンダの一つに、アニマルウェルフェアが入っていることもありますし、エシカル、サステナビリティ、SDGsの注目度が高まる流れがちょうど重なったという背景も影響しているんでしょうね。

坂口さんが2019年頃からエシカルに対しての消費者の反応が良くなったとお話されていましたが、動物の問題もこの頃から盛り上がってきました。コロナ禍でその勢いは行き詰まるかと思いましたが、実際には活発になったと言えます。私たちも企業に働きかけ、話し合いも進めました。そうした状況のなかで、「今こそ事前に準備しておきましょう」という働きかけに耳を傾け、応じてくれた企業は、すでにアニマルウェルフェアのポリシーを策定しています。

　とは言え、企業がアニマルウェルフェアの必要性に自らが気づいて取り組み始める環境がまだまだ日本で充分に整っているわけではないので、ときにはプレッシャーをかけるような形になるかもしれません。それでも、地道な活動もあってか、アニマルウェルフェアの抱える課題について企業にも知ってもらうことができ、ようやく動き始めたのかなと思っています。

　コロナ禍では、いつ平常時に戻ることができるのか、その出口が見えず、苦しくもありました。しかし、このときに企業が「これからどう行動すべきなのか」について考える時間を十分にとれたことは、アニマルウェルフェアの観点においては、とても有利に働いたと感じています。

足立　海外のことを言えば、どこの国やどの地域がこの分野をリードしているのですか。また、注目すべき動きはありますか？

岡田　今、アニマルウェルフェアの取り組みで進んでいるのは、おそらくスイスやスウェーデンでしょう。でも、概念が生まれたのはイギリスです。1976年に「農用目的で飼養される動物の保護に関する欧州協定」を締結しています。動物が必要のない過度な苦痛やケガを追うことを避け、飼養環境を快適にすることを目的した内容です。このほかにもアニマルウェルフェア関連の法整備が

平飼いの鶏たち

進んでおり、動物保護団体の活動も活発です。採卵養鶏場ではバタリーケージが禁止、養豚場でも妊娠ストールが禁止されています。家畜飼育の方法や飼育環境も率先して改善されています。ですからイギリスは考え方で先行していますし、自分たちが進んでいると今も自負しているはずです。

次のフェーズをどう育てるのか

足立　よくわかりました。ここまで、みなさんからそれぞれの視点で、エシカルとの関わり方について振り返ってもらいました。いずれもとても興味深いお話でしたが、世界がエシカルを意識し始めたのは1990年代という共通点があることもわかりました。1992年のリオで開催された地球サミットなども影響しているのかもしれませんね。

　エシカルを地域の課題ではなく、地球全体で考えなければならないという認識に変わったのではないでしょうか。これは企業活動が活発化し、その影響が大きくなることともリンクしており、その結果、いくつかの認証制度が生まれ、アンチテーゼ的なブランドも現れました。日本はこの波に乗り遅れたようですが、SDGsの影響が大きかったのか、その後は順調に伸び、2019年をピークとして、2020年のコロナ禍で少し勢いが変わったということかと思います。

　コロナはほぼ収束しましたが、私たちの課題は、次のフェーズをどう育てていくかということにあります。これに関してみなさんは、どのようなことを視野に入れて進めていくべきだと考えますか？

岡田　企業と話し合いの場を持って感じるのは、話題になっている世のなかの課題やニーズだけを取り上げ、その解決方法を探る傾向が感じられます。そうすると、別のステークホルダーが隠されたニーズを常に提起しなくてはいけなくなるわけです。それを担うのが政府なのか、市民団体なのかということになりますが、やはりそれだけだと世の中に浸透させるまでには至らず、爆発力はないわけですね。

　坂口さんは、「メディアの力を借りて」とおっしゃっていました。メディアはもちろんのこと、大企業が動かないと、社会に対して強いインパクトを与えることができないのですが、そこがまだまだ日本の企業の意識は足りていないと思います。

足立　エシカルな取り組みが問われている時代にあるという点、さらには企業が自らニーズを作り出していく必要性があるということですね。言い訳はいくらでもできますが、それでは進歩はありませんからね。

　特に、ワンヘルスの観点から動物の問題が人の健康や経済の安定に密接に関わっていることが指摘されています。これは動物の問題に配慮しなかったことが、地球環境を危ういものにしている根本的な原因の一つである可能性が高いという反省につながっているのでしょうか。坂口さんは、こういった点につい

てどう思われますか？

坂口　岡田さんの説明のなかで、印象に残ったのはワンウェルフェアというキーワードです。日本では、ワンチームという言葉もありますが、ワンウェルフェアは多様性を含むさまざまなカテゴリーの人々が関わり、お互いに影響し合っていることを意味します。これは成熟した考え方です。

　エシカルに対する考え方やアクションが成熟していく過渡期が今だと思っています。本物のエシカルビジネスが生まれてくるのはこれからですし、もし、出てこなければ終わりだと思っています。コロナ後、意識が下がっていることは事実かもしれませんが、私たちは短期的な取り組みではなく、中長期的な視点で、エシカルについて考え続けるべきです。企業や行政に対しては言い続けることが重要で、爆発的なものを生み出していかなければなりません。

　2024年はチャレンジングな年になると思いますし、「エシカル基準」を本当の意味で使いこなす企業や行政、ベンチャー企業が生まれてくることが、この社会を成熟に向かわせると思います。私はマーケッターとして、そういった価値観を生み出し続けるつもりですし、驚くような新たな取り組みが出てくるのを毎日楽しみにしています。

エシカル基準がもたらす可能性

足立　「本物のエシカルビジネス」という言葉が出てきました。これはエシカルビジネスを進めているものの、表面的にエシカルな取り組みをしており、実際には売り上げを伸ばすための方便として利用しているブランドもあるということが故に必要な考えだと思います。

　本物のエシカルビジネスとは、エシカルな商品を通じて業界を変え、未来を創造していくこととはどういうことかを理解して取り組むことを指すのではないかと思います。二つのアプローチは共存していますが、後者の本物のエシカルビジネスを増やすためには、今後、どのようなことが必要でしょうか？

坂口　学生たちと直接、話をする機会が増えていますが、そのときに質問されるのが、エシカルについてのウォッシュやグリーンウォッシュの見極め方についてです。若い世代のエシカルへの関心が高まっていることの表れだと思いますが、私の答えは市場が成熟化していくしかないということです。

　山口さんが認証制度の説明をしてくれましたが、認証制度をうまく使っていくことも含めて、消費者のエシカルへの関心を高めることが必要でしょう。認

証制度のしくみをもっと知ってもらったり、認証制度の良い点と課題についても、もう少し日本では議論していく必要があると考えます。

　情報を発信する側もそうですし、受け取る側や判断する側もそうです。エシカル基準が日常の中でさまざまな判断をする場で普通に使われるようになって、皆さんの参考になる情報を当たり前に出していけるようになることが重要です。

足立　それでは、「エシカル基準」を少しでも多くの人たちが活用できるように、どのようなことが必要でしょうか？

生駒　「エシカル基準」は、エシカル・アクションを起こすうえで重要な「基本のキ」であり、わかりやすい基準であると位置づけています。私たち日本エシカル推進協議会では、エシカル経営とエシカル消費の好循環が生まれることで、「エシカル哲学」が社会に広まり、定着していくことを目指しています。

　たとえば、ファッション業界では、テクノロジーやデジタルの力を借りて、エシカルなビジネスを進化させる動きが進んでいます。イタリアではオレンジの皮でオレンジファイバーを作るなどの革新的な取り組みが生まれてきています。日本の大手企業でも水を極力使わないでプリントや染色をするなど、さまざまなイノベーティブな開発が進んでいます。エシカルがモノ作りのドライバーとなって、新規事業が次々と起こってきています。ESG投資やインパクト投資など、金融の流れにおいてもエシカルな意識が広まりつつあります。

　残念ながらコロナ禍で新しいエシカルの事業を立ち上げた企業が、コロナが収束するとストップしてしまったという話も聞きますが、ビジネスの利益率、財務状況だけを短期的に追求すると、コストや手間のかかる新規事業を企業がストップさせたくなることは容易に想像できます。

　それだけにこれからは社会全体で、長期的視野を持つことが大切です。日本企業は、製品やサービスの拡販に取り組んでいく「成長神話」から、製品が市場に普及し、市場成長が深まる「成熟神話」へと移行していく必要があります。社会や産業にとって成熟した状況を受け入れ、それを豊かさにつなげていく発想の転換が重要な時代だと思います。「エシカル基準」が、そうしたパラダイムシフトを生み出すうえで、大いに役立つことを願っています。

地方でも進めたいエシカルの取り組み

足立　もう一つ私たちが期待しているのが企業の取り組みと同時に、自治体や行政がエシカル基準を利用することで、その影響は非常に重要です。岡田さん

のお話にもあった外部からの働きかけがなければ、企業が動くことはむずかしいかもしれません。もちろん、自主的に動く企業もありますが、多数派ではないように感じられます。

　そのため外的な強制力を持つことが必要で、規制とまではいかないまでも調達基準でエシカルなものを優先させる、または「エシカル基準」を中心に考えられるようにする。そうすれば、エシカルへ配慮することはビジネスとしても成立し、エシカルに取り組む大きな動機づけになると考えます。そういった働きかけも、今後は求められるのではないでしょうか。

生駒　地方からのエシカルへの関心の高まりを感じています。徳島や愛知、鳥取だけでなく、最近では島根、静岡、長野など、多くの自治体でエシカルの発信を始めています。これは地域創生や経済の活性化を目指す流れでもありますが、それだけではなく新しい価値観や付加価値、ライフスタイルの提案が地方からこそ生まれることを期待したい、真に豊かな生活が自然や第一次産業が豊富にある地方でこそ実現できることを証明したいという願いもあって、エシカルが可能性を秘めていると位置づけられているようです。

　「エシカル基準」を地方の自治体にも活用してもらい、エシカルな公共調達の流れを地域から盛り上げたいですし、日本エシカル推進協議会が日本全国のエシカルな動きをつなげるプラットフォームになれればと。この動きをつなげ、専門家が集まる団体として大きな国民運動、エシカルの機運を結果として生み出せればいいですね。さらには、法整備につなげていくことで、結果的に企業のニーズにもつなげていければと思っています。

岡田　アニマルウェルフェアでも、「エシカル基準」を多くの人たちに活用してもらえることを願いますが、特に、この基準のCレベルからAレベルに注力しているところには、目標とその取り組み内容を公開してもらえるように力を入れています。

　世界ではすでに、多くの企業がサステナビリティやアニマルウェルフェアに関する膨大なレポートを公開しており、エシカルを取り入れることで株主や金融機関から高い評価を受けています。その結果、投資や融資を受けやすくなり、消費者の評価も高まるという好循環が生まれています。日本では、環境課題に関する情報公開は進んでいますが、そのほかの分野では情報が十分に公開されていないため、消費者が判断しづらい状況にあります。

　「エシカル基準」を参考にし、エシカルに取り組む情報が適切に公開されることで、企業の取り組みが可視化されます。それによって消費者はもちろんのこ

と、これから就職や転職を考える人々にとっても、積極的な取り組みをする企業は魅力的になります。こうした好循環を生み出すためにも、「エシカル基準」を積極的に活用していただきたいと願います。

山口　最近、エシカルの認証制度について、自治体からの相談が多くあります。そんななかで感じることは、都会ではうまく取り組めても、社会的ニーズや理解、認知度という点で、地方で活動する企業がエシカルな製品やサービスを提供することが、まだまだむずかしいという声です。こうした現実のなかで、「エシカル基準」と関係性のある国際認証制度をどのように知って取り組んでもらうのか。また、実際に企業向けの研修などを通じて、経済的な側面だけでなく環境や社会に配慮した製品やサービスの提供がこれからの活動には求められるという点を正しく伝え、理解を深めてもらいたいと考えています。

　ではどうするかですが、エシカルな製品やサービス提供する企業が消費者から評価してもらえる環境が、現状では整っていないという問題もあります。

生駒　大企業であれ、中小企業であれ、「エシカル基準」にチャレンジしていただければ、自社がどのようなレベルにあるのか、客観的な立ち位置が見えてくるはずです。

　たとえば、環境面ではエシカルな取り組みできていても、アニマルウェルフェアの観点が足りていなかったなど、自分たちの経営環境を客観的に見直す大きなきっかけになります。そういった俯瞰した目で、「エシカル基準」を企業活動の中に取り入れ、活用していただけることを望みます。それが結果として、ウォッシュを防ぐことにもつながるからです。

足立　ここまで、みなさんからいろいろなアイデアを提案していただきましたが、「エシカル基準」が、これからのビジネスを考えていくうえで大きな指針になることは間違いないでしょう。一方、このしくみを企業に活用してもらうには、もう少し取り入れることのメリットや導入のステップをわかりやすく伝えていく必要があることもわかりました。特に自治体の方と一緒に進めていくことも必要なようですね。2024年は地方創生政策が始まってからちょうど10年になるので、いい節目だと思います。

残されている「グリーンウォッシュ」という課題

足立　ところで、世界的に大きな問題になっているグリーンウォッシュにも触れたいと思います。日本では、グリーンウォッシュに対する考え方がまだまだ

浸透していません。世界経済フォーラムの今年のグローバルリスクレポートによると、一番の短期リスクがフェイクニュースです。これが社会の混乱や経済の二極化など、地球全体の不安定要因になっていると発表していました。

　この課題に対して、エシカル活動がどのように貢献できるのか。また、日本の中でグリーンウォッシュを見抜く力を育てていくためにはどうすればいいのか。みなさんのご意見をお聞かせください。

生駒　フェイクニュースの話がありましたが、エシカルの観点から見ると、AIに関してはメリットとデメリットがあると言われています。欧米では、倫理規定などがしっかり取り入れられていますが、日本においてはAIガバナンスにおいて、ガイドラインでの対応となっています。

　世の中がデジタル技術を取り入れて利益を追求する流れが強まる一方で、グローバルに活動するIT企業の経営方針を見ると、経営者が哲学者に密に相談しながら進めていると聞きます。デジタルの世界はダークパターンに見られるように倫理的には無法地帯となり得るリスクがあるため、その歯止めとして哲学を頼りにしているわけですね。

　哲学と同様にエシカルという概念は、人間の暴走に対する歯止めとしての機能もあります。日本では「もったいない」「思いやり」「ありがたい」「和を尊ぶ」といった言葉がありますが、高度経済成長期には、企業が成長していくことが重んじられ、こうした歯止めとなる考え方が隅に追いやられがちになりました。そういう点で、エシカルに取り組む立場の方には、企業がエシカルウォッシュを優先する行動をとったとき、警鐘を鳴らす役割があると感じています。

　さらには、企業が本社機能を地方に移したり、移住を促進することはエシカルの観点からは有効です。東京や大阪の一極集中は、経済格差を広げ、社会全体のバランスを崩しかねないからです。地方創生に向けて、人や企業が興味を持って移動する流れを応援したいと思います。

正しい情報を提供する意義

足立　エシカルに関して、もう一つお伺いしたいことに、世代によってそのとらえ方が違ってきているのではないか、ということです。

坂口　世代で異なるという面もありますが、私はあえて世代による意識の違いは考えないようにしています。たとえば、子どもから見たときに両親、祖父母と価値観が違ったとしても、見てきた景色が異なるのですからそれは仕方がな

いことです。欧米では、家庭内で家族の意見に違いがあることは当然のことだし、逆に、「私はトランプ派」「私はバイデン派」といった具合に、意見の違いをオープンにして共有しています。

　ところで、企業に対して「エシカル視点を持ってビジネスに取り組みませんか」と提案すると、「そのときに想定されているターゲットは？」「ペルソナは？」と聞かれることがあります。質問の意図はわかりますが、サステナビリティに関しては、従来のマーケティング的な思考はそぐわない。

　私は年齢、性別、国籍で見るのではなくて、エシカルの大切さに気づいた人たちを対象にすることをモットーにしています。日本の高齢化社会、人口減少、円安の問題の中で、日本が世界の中で価値を見出し、高めていくうえで、この考え方は重要です。

　地方創生についても、豊かな自然に恵まれた日本にもとから育まれている道徳観や自然と共生して生きていくという考え方が重要です。そういう面では、サステナブルツーリズムやエシカルトラベルは、今後、日本の宝になるでしょうし、欧米とは違うエシカルの価値を作り上げていく必要があります。

岡田　世代間の話については、私も坂口さんの考えと共通する部分があります。世代ごとにエシカルの考え方が違うというより、持っているその人の情報量や質で大きく違ってきます。エシカルの知識や情報がなければ若い世代でも、たとえば、情報を得ていないと思われる若い男性は毛皮を使った装飾品などに魅力を感じやすく、動物福祉の意識が希薄であることがわかっています。常にエシカルについて正しい情報を提供することが求められています。

　10代、20代の若い世代は学校でエシカルやサステナビリティ、アニマルウェルフェアについて学ぶようになってきています。一方で、すでに社会に出ている人たちは、学ぶ機会がなかなかないのです。ますます世代間の意識の格差が広がる可能性があります。

　ではどうするのかですが、この格差を埋めるためにも企業が取り組むエシカルの情報をできるだけ公開し、メディアがそれを正確に取り上げることが重要になってきます。情報を発信する際に、正しい情報を提供し、消費者が客観的にその内容の良し悪しを評価できるようなしくみを作ることが求められます。

　企業のホームページを見ると、真綿で包んだような表現で、自社が提供する製品やサービスの何が良くて、どこに改善が必要なのかがわかりにくいという現実もあります。誰が見ても理解できる正しい情報の伝え方が重要になってくるのではないでしょうか。

足立　今の話と関連すると思うのですが、グリーンウォッシュが注目されたり、批判されるのは、正しい情報が提供されていないためです。エシカルやグリーンに本当に価値があると認識され、評価されるようになってきた今こそ、その情報は正確でなければなりません。ここに真摯に取り組むことは、日本の企業にとっても大きなチャンスです。

山口　エシカルについてのウォッシュやグリーンウォッシュについて言えば、サプライチェーンの長さや複雑さが透明性を欠いていることも一因でしょう。この透明化をどのように進め、ウォッシュがどこで起きているかについて消費者に理解してもらうことが重要です。地産地消の価値観も大切ですが、多様な価値観を受け入れ共生していくことが、日本の強みだと思います。従来のエシカルが持つイメージに捉われず、さまざまな価値観を受け入れ、いかに新たにエシカルな価値基準を築いていくのか、そこが重要です。

生駒　つくづく思いますが、エシカルは義務というより権利です。最終的には、エシカルが豊かな文化となって、哲学となって、定着していくことが求められています。欧米では、文化は経済の源であると言われており、文化と経済の好循環を生まなくてはいけません。エシカルは、自分たちがどのような社会で暮らしていきたいかを考える軸にすべきでしょう。誰もが、楽しく、安全で、幸福を感じる社会が未来に向かって生まれることを期待したいです。

明るい未来に向けて

足立　本日は、さまざまな観点から議論を深めてきましたが、「成熟」というキーワードが浮かび上がってきたのは印象的でした。エシカルに関して欧米が先行している部分はありますが参考にしつつ、日本でも私たちの文化や哲学を大切にしながら、経済が成熟の中にあるなかで、エシカルという取り組みをどう進めていくかは大きなテーマと言っていいでしょう。

　実現に向けては挑戦の連続ですが、社会の二極化が新たな注目を集めている今、コロナ禍で培ったさまざまな考え方や視点をどのように花開かせていくかが重要になると強く感じています。最後に、ひと言ずつお願いします。

生駒　日本エシカル推進協議会は設立して7年目ですが、「エシカル基準」は2年かけて策定しました。本書はこの基準を解説するバイブルとなることを目指して作られたわけですが、みなさんの事業やライフスタイルに取り入れ、ぜひご自身の活動や生活の状況をチェックするために活用してもらいたい。必ずや

多くの気づきがあるはずです。いつも手元に置いておいて、機会あるたびに見直していただき、軌道修正するのに活用していただきたいです。

坂口　バイブルという言葉が出ましたが、サバイバルブックとしてご利用いただきたいですね。企業の方、行政の方、一般の方々も、自分の身を守る防災ブックを読むくらいの真剣な気持ちで、常に携帯していただいて、必要に応じて目を通していただくのが望ましいと思います。

山口　私の子どもは10代なのですが、彼らから「このままで地球の環境は守られるの？」と質問をされドキッとすることがあります。自分たちが大人になったときに安心して暮らせるのか、そんな危機感を持っているようなのです。環境問題を解決しなければ、私たちは安心して暮らせないですし、企業活動も継続できません。ですから、「エコロジー基準」を中心に経済とのバランスを考えたうえで、私たちは何をどう選択するか考えていく必要があります。

　最近、『サステナブル調達を成功させるための　国際認証の教科書』という本を書きましたが、持続可能な社会を作るためには、認証は必需品だと言われており、どう活用しながらビジョンを描き実現していくのか。その過程でエシカル基準が社会に浸透していくことが望ましいと考えています。

岡田　「日本って、これから大丈夫なのかな」という漠然とした不安を話す方によく出会います。実際にアニマルウェルフェアをはじめ多くの問題で日本の遅れが指摘されます。社会が経済や発展だけを追い、倫理を置き去りにしてきた結果です。2030年までの期間は、遅れを取り戻して日本らしい良い社会を作り直す最後のチャンスかもしれません。

　エシカル基準を見ながら、自分の会社に足りない視点やエシカルな経営のための方法を知り、取り組んでほしいです。ビジネスの問題でもありますが、結果的には、個人の生活に反映される問題です。20年後、30年後にどういう社会にしたいのかを見据えたうえで、取り組んでいければと思います。

足立　本日はありがとうございました。とても有意義な意見交換ができたと思います。今後、皆さん一人ひとりがどのように暮らし方をしたいのか、本日の話が未来のビジョンを描くときのヒントになることを願っています。

おわりに

感謝と願いを込めて

　2024年の今、私たちが直面している気候変動や地球環境の危機、人権など社会課題の解決に向けて、企業や行政、そして消費者一人ひとりがいかに行動し、持続可能な社会を形成していけるのか。そのための大きな力となるエシカルを推進するにあたり、日本エシカル推進協議会（以下略称：JEI）ではさまざまな活動や連携を行ってきました。エシカル朝食会ではオリジナルのエシカルな食事と共に、企業や有識者からエシカルの最前線の活動を伺い、またNGO／NPOやメディアなど勉強会を通じてエシカルの活動の現在地と今後を議論し学ぶエシカルラボ、エシカルの最前線について共有するエシカルサミット（隔年開催）、エシカル度をはかる日本エシカル推進協議会 SDGs Surveyなど、各分科会が有機的につながりながら活動を展開。またJEIの法人化以前から、研究会のほか、展示会のエコプロ展ではエシカルエリアを統括し学びやワークショップなどを提供し、世代や立場を超えてより身近にできる活動なども行ってきました。

　コロナ以降は最新の話題と共に交流しながら理解を深めるエシカルサロンなど、交流会や議員・行政の方々との勉強会、ASEANのキャパシティービルディングへの協力、講演会・アワード、徳島県主催の「エシカル甲子園」への協力に至るまで、エシカル推進に向けてさまざまな国内外の団体や個人とつながり、活動を推進しています。このように理事・アドバイザー・会員の皆さまを中心に、JEI関係者が各事業や自治体・企業との連携を通じて、エシカルの普及に努めてきました。

　JEIはSDGsが提唱される以前から、長年環境や社会課題に対して取り組んできた研究者・企業・NGO／NPO・個人に至るまで、100名以上のさまざまな分野の多様なメンバーで構成され公益活動を続ける非営利団体であり、JEIの成り立ちやJEIエシカル基準が何を目指し策定されてきたかは、冒頭の説明の通りですが、JEIエシカル基準策定にあたり、実に多くの方々のご支援を賜りました。

　歴代の会長の山本良一先生、中原秀樹先生をはじめ、エシカル・CSR評価組織を代表するイギリスのエシカルコンシューマー（Ethical Consumer）誌編

集長ロブ・ハリソン氏、オーストラリアのグッドオンユー（good on you）代表ゴードン・ルノフ氏、アメリカのベターワールドショッパー（Better World Shopper）代表エリス・ジョーンズ氏など、エシカルコンシューマー運動を牽引してきた有識者の方々の知見も参考に、ETHICAL CONSUMER、GOOD GUIDE、ETHICAL CONSUMER GROUP、BETTER WORLD SHOPPERなど、国際的に活動されている組織が求めているレベルを確認、さまざまな分野の専門家とも交流を重ねてきました。

　そして、世界水準で求められているエシカルの基準とは何かを検討し、日本でよりエシカルを推進するために必要な基本要素をベースとして各関係者と議論を重ね、JEIエシカル基準を策定しました。その集大成としてリリースされたJEIエシカル基準をより深く理解していただき、皆さまの活動に少しでも役立つものにしたいと書籍化されたのが本書です。

　この基準がきっかけとなり、皆さまの活動がエシカル推進につながり、社会が当然のようにエシカルへと転換していくことを期待しています。

　100年後の地球に暮らす人々が歴史を振り返ったとき、私たちのエシカルアクションに興味を持ち感謝したくなるような、そんな歴史を今こそ築いていきたいと願うばかりです。

　最後に、本書はエシカルの諸分野で長年にわたり活動を続けてきた専門家と組織の方々58人の叡智の結集であり、一人ひとりのお力添えに心から感謝いたします。また、本書の編集にご尽力いただきました南真由美さんと、生産性出版副編集長の村上直子さんにも深く感謝申し上げます。皆さまのご協力なしに、本書は完成できませんでした。関係各位の皆さまに、重ねて御礼申し上げます。

日本エシカル推進協議会 企画委員

生駒芳子

足立直樹

岡田千尋

山口真奈美

酒井剛

東 さちこ（あずま さちこ）JEIアドバイザー

「PEACE 命の搾取ではなく尊厳を」代表。動物保護NGOスタッフ、参議院議員秘書などを経て2012年11月にPEACE（https://animals-peace.net）を設立。動物の権利運動に共感するメンバーと共に、動物実験、動物展示施設、野生動物飼育などの問題に関し、調査、普及啓発、政策提言などの活動を行っている。http://animals-peace.net

足立 直樹（あだち なおき）JEI理事・副会長

株式会社レスポンスアビリティ代表取締役／博士（理学）。東京大学理学部卒、同大学院修了、国立環境研究所を経て独立。2006年より現職。専門は企業と生物多様性、持続可能なサプライチェーンの構築、サステナブル経営など。企業と生物多様性イニシアティブ 理事・事務局長、サステナブル・ブランド国際会議サステナブル・プロデューサーほか兼務。環境省などの委員も多数歴任。

生駒 芳子（いこま よしこ）JEI代表理事・会長

ファッション・ジャーナリスト、伝統工芸ブランドHIRUMEプロデューサー。 VOGUE、ELLEを経て2004年より『マリ・クレール』の編集長を務め、独立。ファッション、アート、伝統工芸から、エシカル、社会貢献まで、カルチャーとエシカルを軸とした新世代のライフスタイルを提案。消費者庁・サステナブルファッションサポーター、文化庁文化審議会文化経済部会委員、2017年より、伝統工芸をベースにしたブランド「HIRUME」（https://www.hirume.jp）をプロデュース。

石井 幸造（いしい こうぞう）JEIアドバイザー

一般社団法人MSCジャパン代表理事。食品会社などの勤務を経て、開発途上国での地域振興や環境関連プロジェクトにコンサルタントとして従事。2007年5月のMSCの日本事務所開設に際しMSCに入職。以降、日本国内でMSC認証やMSC「海のエコラベル」付き水産物の普及に努める。

石井 麻梨（いしい まり）

株式会社オウルズコンサルティンググループマネジャー。内閣府、デロイト トーマツ コンサルティング合同会社を経て現職。東京大学教養学部国際関係論学科卒業、ロンドン大学政治経済学院修士。企業の人権デュー・ディリジェンス支援等のプロジェクトに多く従事。著書に『すべての企業人のためのビジネスと人権入門』（共著：日経BP）があるほか、人権関連の寄稿・講演実績多数。

石坂 典子（いしざか のりこ）

石坂産業株式会社代表取締役。1992年に父が創業した石坂産業に入社。2002年社長就任。工場の全天候型化、ISO 7種認証、海外50カ国の視察受入など改革を実施。隣接する里山を再生し「三富今昔村」として環境教育を展開。「Zero Waste Design」をビジョンに掲げ、海と陸を保全する「30by30」参画や再エネ100%導入で脱炭素にも取り組む。2020年度日本経営品質賞受賞。経済産業省産業構造審議会資源循環経済小委員会委員。

市川 類（いちかわ たぐい）

一橋大学 イノベーション研究センター（IIR）特任教授、東京工業大学 データサイエンス・AI全学教育機構（DSAI）特任教授、JST／CRDSフェロー。1990年東京大学修士（広域科学）、1997年MIT修士（技術政策）、2013年政策研究大学院大学博士（STI政策）修了。博士（政策研究）。1990年、通商産業省（現経済産業省）入省（2023年まで）。その後、各種の技術・イノベーション政策、特にデジタル・AI政策に従事。2013年内閣官房IT総合戦略室内閣参事官、2017年産総研AI研究戦略部長等、2020年一橋大学イノベーション研究センター教授。

稲野辺 海（いなのべ かい）

エシカルプロデューサー／株式会社ベイシアン取締役。シドニー在住。 1995年川崎生まれ。中高6年間は函館で寮生活。筑波大学国際総合学類卒業。 大学時代にメルボルンヘラクロス留学。新卒で電通へ入社し、2023年に独立。 現在はNPO/NGOやスタートアップを中心に活動のサポートを行う。 https://www.thebaysean.com/ja

岩附 由香（いわつき ゆか）JEI理事

認定NPO法人ACE代表。上智大学卒業後、大阪大学大学院在学中の1997年に、カイラシュ・サティヤルティ氏（2014年ノーベル平和賞受賞者）の呼びかけに応じてACEを共同創設した。2019年大阪G20サミットに際し、世界の市民社会組織によるC20（Civil 20）の議長を務めたほか、国際協力NGOセンター副理事長、児童労働に反対するグローバルマーチ理事を務める。ACEは2023年第6回ジャパンSDGsアワードにてSDGs推進本部長（内閣総理大臣）賞を受賞。

薄羽 美江（うすば よしえ）JEI理事（エシカル教育推進WGリーダー）

株式会社エムシープランニング代表取締役。1990年代より国内外パワーブランド企業各社の組織開発・人財開発に従事。コミュニケーションデザインから未来志向の価値創造を導く。『二十世紀の忘れもの』『脳と日本人』『賢者の本』ほかプロデュース。伊豆の自然資本と東京の都市資本の地域資源循環による次世代教育プログラムを開発する。日本ESD学会・日本消費者教育学会会員。JEI SDGs Survey設計/分析担当。経営学修士。https://www.mcplanning.co.jp/

eri｜えり

アパレル会社経営・プロダクトのデザイン・古着のバイイング／販売を通して、繊維産業、地球の環境課題、気候危機に対してどうアプローチできるかを模索中。アクティビストとしてあらゆる社会問題に関心を寄せ、またそれをどう市民が課題解決のためにアクションできるのかを考えシェアし、さまざまなプロジェクトを立ち上げ運営に携わる。

大石 美奈子（おおいし みなこ）JEIアドバイザー

消費生活アドバイザー。都立高校非常勤講師のかたわら公益社団法人日本消費生活アドバイザー・コンサルタント・相談員協会（通称NACS）の環境委員会で、消費者・行政・企業をつなぐための活動や、持続可能性に関する消費者啓発活動、また内閣府、経済産業省、環境省、国土交通省などで消費者の目線で審議会に参画している。

大谷 賢太郎（おおたに けんたろう）

webマガジン『ethica（エシカ）』編集長。あらゆる業種の大手企業に対するマーケティングやデジタルの相談業務を数多く経験後、2012年12月に『一見さんお断り』をモットーとする、クリエイティブ・エージェンシー「株式会社トランスメディア」を創業。2013年7月に投資育成事業として、webマガジン『ethica（エシカ）』を創刊。自社メディアで養った「情報力」と「アセット」を強みに映像企画やPR支援を展開。 ohtani@transm.co.jp https://www.ethica.jp

岡田 千尋（おかだ ちひろ）JEI理事・副会長

認定NPO法人アニマルライツセンター代表理事。2001年からアニマルライツセンターで調査、企画、戦略立案などを担い、2003年からアニマルライツセンターの代表理事を務める。 主に、卵や肉などの食べ物や、毛皮などの素材として扱われる動物のアニマルウェルフェア向上と犠牲数の削減や、エシカル消費の推進を行うことで、人と動物が穏やかに共存できる社会を目指す。

岡 望美（おか のぞみ）

B Corp認証取得支援コンサルタント。外資系投資銀行、国内メーカー、政府系金融機関、スター

トアップと、幅広い経験と知見を活かし、国内さまざまな業種・規模の企業のB Corp認証取得推進に加え、認知促進のため情報提供や講演、コミュニティ運営、B Corpコンサルタントの養成にも従事。

柿野 成美（かきの しげみ）JEI理事

法政大学大学院政策創造研究科准教授・公益財団法人消費者教育支援センター理事・首席主任研究員。博士（政策学）。専門は、消費者政策、消費者教育、エシカル消費。日本消費者教育学会常任理事、消費者庁消費者教育推進会議委員、文部科学省消費者教育推進委員会委員、東京都消費生活対策審議会委員などを務める。

笠井 孝夫（かさい たかお）

花王株式会社ESG部門ESG活動推進部シニアマネジャー。入社後はR&D部門で、サニタリー関連商品および素材開発に従事。研究員自らが生活の場に入り、課題を見つけ、本質研究によってトレードオフを解決する喜びを感じた。専門は界面化学、高分子材料。ESG部門に異動後は、生物多様性や各種情報開示を担当。趣味の登山を通して、自然から感動を受けるとともに、気候変動の影響を感じている。

勝見 仁泰（かつみ きみひろ）

株式会社アレスグッド代表取締役CEO。1998年東京都生まれ。学生時代に感じた就職活動の原体験からアレスグッドを創業。 ビジョンや価値観の合うハイクラス人材と企業がつながれるZ世代版LinkedIn「BaseMe（エシカル就活）」を運営。リリースから1年半で登録ユーザー1万人突破、大手企業、ベンチャー、海外企業など日米100社以上が導入し、2022年7月にシードファイナンスでCyberAgent・Capital、EastVentures、海外投資家などから約1.5億円の資金調達を実施。『Forbes 30 Under 30 Asia 2024』のCONSUMER TECHNOLOGY部門にて選出。

鎌田 安里紗（かまだ ありさ）

一般社団法人unisteps共同代表理事。慶應義塾大学大学院政策・メディア研究科後期博士課程在籍。 衣服の生産から廃棄の過程で、自然環境や社会への影響に目を向けることを促す企画を幅広く展開する。 種から綿を育てて服をつくるプロジェクト「服のたね」など。

亀倉 弘美（かめくら ひろみ）

NPO法人動物実験の廃止を求める会（JAVA）理事。学生時代から同会の活動に携わり、以来担当してきた化粧品の動物実験反対キャンペーンでは、2013年、資生堂の動物実験廃止決定を導いた。国会議員秘書や法律事務員を務めるかたわら、ボランティアで活動に従事したのち、神奈川県大磯町にて子育てに専念。 2023年より大磯町議会議員を務める。2児の母。

河口 眞理子（かわぐち まりこ）JEI理事

立教大学会デザイン研究科特任教授、不二製油グループ本社ESGアドバイザー。 大和証券グループにてアナリストESG投資の調査に従事、大和証券グループ本社CSR室長大和総研研究主幹など歴任。2020年4月より現職。企業の立場、投資家の立場、生活者の立場からサステナビリティ全般に関し20年以上調査研究、提言活動に従事。アナリスト協会検定会員、国連グローバル・コンパクト・ネットワーク・ジャパン理事、日本サステナブル投資フォーラム理事、WWFジャパン理事。環境省中央環境審議会臨時委員など。著書『SDGsで「変わる経済」と「新たな暮らし」』『ソーシャルファイナンスの教科書』（いずれも生産性出版）など。

酒井 剛（さかい つよし）JEI理事

株式会社環境新聞社企画営業本部長兼事業部長。1963年福島県生まれ。医療機器メーカー、コン

ベンション会社を経て、1993年環境新聞社に入社。企画部課長、事業部部長を経て現職に。 環境福祉学会や一般社団法人未来環境プロジェクト推進協議会の設立に携わり、事務局を務める。

坂口 真生（さかぐち まお）JEIアドバイザー

GENERATION TIME株式会社代表取締役エシカルディレクター。高校でアメリカへ渡り、大学卒業後ニューヨークにて音楽業界に携わり、自社音楽レーベルを設立。2012年、日本最大の合同展示会「rooms」で日本初となるエシカルをテーマとしたエリアを立上げる。2020年、J-WAVEで新番組「ETHICAL WAVE」放送開始。2021年、エシカルコンビニ始動。同年、独立しGENERATION TIME（株）を設立。SDGsやサステナブルへの関心の高まりから、多角的にビジネスコンサルティングを行っている。

潮崎 真惟子（しおざき まいこ）

認定NPO法人フェアトレード・ラベル・ジャパン 事務局長。デロイト トーマツ コンサルティングを経てオウルズコンサルティンググループにてマネジャーを務める。 コンサルタントとしてはサステナビリティ戦略や人権デュー・ディリジェンス等を多数担当。2021年より現職。『すべての企業人のためのビジネスと人権入門』（共著: 日経BP社）や『児童労働白書2020』など執筆。一橋大学経済学部卒・経済学修士。

島田 広（しまだ ひろし）JEI理事

弁護士。1998年弁護士登録（福井弁護士会）。日本弁護士連合会（日弁連）消費者問題対策委員会副委員長（消費者教育担当）、消費者教育推進会議委員、福井弁護士会会長などを歴任。2012年の消費者教育推進法（議員立法）制定時には、日弁連担当者として立法のために奔走。現在は文部科学省消費者教育推進委員会委員、同省消費者教育アドバイザー。

清水 展人（しみず ひろと）

講師・著者・パーソナリティ・コメンテーター 非営利型一般社団法人日本LGBT協会 代表理事。医療専門学校 医学総論、臨床心理学ほか、非常勤講師。FMびざん「清水ひろとの広がるラジオ」水曜日パーソナリティ。元女性、トランスジェンダー。手術、戸籍変更、不妊治療を経て2児の父親。近著『子どもも大人もわかっておきたいいちばんやさしいLGBTQ』（KADOKAWA）。全国で講演・研修を行う。 hiroto-shimizu.com/

白鳥 和彦（しらとり かずひこ）JEI理事

武蔵野大学大学院環境学研究科長／工学部サステナビリティ学科 教授。博士（経済学）。大学卒業後、製造業にて研究開発業務に従事したのち、2003年より本社部門で環境経営・CSR経営に10年以上携わる。その後、環境関連団体を経て、2020年に武蔵野大学特任教授。2022年より現職。専門は環境・サステナブル経営、環境マーケティング論。

白藤 大仁（しらふじ だいじ）

株式会社リンクコーポレイトコミュニケーションズ代表取締役社長。2006年、株式会社リンクアンドモチベーション入社。多くの 経営者および経営ボードとの実務を経て、2019年、株式会社リンクコーポレイトコミュニケーションズの代表取締役社長に就任。「オンリーワンの、IRを。」をメインメッセージとし、企業のオンリーワン性を導き出すことで、IR活動や経営活動を支援する事業を行う。

杉本 彩（すぎもと あや）

公益財団法人動物環境・福祉協会Eva代表理事、俳優、株式会社ビメンド取締役、全日本車いすダンスネットワーク特別理事、京都動物愛護センター名誉センター長、おおさかワンニャン特別大使。芸能活動と並行し動物愛護の啓発や、全国各地での適正飼養および日本の動物がおかれている現

状についての講演活動、そして子どもたちへのいのちの教育、動物に関する法律および制度等に対する国および地方自治体への働きかけなど精力的に取り組む。

鈴木 隆博 (すずき たかひろ)

イオン株式会社に入社後、秘書室、業務提携、新規事業の立ち上げなどに携わる。環境省出向を経て、環境・社会貢献部部長として「イオン脱炭素ビジョン2050」をはじめとするイオングループの中長期環境戦略の策定および推進などに従事。2024年3月より、サーキュラーエコノミープロジェクトリーダーへ就任。

鈴木 啓美 (すずき ひろみ)

フェアトレードカンパニー株式会社フェアトレード専門ブランド「ピープルツリー」広報・啓発担当。 自身も長年のピープルツリーファンだったことから、多くの方にフェアトレードを身近に感じ、生活のなかに楽しく取り入れてもらえるよう、メディア対応、記事制作、イベントやトークセミナー「フェアトレードの学校」の企画&講師などを務める。 開発教育協会発行『服・ファッション』共同執筆（消費者教育教材資料表彰2023「消費者庁長官賞」受賞）。

高津 玉枝 (たかつ たまえ) JEIアドバイザー

株式会社福市代表。PRおよび売り場をプロデュースする会社を設立。その後フェアトレードの概念に出会い2006年に株式会社福市を設立。「持続可能な社会のために行動する人を増やす」ことをミッションにフェアトレードの普及に取り組む。フェアトレードのセレクトショップLove&sense、東日本大震災支援プロジェクトEAST LOOPを創出。行政や民間企業とともにサステナブルなアクションを促す人材育成に取り組む。国際NGOの理事も歴任。https://www.love-sense.jp/

高橋 悠介 (たかはし ゆうすけ)

CFCL代表兼クリエイティブディレクター。1985年生まれ、東京都出身。文化ファッション大学院大学修了後、2010年株式会社三宅デザイン事務所入社。2013年にISSEY MIYAKE MENのデザイナーに就任し、6年にわたりチームを率いる。2020年同社を退社後、株式会社CFCLを設立。

田中 裕之 (たなか ひろゆき)

ユニ・チャーム株式会社お客様相談センター センター長。1991年ユニ・チャーム入社。全国各地で営業を経験し、営業統括本部流通戦略統括部長、チェーンストア部長を経て2021年現職。ユニ・チャームの消費者担当窓口として「消費者志向経営」を推進。

寺中 誠 (てらなか まこと)

東京経済大学教員。都留文科大学・立教大学・法政大学兼任講師など。アムネスティ・インターナショナル日本元事務局長。そのほか国際環境NGOや人権領域のNGOの役員などを務めている。専門分野は、刑事政策論、国際人権法、グローバル化と犯罪など。国際的な人権基準を実現させる方策としての国内人権機関や、グローバリゼーションが人権におよぼす負の影響の問題について、理論的な研究と実践的な人権活動の両面で取り組んでいる。

冨田 秀実 (とみた ひでみ) JEI理事

サステナビリティ経営研究所代表。東京大学工学部物理工学科卒、プリンストン大学工学部化学工学神修士修了。ソニー株式会社に入社後、中央研究所、ソニー欧州環境センター、本社環境戦略室長、CSR統括部長を歴任。その後、ロイドレジスターグループ入社、ロイドレジスタージャパン株式会社（現LRQAサステナビリティ株式会社）取締役、後に代表取締役。グローバルスタンダードの策定、省庁の委員などを務める。

中島 彰良（なかじま あきら）JEI監事

株式会社リーテム代表取締役、一般社団法人イング代表理事。日大法学部卒。海外のホテル開発とマネジメントに10年以上関わり、帰国後、実家の金属スクラップ事業に加わり資源マネジメントの仕組みを取り入れる。また、エコシティの提案をアジアを中心に行い、その一環として途上国における廃棄物の安全操業等に関して協力してきた。現在は資源のみならず、一般社団法人イングとして国内地域の環境マネジメントの推進に努力している。経済産業省、環境省の委員を歴任、天津開発区戦略顧問。

中島 佳織（なかじま かおり）JEIアドバイザー

認定NPO法人フェアトレード・ラベル・ジャパン、シニアディレクター。化学原料メーカー勤務を経て、国際協力NGOでの難民支援やフェアトレード事業、タイ・チェンマイでのコーヒー生産者支援プロジェクトに従事。在ケニア日系自動車メーカー勤務後、2007年、フェアトレード・ラベル・ジャパンに入職。14年間、同事務局長を務め、2021年より現職。グリーン購入ネットワーク理事。共著『ソーシャル・プロダクト・マーケティング』（産業能率大学出版部）ほか。

中原 秀樹 （なかはら ひでき）JEI名誉会長

(公財)地球環境戦略研究機関IGESシニアフェロー。東京都市大学名誉教授。専門は持続可能な消費。産業構造審議会専門員、中央教育審議会専門委員、世田谷区環境審議会会長、環境経営学会会長、国連環境計画UNED持続可能な公共調達イニシアティブ・アドバイザーなどの公職を歴任。グリーン購入ネットワーク会長、国際グリーン購入ネットワーク会長などNPO活動にも従事。

西原 智昭（にしはら ともあき）

日本森林管理協議会・事務局長、日本エシカル推進協議会・会員、日本サステイナブル・ラベル協会・会員、およびWCS（野生生物保全協会）自然環境保全研究員。コンゴ共和国などアフリカ熱帯林にて野生生物研究や森林保全に30年間従事。京都大学出身、理学博士。人類の起源と本質、自然環境保全、先住民族、エシカル社会などを問う。著書は『コンゴ共和国〜マルミミゾウとホタルの行き交う森から』（現代書館）など。

浜 かおり（はま かおり）

J.フロント リテイリング株式会社　経営戦略統括部経営企画部サステナビリティ推進担当部長。朝日新聞社での法務・人事経験を経て、2018年5月、J.フロント リテイリング入社。取締役会事務局などガバナンス領域を主に担当した後、2020年1月よりESG推進部長（現サステナビリティ推進担当）。JFRの事業やサービスを通じて、誰もが自分らしく心身ともに豊かにくらし、楽しみながらサステナブルな未来に向けて行動できるような社会の実現を目指す。

原田 さとみ（はらだ さとみ）JEI理事

エシカル・ペネロープ株式会社代表。フェアトレード＆エシカル・ファッションショーやマルシェ、アップサイクル・ワークショップ等を通じて、フェアトレードタウン運動とエシカル消費の推進事業を行う。愛知県名古屋市在住。1999年から店舗にてフェアトレード商品を取り扱う。2007年からはエシカル・ファッションも取り扱う。一般社団法人日本フェアトレード・フォーラム代表理事／JICA中部オフィシャルサポーター。

細川 幸一（ほそかわ こういち）

専門は消費者法、消費者教育。博士（法学）。法政大学現代法研究所国連グローバル・コンパクト研究センター、麗澤大学企業倫理研究センターで客員研究員を務めたほか、内閣府消費委員会委員、文部科学省教科用図書検定調査審議会臨時委員、埼玉県消費生活審議会会長代行、東京都消費生活対策審議会委員などを歴任。

松島 学（まつしま がく）

日本生活協同組合連合会サステナビリティ戦略室長。物流管理部門、貿易部門、農畜産部長、産直マネージャーなどを経て現職に至る。生協のプライベートブランドである「コープ商品」に関するサステナビリティ課題の政策立案、実務執行、組織内のSDGsリテラシー向上推進などを担当。

山口 真奈美（やまぐち まなみ）JEI理事・副会長

日本サステナブル・ラベル協会代表理事。 研究所を経て約20年CSR・サステナビリティ支援、環境教育などを行うかたわら外資系認証機関代表も12年兼務。2017年日本サステナブル・ラベル協会設立。サステナブル調達、国際認証、エシカル消費などを軸に、サステナビリティに関するアドバイザリーや教育研修・ライフスタイルの提案のほか、環境ビジネスプラス理事長、オーガニック関連団体などさまざまな活動にも従事。著書に『サステナブル調達を成功させる 国際認証の教科書』（生産性出版）など。

山崎 亮（やまざき りょう）

studio-L代表。関西学院大学建築学部教授。地域の課題を地域に住む人たちが解決するためのコミュニティデザインに携わる。まちづくりのワークショップ、住民参加型の総合計画づくり、市民参加型のパークマネジメントなどに関するプロジェクトが多い。著書に『コミュニティデザインの源流』（太田出版）『縮充する日本』（PHP新書）『地域ごはん日記』（パイインターナショナル）『ケアするまちのデザイン』（医学書院）などがある。

山本 光治（やまもと こうじ）

水産養殖管理協議会（ASCジャパン）ゼネラルマネージャー。アジア太平洋水産養殖ネットワーク（NACA）や国連食料農業機関（FAO）の水産養殖職員としてアジアやアフリカの養殖事業に従事。2017年よりASCジャパンの代表として国内の市場と養殖場におけるASC認証の普及を通じて環境と社会に配慮した責任ある養殖業の拡大に務める。

山本 良一（やまもと りょういち）JEI栄誉会長

茨城県水戸市生まれ。1969年東京大学工学部卒業。1974年同大学院工学系研究科博士課程修了、工学博士。1974年ドイツ、マックスプランク金属研究所客員研究員、1989年東京大学先端科学技術研究センター教授、1992年同生産技術研究所教授、2010年東京大学名誉教授。2021年東京都公立大学法人理事長。日本エシカル推進協議会栄誉会長、気候非常事態ネットワーク名誉会長。専門は材料科学、エコマテリアル、エコデザイン、LCA、環境マネージメントなど。

葭内 ありさ（よしうち ありさ）JEIアドバイザー

お茶の水女子大学附属高等学校教諭。家庭科でエシカル消費やサイエンスに着目した教育の研究や啓発に取組んできた。お茶の水女子大学非常勤講師、NHK高校講座監修・講師、文部科学省検定教科書編集委員、東京大学未来ビジョン研究センター客員研究員等兼任。お茶の水女子大学・大学院修了、慶應義塾大学法学部卒業。博士（社会科学）。

吉岡 麻子（よしおか あさこ）

YKK株式会社執行役員　サステナビリティ推進室長。1997年入社。香港、米国（ニューヨーク）、中国（広州・上海）への16年半の海外赴任で、ファスニング事業のグローバルおよびローカルマーケティングやジーンズ分野推進に携わる。日本に帰国後、2019年ファスニングサステナビリティ推進室長、2022年執行役員（現職）。2020年10月に「YKKサステナビリティビジョン2050」を発表し、国内外各拠点と連携してビジョンの目標達成に取り組む。

吉田 広子（よしだ ひろこ）

「オルタナ」副編集長。大学卒業後、ロータリー財団国際親善奨学生として米国オレゴン大学に1年間留学（ジャーナリズム）。2007年10月に株式会社オルタナに入社、2011年から現職。サステナブル経営、気候変動、生物多様性、プラスチック問題、人権、ダイバーシティなどサステナビリティ全般を取材している。

渡辺 龍也（わたなべ たつや）JEI理事

東京経済大学名誉教授。日本フェアトレードフォーラム初代代表理事（現認定委員）。東京大学（学士）、米タフツ大学フレッチャー国際法外交大学院（修士）修了。NHK、国際機関、国際協力NGO等を経て2000〜2023年大学教員。主な研究分野は国際協力、フェアトレード、エシカル消費。主な著書に『フェアトレード学』『フェアトレードタウン』（いずれも新評社）などがある。

渡邊 智惠子（わたなべ ちえこ）

株式会社アバンティ創設者。現在相談役。1990年よりオーガニックコットンの啓蒙普及に取り組み、日本でのオーガニックコットンの製品製造のパイオニア。 オーガニックコットンの啓蒙普及と認証機関としてNPO日本オーガニックコットン協会を設立。 グローバルスタンダード（GOTS）の基準作りにも関わる。2021年3月に繊維のゴミを資源にする一般社団法人サーキュラーコットンファクトリーを立ち上げ、代表理事を務める。https://www.circularcottonfactory.jp/

◎企業・団体

日本理化学工業株式会社

1937年創業の文房具製造会社。主な商品にダストレスチョーク、窓ガラスなど平滑面にも描け水拭きで消去できるキットパスがある。1960年に知的障がいのある社員2名を雇用したことから、現在では全社員の約7割が知的障がい者ながら、一人ひとりの能力に作業工程を合わせる数々の工夫で、職人の働きを実現している。

株式会社マザーズ

ヨーロッパ発祥の「エイビアリー」という平飼いの飼育環境で育てた鶏のたまごを販売する。アニマルウェルフェアへの関心が高いEUが設ける平飼いに関する厳しいルールにも適合した設備に加えて、亜麻仁油・北海道産の飼料米や子実コーンを添加した飼料を与え、地産地消にも積極的に取り組む鶏舎である。

愛知県

愛知県県民文化局県民生活部県民生活課
エシカル×あいちポータルサイト https://www.pref.aichi.jp/kenmin/ethical/index.html

東京都

東京都生活文化スポーツ局消費生活部
TOKYOエシカルホームページ https://www.ethical-action.tokyo/

徳島県

徳島県危機管理部消費者政策課
ホームページ https://www.pref.tokushima.lg.jp/syohisyagyosei/

◎用語解説

・**CI**／Corporate Identity（コーポレートアイデンティティ）の略で、「企業らしさ」を意味します。具体的には、企業が掲げる理念・事業内容・文化などに基づき、自らの存在価値を体系的に整理して統一したメッセージやデザインで企業内外に発信することを指します。

・**CSR**／Corporate Social Responsibilityの略。法律で求められている以上に、倫理的観点から企業が事業活動を通じて環境や社会へ果たすべき責任のことです。1990年代以降倫理的な動機で始まりましたが、社会の意識の変化を受けて、ブランド価値や従業員満足など非財務の企業価値につながるとして経営戦略の重要な要素とみなされるようになりました。

・**DEIB**／Diversity（多様性）、Equity（公平性）、Inclusion（包括性）、Belonging（帰属性）の頭文字をつなげて作られた言葉です。組織の構成員が、それぞれの持つ多様な個性を受け入れられ、等しい機会を持ち、心理的安全性が保たれている状態を指します。

・**EPR**／Extended Producer Responsibility（拡大生産者責任）の略で、製品の生産者の責任範囲を、生産段階と使用段階に限定せずに、製品の廃棄やリサイクル段階まで拡大する考え方です。

・**ESD**／Education for Sustainable Development（持続可能な開発のための教育）の略で、持続可能な社会を実現することを目指して行動できる人材を育成すべく行われる学習や教育活動を指します。

・**FAO**／Food and Agriculture Organization of the United Nations（国際連合食糧農業機関）の略称。飢餓の撲滅を世界の食糧生産と分配の改善と生活向上を通して達成することを目的とする、国際連合の専門機関の一つです。

・**GBF**／Kunming-Montreal Global Biodiversity Framework（昆明モントリオール生物多様性世界枠組）は、昆明、そしてモントリオールで開催された生物多様性条約の第15回締約国会議（COP15）で採択された、2030年までに達成すべき生物多様性に関する世界目標です。

・**GHG**／Greenhouse Gas（温室効果ガス）の略称で、地球温暖化の原因とされている物質です。京都議定書では、二酸化炭素、メタン、一酸化二窒素、ハイドロフルオロカーボン、パーフルオロカーボン、六フッ化硫黄の6物質を指定しています。

・**IEA**／International Energy Agency（国際エネルギー機関）の略称。1973年の石油危機を契機に設立され、OECD諸国を中心に30カ国以上が加盟しています。エネルギー市場の安定化、エネルギー供給の安全保障、持続可能なエネルギーの普及を目指す国際機関です。

・**ILO**／International Labour Organization（国際労働機関）の略称で、国際労働基準の制定を通して世界の労働者の労働条件と生活水準の改善を目的とする、国際連合の専門機関です。1919年に国際連盟と共に創設され、国際連合における最初で最古の専門機関です。

・**ISO26000**／国際標準化機構（ISO：International Organization for Standardization）が2010年に発行した、組織の社会的責任に関する原則と主題を取り決めた国際規格です。企業だけでなくさまざまな組織が、社会や環境に及ぼす影響に対して責任を持ち、多様なステークホルダーに貢献できるように開発された世界初のガイダンス文書で、持続可能な発展への貢献を最大化することを目的にし、人権や多様性の尊重という概念も包含しています。

・**LEAPプロセス**／TNFD（自然関連財務情報開示タスクフォース）が、企業が自然関連リスクと機会を統合的に評価するプロセスとして策定した手順です。自然との接点を発見する（Locate）、依存関係と影響を診断する（Evaluate）、リスクと機会を評価する（Assess）、自然関連リスクと機会に対応する準備を行い投資家に報告する（Prepare）の四つのプロセスの頭文字を取ってLEAPと呼

びます。

・**LGBTQ**／Lesbian（レズビアン＝女性同性愛者）、Gay（ゲイ＝男性同性愛者）、Bisexual（バイセクシャル＝両性愛者）、Transgender（トランスジェンダー＝心と体の性が異なる人）、Queer／Questioning（クィアまたはクエスチョニング＝性的指向・性自認が定まらない人）の頭文字をつなげた略語で、いわゆる性的少数者（セクシュアルマイノリティ）の総称です。

・**LGBT理解増進法**／正式名称は「性的指向および性同一性に関する国民の理解増進に関する法律」で、2023年6月に成立、施行されました。性的指向およびジェンダーアイデンティティの多様性の尊重を求めた初めての法律ですが、差別禁止や罰則を定めておらず、当事者の声に寄り添っているとは言いがたいと、当事者からの批判もあります。

・**OECD**／Organisation for Economic Co-operation and Development（経済協力開発機構）の略で、ヨーロッパ諸国を中心に日・米を含め38カ国の先進国が加盟する国際機関です。

・**RSPO**／Roundtable on Sustainable Palm Oil（持続可能なパーム油に関する円卓会議）の略で、パーム油の生産、流通、使用に関わる関係者が広く集まり、認証持続可能なパーム油（CSPO）の認証基準の策定などを行うマルチステークホルダー組織です。

・**SA8000**／米国のNGOであるSAI（Social Accountability International）が策定した、国際人権宣言、ILO条約、そのほかの国際的な人権・労働に関する国家法規に基づいた、すべての従業員の権利の行使および従業員の保護のための国際規格です。SAは、Social Accountabilityの略です。

・**Scope 1, 2, 3**／GHGを削減するにあたり、事業活動のどの範囲でGHGが排出されているかを把握する必要があります。その範囲（Scope）を通常、以下の三つに分けます。Scope1－自社の事業活動による直接排出（燃料の燃焼、工業プロセス等）、Scope2－供給された電気、熱・蒸気の使用に伴う間接排出（購買電力など）、Scope3－Scope1、Scope2以外のすべての間接排出（サプライチェーンなど事業活動に関連する他社の排出、通勤、出張など）。

・**SDGs**／Sustainable Development Goals（持続可能な開発目標）の略称で、2030年までに世界が達成すべき目標として、2015年9月25日に国連総会で採択されました。17の目標と169のターゲットと232の指標で構成されています。

・**TCFD**／Task Force on Climate-related Financial Disclosures（気候関連財務情報開示タスクフォース）の略称で、2015年に発足した、投資家の判断材料となる財務情報として企業の気候変動への取り組みなどを開示するための枠組みを作った組織です。2017年に策定された開示についての勧告（ガイダンス）のことを指す場合もあります。

・**TNFD**／Taskforce on Nature-related Financial Disclosures（自然関連財務情報開示タスクフォース）の略で、TCFDにならって作られた、自然について情報開示をする企業向けのガイダンスを策定する組織です。2023年9月に最終勧告を出し、このガイダンスそのものを指す場合もあります。

・**Z世代**／おおむね1990年代後半から2000年代に生まれた世代を指すことが多いのですが、アメリカ心理学会は1998年生まれ以降を指すなど、厳密な定義はありません。生まれた時点でブロードバンドが利用可能であった最初の世代です。

・**インクルージョン（inclusion）**／「包括」「包含」「一体性」などの意味を持つ英語inclusionから。ビジネスの世界では、組織内で誰にでも仕事に参画・貢献するチャンスがあり、平等に機会が与えられた状態を指します。

・**ウェルビーイング（well-being）**／well（良い）とbeing（状態）からなる言葉で、身体・精神・社会の

三つの側面において良好な状態にあることを意味する概念のことで、「幸福」と訳すこともできます。近年、過労死、メンタルヘルスなどが社会的な問題になっています。心身ともに、また社会的にも満たされている状態を目指すことが、真のウェルビーイングと言えます。

- **エコロジカル・フットプリント（ecological footprint, EF）**／人間活動が環境に与える負荷を、人間が一年間に消費する資源の生産、排出する二酸化炭素の吸収などに必要な面積、すなわち地球を踏みつけている足跡の大きさとして示した数値です。通常は、生活を維持するのに必要な一人あたりの陸地および水域の面積として示されます。

- **エシカル消費**／エシカル（ethical）とは、直訳すると「倫理的」「道徳的」という意味の形容詞です。エシカル消費という場合には、地域の活性化や雇用などを含む、人・社会・地域・環境等に配慮した消費行動のことを指します。

- **エビデンス（evidence）**／主張を支持する「証拠」「裏づけ」「客観的根拠」のこと。

- **オーガニック（organic）**／もともとオーガニックは「有機物の」「有機的な」などの意味ですが、オーガニック食品などの表現では、人工的なものを含まず生物由来のもののみで作られたものであることを意味します。

- **カーボンニュートラル（carbon neutral）**／温室効果ガス排出量をできるだけ削減し、削減できなかったものは吸収または除去することで実質ゼロにすることを言います。

- **カーボンネガティブ（carbon negative）**／二酸化炭素をはじめとする温室効果ガスの排出量よりも、たとえば植林などによる吸収量の方が大きく、両者を足し合わせると温室効果ガスが実質的に減っていることを言います。

- **企業人権ベンチマーク**／一般にはWorld Benchmark Alliance（WBA）による企業の人権への取り組み評価を指します。Corporate Human Rights Benchmarkの頭文字からCHRBとも。2018年までは人権リスクの高い農業、アパレル、資源採掘の100社を格付けしていましたが、2019年には評価対象を200社に拡大し、人権へのコミットメント、管理システムへの組み込み、人権デュー・ディリジェンス、苦情処理メカニズム、透明性などから評価しています。

- **グリーンウォッシュ（greenwash）**／環境やサステナビリティに取り組んでいるように見せかけるものの、実態はそうではなく、良いイメージで消費者などに誤解を与えるような行為や姿勢のことを指します。最近では成果を厳密に評価する傾向が強くなり、意図的でなかったとしても、効果があいまいな場合にはグリーンウォッシュと批判される場合も増えています。

- **グリーントランスフォーメーション（Green Transformation, GX）**／従来の化石エネルギー中心の産業と社会を、クリーンエネルギー中心のものに転換しようという変革や、それにつながる取り組みを指します。

- **現代奴隷法**／一般には、2015年に成立した英国現代奴隷法を指します。人身売買、強制労働、性的搾取、児童労働など、現代的な意味でのあらゆる「奴隷」的な労働に企業が加担することを防止するために作られたもので、サプライチェーンにおいて奴隷労働に関する人権リスクがないかを調査することを義務化しています。

- **国際人権規約**／国際連合が採択した人権に関する主要な条約のことで、「市民的及び政治的権利に関する国際規約（ICCPR）」（自由権規約）と「経済的、社会的及び文化的権利に関する国際規約（ICESCR）」（社会権規約）の二つがあります。これらの規約は、1948年の「世界人権宣言」を具体化し、法的拘束力を持つ形で人権を保護するために制定され、1976年に発効しました。

- **国際認証規格**／国際的に認知された基準や規則であり、特定の製品、サービス、プロセス、シス

テム、あるいは組織において、性能、品質、安全性、互換性、持続可能性などを評価、保証するために制定されています。業界全体で統一された高い水準を確保し、国際的な取引や協力を促進します。ISOが代表的ですが、必ずしも国際機関が策定するわけではなく、HACCP（食品安全管理システム）のように一つの国の中で官民で作られたものや、SA8000（労働環境評価）のようにNGOが作った規格が国際的に使われている場合もあります。

- **国連グローバル・コンパクト（UN Global Compact）**／国連と民間（企業・団体）による、世界最大のサステナビリティ・イニシアティブで、コフィ・アナン国連事務総長（当時）の提唱で2000年に発足しました。10原則に賛同する企業・団体が署名し、持続可能な成長を実現するために自発的に活動しています。

- **サーキュラーエコノミー（circular economy）**／「循環経済」とも訳され、大量生産・大量消費・大量廃棄に基づく従来のリニアな経済（線形経済）に代わり、製品と資源の価値を可能な限り長く保全・維持し、廃棄物の発生を最小化した経済活動を指します。

- **サステナビリティ（sustainability）**／sustainabilityは「持続可能性」と訳されます。環境や社会に配慮することで将来にわたって環境、社会、経済において持続するような状態、あるいはそうなるための取り組みを指します。

- **サプライチェーン（supply chain）**／広義では製品やサービスが原材料の調達から最終的な消費者に届くまでの一連の流れを指します。自社よりも上流側（サプライ側）を指すことが多く、本基準でもそのような意味で使っています。供給連鎖とも。

- **ジェンダーアイデンティティ（gender identity）**／自分自身がどのような性別（ジェンダー）であると認識し、感じているかという個人の内面的な認識や感覚で、生物学的な性とは一致しないこともあります。性自認。

- **ジェンダーギャップ指数**／世界経済フォーラムが毎年発表する男女間の格差を測定するための指標です。経済参加と機会、教育の達成度、健康と生存、政治的エンパワーメントの4分野で測定しますが、日本は146カ国中125位（2023年）と非常に低い状況です。

- **児童労働**／15歳未満の義務教育を妨げる労働や、18歳未満の子どもの強制労働や子ども兵、または危険・有害な労働などの「最悪の形態」の児童労働のこと。ILO138号条約は子どもが働いても良い年齢を原則義務教育修了以降と定め、ILO182号条約では最悪の形態の児童労働の種類を定め、国際条約に照らした国内法により各国でも法律で禁じられています。

- **循環経済法**／フランスが2020年2月に世界で初めて公布した「資源の循環と廃棄物の削減を目指した循環経済に関する法律」を指します。1.使い捨てプラスチックからの脱却、2.消費者への情報提供、3.廃棄物の対策および連帯再利用（社会への還元）、4.製品の長寿化、5.環境負荷を抑えたより良い生産推進、が柱です。これにより、たとえばアパレルの売れ残り商品の廃棄が禁止されました。

- **消費者基本法**／「消費者の権利の尊重」と「消費者の自立支援」を基本理念とした、消費者政策の基本となる法律です。1968年に制定された消費者保護基本法が、2006年に改正され、消費者基本法となりました。

- **人権デュー・ディリジェンス（due diligence）**／企業が自らの活動が人権に与える影響を特定、評価、予防、軽減、監視し、報告する一連のプロセスを指します。企業が直接または間接に人権侵害に関わるリスクを減少させ、尊重されるべき人権を保護するために重要です。

- **ステークホルダー（stakeholder）**／企業や組織の活動によって影響を受ける、または影響を与える個人や団体のことで、社内ステークホルダー（従業員、経営層、株主）、社外ステークホルダー

（顧客、サプライヤー、地域社会、行政、NGO）、さらには金融機関やメディアなども含みます。企業の長期的な成功と持続可能な発展のために非常に重要です。

- **生物多様性**／地球上の生物の多様性のことで、種、遺伝子、生態系の三つのレベルの多様性から成ります。それぞれが相互に依存しており、どの多様性が失われても、他の多様性が影響を受けることから、三つ多様性をすべて維持することが必要です。企業活動は生物多様性に大きく依存すると同時に大きく影響（主に負の影響）を与えていることから、近年、企業が生物多様性に適切な対応をとることが必要とされています。

- **世界人権宣言**／1948年12月10日、国連第3回総会（パリ）において、「すべての人民とすべての国とが達成すべき共通の基準」として採択された基本的人権尊重の原則です。法的拘束力こそ持ちませんが、各国の人権法や国際条約の基礎となっており、きわめて画期的かつ重要です。

- **絶滅危惧種**／今のままの状態が続くと、近い将来に絶滅する可能性が高い生物種のことで、世界的には国際自然保護連合（IUCN）が特定し、「レッドリスト」として公表しています。

- **ダイバーシティ（diversity）**／ダイバーシティは「多様性」を意味する言葉ですが、組織や社会において異なる背景、特性、視点を持つ人々が共存し、尊重される状態を指します。性別、人種、民族、年齢、宗教、性的指向、障害の有無、文化的背景など、多くの要素が含まれます。

- **ディーセントワーク（decent work）**／国際労働機関（ILO）が提唱する概念で、人々が尊厳を持って働き、公正な報酬を受け、職場での安全と健康を確保され、社会的保護を享受し、差別や搾取を受けずに働くことができる仕事を指します。日本語では「働きがいのある人間らしい仕事」と訳され、持続可能な経済成長と社会的包摂のために不可欠な要素です。

- **デジタルトランスフォーメーション（Digital Transformation, DX）**／デジタル技術を活用してビジネスモデルや業務プロセス、組織文化を抜本的に変革することを言います。単に業務プロセスをデジタル化することにとどまらず、顧客体験を向上させ、ビジネスモデルや組織文化を変革することも可能です。

- **トランスジェンダー（transgender）**／自分の性自認（ジェンダーアイデンティティ）が、出生時に割り当てられた性別と異なる人々を指します。

- **トレーサビリティ（traceability）**／製品や素材がどのような経路を通って生産・流通・販売されたかを追跡する能力を指します。これにより、製品の品質、安全性、信頼性を確保し、問題が発生した場合には迅速かつ正確に対応することが可能になります。

- **ネイチャーポジティブ（Nature Positive）**／生物多様性に関する世界目標。厳密な定義は議論中ですが、生物多様性世界枠組（GBF）の目標である「自然を回復軌道に乗せるため、生物多様性の損失を止め、反転させる」ことを指すとされます。今よりも自然を純増させることであることから、このように呼ばれます。環境省は、「自然再興」と訳しています。

- **ネットポジティブ（net positive）**／企業などが、事業活動を通じて、社会や環境に対して与えるポジティブな影響をネガティブな影響よりも大きくすること、あるいはそれを目指す考え方を言います。

- **バイコット（buycott）**／商品の不買運動（ボイコット、boycott）に対して、エシカルに配慮されるなどした良い商品を積極的に購入することで、それを支持し応援する消費行動のこと。応援消費とも。

- **ハラスメント（harassment）**／他人に対して不快な行動や言動を行うことによって、相手に苦痛やストレスを与える行為のことを指します。職場や学校、家庭、公共の場などさまざまな環境で

発生する可能性があり、その形態や対象も多岐にわたります。暴力などの身体的な行為はもちろん、暴言や無視も精神的なダメージを与えるハラスメントです。

・**バリューチェーン（value chain）**／さまざまな企業活動が最終的な付加価値にどう貢献するかを示すためにマイケル・ポーターが提唱した概念ですが、製品の使用や使用後の廃棄など自社より下流側を含めた広義のサプライチェーン全体を指す場合もあります。

・**パリ協定**／2015年の第21回国連気候変動枠組条約締約国会議（COP21）で採択された、気候変動問題に関する国際的な枠組みです。世界共通の長期目標として2℃目標を設定し、1.5℃に抑える努力を追求することとしています。

・**ビジネスと人権に関する指導原則**／2011年に国連人権理事会において全会一致で支持された、ビジネスと人権に関する国際的な規範です。1.人権を保護する国家の義務、2.人権を尊重する企業の責任、3.救済へのアクセスを三つの柱とし、国だけでなく企業も人権を尊重する主体として人権への悪影響や助長を回避し、影響が生じた場合には対処することが求められています。

・**フェアトレード（fair trade）**／直訳すると「公平・公正な貿易」となります。発展途上国の生産者や労働者が適正な労働条件と生活賃金を得られるようにすることを目的とした貿易の仕組みです。公正で持続可能な経済関係を構築し、貧困削減と環境保護を推進することが可能になります。

・**紛争鉱物**／特定の鉱物資源が武装勢力の資金源となり、紛争や人権侵害を引き起こしている地域で採掘された鉱物のことを指します。一般には、中央アフリカのコンゴ民主共和国（DRC）とその周辺国採掘されるスズ、タンタル、タングステン、金の4鉱物を指します。頭文字から「3TG」（Tin、Tantalum、Tungsten、Gold）とも呼ばれます。

・**マテリアリティ（materiality）**／組織や企業の経営や財務報告において重要な情報や事象を指します。投資家やその他の利害関係者が意思決定を行う際に影響を与える可能性が高いとされます。

・**レア・メタル（rare metal）**／産出量が少なく、経済的・技術的に重要な金属の総称です。先端技術産業やエレクトロニクス、自動車、エネルギー分野などで不可欠な素材であり、その希少性と重要性から、戦略的資源としても扱われています。

・**ラナ・プラザ事件**／2013年4月24日にバングラデシュの首都ダッカ近郊のサバールで発生した建物崩壊事故で、衣料品工場が多数入居していた8階建てのラナ・プラザビルが崩壊し、死者1134名、負傷者2500名以上と大変多くの労働者が犠牲になりました。犠牲者の多くは、ラナ・プラザに複数入居していたファストファッションブランドの縫製工場で働く人たちで、「ファッション史上最悪」とされます。事故原因はずさんな安全管理で、労働環境の改善を求める声を世界的に高める契機となりました。

・**ワシントン条約**／正式名称は「絶滅のおそれのある野生動植物の種の国際取引に関する条約」（CITES：Convention on International Trade in Endangered Species of Wild Fauna and Flora）です。1975年に発効した国際条約で、日本も批准しています。絶滅のおそれのある野生動植物の種を国際取引による過剰な採取から保護し、種の絶滅を防ぐことが目的です。取引を規制する野生種を、希少性に応じて附属書Ⅰ（商業目的の取引禁止）、Ⅱ（輸出国政府の許可書が必要）およびⅢ（保護のために他国への協力を求めている種）の3ランクで指定しています。生きている動植物はもちろん、毛皮、皮革製品、漢方薬なども対象となります。

58人の未来を考えるエシカル経営の専門家が書いた
エシカルバイブル

2024年6月30日　初版第1刷発行

編　著　者　一般社団法人日本エシカル推進協議会
発　行　者　髙松克弘
編集担当　村上直子
発　行　所　生産性出版

〒102-8643　東京都千代田区平河町2-13-12
日本生産性本部
電話03(3511)4034
https://www.jpc-net.jp

印刷・製本　文唱堂印刷
装丁デザイン　竹内雄二
本文デザイン　茂呂田 剛（有限会社エムアンドケイ）
校正　梶原 雄
カバー写真　Photo by iStock